Fondateur

André ROBINET

Directeur

Gilbert HOTTOIS

Entre modernité et post-modernité, cette collection d'essais a pour vocation première d'encourager des réflexions originales sur l'avenir d'une civilisation caractérisée par l'affrontement entre traditions et technoscience.

LES SIGNES ET L'INSIGNIFIANT

DANS LA MÊME COLLECTION

Pour Demain

Fondateur : A. Robinet Directeur : G. Hottois

BUYDENS M. – *Sahara. l'esthétique de Gilles Deleuze*, 1990, 184 pages

CHABOT P. – *La philosophie de Simondon*, 2003, 160 pages

COURTINE-DENAMY S. – *Le souci du monde. Dialogue entre Hannah Arendt et quelques-uns de ses contemporains*, 1999, 232 pages

DAGOGNET F. – *Considérations sur l'idée de nature*. Suivi d'un texte de G. Canguilhem, *La question de l'écologie. Le technique ou la vie*, 1990, 2000 [2], 192 pages

FISETTE D. et POIRIER P. – *Philosophie de l'esprit. État des lieux*, 2000, 338 pages

HOTTOIS G. – *Essais de philosophie bio-éthique et bio-politique*, 1999, 192 pages

– *Pour une métaphilosophie du langage*, 1981, 170 pages

– *Species Technica*. Suivi d'un *Dialogue philosophique* avec J.-N. Missa *autour de* Species Technica *vingt ans plus tard*, 2002, 352 pages

HOTTOIS G. (éd.) – *Évaluer la technique. Aspects éthiques de la philosophie de la technique*, 1988, 176 pages

HOTTOIS G. et CHABOT P. (éd.) – *Les philosophes et la technique*, 2003, 288 pages

HOTTOIS G. et WEYEMBERGH M. (éd.) – *Richard Rorty, Ambiguïtés et limites du postmodernisme*, 1994, 318 pages

LENAIN T. – *Pour une critique de la raison ludique. Essai sur la problématique nietzschéenne*, 1993, 196 pages

MISSA J.-N. – *L'esprit-cerveau. La philosophie de l'esprit à la lumière des neurosciences*. Préface de C. Debru, 1993, 226 pages

PINSART M.-G. – *Hans Jonas et la liberté. Dimensions théologiques, ontologiques, éthiques et politiques*, 2002, 336 pages

PONTON, L. – *Philosophie et droits de l'homme de Kant à Lévinas*, 1990, 216 pages

ROBINET A. – *Justice et terreur. Leibniz et le principe de raison*, 2001, 192 pages

ROBINET A. – *Le Sera. Existiturientia, Leibniz*, 2004, 128 pages

SOCRATE POUR TOUS. Enseigner la philosophie aux non-philosophes. Sous la direction de J. Ferrari, P. Kemp, D. Evans et N. Robinet-Bruyère, 2003, 224 pages

VAN SEVENANT A. – *Philosophie de la sollicitude*, 2001, 192 pages

WEYEMBERGH M. – *Entre politique et technique. Aspects de l'utopisme contemporain*, 1991, 224 pages

Pour Demain

LES SIGNES ET L'INSIGNIFIANT

par

André ROBINET

"Le Chemin du Vieux Moulin" ***

PARIS
LIBRAIRIE PHILOSOPHIQUE J. VRIN
6, Place de la Sorbonne, V^{e}

2005

Imprimé en France

ISSN 0180-4847

ISBN 2-7116-1703-3

www.vrin.fr

... nec cythara carentem

– I –

Être là avec...

L'humanisme

Cette étape nouvellle du *Sera* vers ce qui *Est* poursuivie sur mon *Chemin du Vieux-Moulin* consiste à repérer comment l'*homo*, muni de la dualité leibnizienne des principes de raison, parvient à exister pour soi et avec autrui en examinant ce qu'il estime être-là et comment il se comporte selon l'être avec... ce qui est là... Cette prise de conscience postule un effort d'attention aussi grand apporté aux signes qui nous parviennent d'ici, de maintenant, d'hier et de demain, que celui qui nous avait permis de retourner en signes majeurs le sens classique par trop signifiant de la *Théodicée* sur le terrain du bien et du mal. Il irait alors de soi que le même sort advint aux *Nouveaux Essais* : il ne s'agit nullement d'implanter un néo-leibnizianisme mais seulement d'effectuer une jonction profitable à la philosophie entre ses formes achevées et ce qu'elle a à se faire. Autant la *Théodicée* assied un optimisme sans concession pour les formes de la terreur aussi bien que pour la concentration aristocratique des biens, autant elle tient compte de la difficulté d'en affirmer la présence dans ce monde puisqu'il lui faut prolonger la géopolitique en espace universel, autant les *Nouveaux Essais* instruisent une primitivité de l'idée dont l'intelligibilité n'est pas dans un autre monde, mais dans la relation de la pensée par signes avec l'existence dans cet univers-ci. Surtout les *Nouveaux Essais* instruisent comme nous l'avons relevé, la notion de *possible* (cf. *Le sera*).

On ne saurait appeler philosophies des attitudes humaines pour lesquelles l'atteinte de la réalité et de la mondanéité se situe hors langage, dont toute parole ferait s'évanouir l'existential, dont chaque réflexion éloignerait d'autant l'expérience, dont toute tentative de communication interromprait la communion par les signes. L'insignifiable en devient paradoxalement le signe : cet insignifié n'apparaît tel que pour un signifiant actif qui se pose dans une réalité humaine et dans une mondanéité aux signifiants reflétés hors desquelles cette expérience apporte sa preuve immédiate. Cet insignifiable peut, sous cette autre vision d'une réalité humaine dans le monde, être assimilé à de l'insignifiant, soit qu'il n'ait pas à faire signe puisque son atteinte se situe hors signe, soit qu'il n'ait pas à valoir comme signe validable ou valorisable, alors qu'il passe, dans cette expérience existentiale, pour l'impression même de la vérité et de la valeur.

Si philosopher est déposer dans quelque langage un discours relatif à une expérience communicable et à une attitude valorisable de l'homme dans le monde, la *signi*-fication devient la procédure ouvrière par laquelle se forge, à quelque feu prométhéen, l'effectuation d'un ensemble signifiant destiné à un partage communautaire de l'insignifié. Mais l'insignifiant peut aussi n'être que du non-signifié provisoire, que ce qui n'a pas encore reçu l'adéquation de signes susceptibles de renvoyer en toute exactitude et de plein droit au signifiable. La longévité de l'acte de philosopher révélerait d'entrée que la tâche de ce qu'il y a à signifier est indéfinie, soit qu'on la considère selon ses âges, soit qu'on cherche à la repérer dans sa synchronie. Le philosopher déborde de partout et ne s'arrête nulle part, délivrant autant de messages qu'il est de paroles, soit que son objet reste incernable soit qu'il finisse par apparaître comme indiscernable. Philosopher surabonde au détriment même de son intentionnalité première qui est de rendre compte une fois pour toutes, en vérité et en valeur, d'un certain être de l'existentialité. Il émane d'une source parolière dite humaine, qui tend à se prendre pour représentante de l'humanisme auquel elle assimile l'humanité, puisque c'est de réalités humaines singulières exposées à une mondanéité évoluante que ses messages affluent, par et dans laquelle ils se diffusent. Dans cette multiplicité et cette diversité des actes signifiants, les renvois aux signifiés sont aussi variés que le sont les signes par lesquels ils sont saisis. L'humanisme peut dans un tel cadre, se définir comme l'expressivité commune conférée à des signes partagés et échangés qui renvoient à une ad-hésion assurant la cohérence d'un groupe humain en une convergence existentiale dont chaque réalité humaine assume l'identité intramondaine.

On admet, comme s'il allait de soi, que le langage soit le propre identificateur de la réalité humaine, qu'il soit distinctif du genre humain parmi les autres genres répertoriés, et que, même, comme propre de l'humanité, il soit ce par quoi son existence se révèle à la conscience langagière, ce par quoi la réalité humaine prenne en charge de manifester l'être des étants peuplant cette réalité intramondaine aussi bien que soi-même. Non seulement il serait ce par quoi l'être s'apparaîtraît, mais la réalité langagière, comme existence, dote le langage d'une essence archétypale plutôt qu'instrumentale. Par les signes langagiers, des significations se manifestent qui partagent l'insignifié en signifiants et en insignifiant qui, face à cette réalité globale de l'être-dans-le-monde entr'ouvre la fêlure de signifiables dont le statut n'est pas réductible aux trois extases temporelles (présent, passé, avenir) pas plus qu'aux trois directionnalités spatiales (haut, large, profond). Comme émettrice de significations, la réalité humaine devient signifiante et disons que, tant que la réalité humaine est spontanément positionnée comme réceptrice globale du signifiable, sa puissance transformatrice du signifié en signifiant peut se décrire phénoménologiquement, sans que l'existentialité de cette réalité humaine soit référée ou confrontée à des problématiques philosophiques de nature, d'essence et, je dirai, d'être. Toute approche existentiale de « l'humanisme » dépendrait de la solution trouvée puisque le signifiable, ne trouvant pas de renvoi réalistique aux signes, fracture les portes de l'armoire des possibles.

Car l'irréfléchi de la puissance effective du langage se heurte à trois obstacles qui le contraignent à se réfléchir devant des possibles qui se présentent à l'intentionnalité dans son *époché* même. Le premier survient de la phénoménalité qui ne manque pas de s'exprimer par l'émotionnel de l'action/passion : ce qui suscite l'éclatement possible de la réalité humaine entre les deux plaques tectoniques erratives et erronées d'une mondanéité inégalable et d'une finitude tôt éprouvée. La co-présence d'une extériorité éprouvante aux bornes indescriptibles se juxtapose, en se confondant dans l'expérience immédiate, avec une intériorité qui *perd la parole* devant l'inattendu qui survient, le langage se trouvant dès cet instant mis en question comme essence de la réalité humaine s'il lui fait défaut dans des situations-limites mais aussi par sa duplicité dans l'errance quotidienne. Le second se rapporte à la raison situationnelle où se trouve de l'insignifié pour cette réalité humaine signifiante : ce qui fait que l'irréflexion donatrice de ce langage de fait manifesté par une réalité humaine se veut réflexion, que cet en soi débite un soi pour lequel la réalité humaine devient du reflet de soi : elle *prend la parole* pour répondre de cette usurpation de la réalité humaine au travers d'une onde signifiante portant sur des possibles qui trans-figurent la réalité et le monde, puisque aucune puissance unifiante n'émane plus de la mondanéité où se trouve la réalité humaine, mais d'une source référable à la réalité humaine possible distinguée de la mondanéité possible. Le troisième a trait à la rupture qui s'ensuit entre les phénoménologies qui estompent les partages dualistiques de l'expérience et les dualismes qui s'engouffrent dans le vide creusé entre l'en-soi de la préréflexion et le soi du *cogito* réfléchi; le langage devient alors plus qu'un reflet, il *dope la parole* en durcissant les ondes dont Narcisse éprouvait le trouble dans le remuement des possibles, il la stabilise par des signes métaphysiques sous des entités imposées à partir du soi à la fiction grossissante qui sépare arbitrairement la réalité humaine de la mondanéité.

En somme, dans ce qui était un vécu global homogène et restait sans question dans un englobant irréflexivement vécu, ces trois processus de rupture (perte, prise et dopage de la parole) provoquent un monde cassé dont l'histoire de la philosophie ne peut que dresser le perpétuel témoignage. Le langage qui se confondait avec la réalité humaine sans (conscience de) vide entre le signifié et le signifiant se trouve mis en doute entre mots et choses, générateur d'une dualité ontique là où l'homogénéité entre réalité humaine et mondanéité se trouvait vécue, pourvoyeur de termes abstraits dont il s'agira épistémologiquement de justifier l'application à des milliers de cas précis. En schématisant : là où le donné primigène global disposait d'un langage qui avait une parole adaptée à chaque « *Erlebniss* » (chaque « *vivure* », nous enseignait Lagache d'après Jaspers) de la réalité humaine dans la mondanéité, le fait philosophique se retrouve devant un petit nombre de termes entitatifs dont l'univocité grammaticale doit exprimer une multiplicité de vecteurs de sens, le rapport entre réalité humaine et mondanéité n'ayant pas expressivement diminué quant au fond, d'où ce déficit expressionniste, alors que décroissait le nombre de termes à multivocité proliférante, d'où cet excès de surdétermination lexicographique. La question devient alors, à propos de l'humanisme : quelle prise sur les possibles peut-on concéder à la liberté de la réalité humaine dans le monde, si réalité humaine et monde sont truffés de renvois possibles dont le langage oublie la nouveauté incessamment existentielle en perdant la parole dans le trop du sentiment, en prenant la parole comme signifiante arbitrairement mise en face de signifiés, en exagérant la parole dans un générique durcissant toutes les nuances du génétique ? L'humanisme doit se frayer sa voie en se demandant à quelle typologie des signes il doit se référer pour que ne soit pas trahie la réalité humaine dans son rapport à la mondanéité.

Revendiqué en antistrophe par ceux-là mêmes qui lui dénient tout fondement valide par la *praxis*, par la *theoria*, par quelque métaphysique que ce soit, et aussi par le piétinement de toute recherche existentiale de la vérité de l'Être, l'humanisme est-il congelé dans une « nature » de la réalité humaine en ce monde qui discrimine l'*homo* hors de tout contingentement dans les possibles et dans les réalités d'un monde béant d'historicité ? Le débat ouvert par la *Théodicée*, en termes de justice et de terreur, porte sur ce qu'il est convenu d'appeler *l'humanisme* dans sa propre affirmation, non seulement comme optimum cœxistentiel de tolérance et de convivialité cosmopolitiques dans le cadre d'une « harmonie universelle », mais justifiée comme expérience de l'exister là-maintenant-avec... selon le surgissement de fulgurations émanantes dont on est loin de pouvoir « réfléchir » d'emblée les indices décisifs autrement que dans une réflexion de miroir incurvé vers quelque *je*. Le propre de l'homme devrait pouvoir être décidé selon le degré de courbure qui affecte le genre *homo*, mais ce préalable s'impose : est-ce que chaque *homo* redevable à ce genre de son humanité en « reconnaît » la pleine possession à toutes les espèces qu'on peut différencier dans le genre par autant de sous-propres qui rendent tout autre « humain » mal-propre ?

Il est fort rare, du point de vue de l'humanisme dont chacun se réclame, que les propres de ceux qu'on en disjoint les rendent différentiellement inaccessibles par le haut : on évoquera la génialité de Leibniz ou d'Einstein, l'héroïsme du coureur de Marathon ou du soldat de Verdun, la sacralité du juste Cléobule, la sainteté de quelque martyr. Plus couramment, par le bas, sont exclus de l'humanisme que l'on est, des groupes hominiens ou des individus du genre *homo*, auquel on ne reconnaît ni la spécifité ni les propres que chacun revendique pour soi. Maints propres, extraits d'espèces et de genres animaux, végétaux ou même minéraux, sont appliqués à des ensembles ou à des individus afin de les rendre impropres à telle ou telle « nature » humaniste : ces brutes ont un cœur de pierre, ces ignares en sont restés au stade végétatif, et je n'égrènerai pas tous les propres animaliers par lesquels on rend impropres ceux qu'on ne reconnaît pas comme partageant l'humanisme de tout un chacun ! Je laisse de côté des impropres comme celui qui apparaît avec nos singeries, parce que, pour ce qui est du genre simiesque, il sera fort question de savoir ce que l'*homo* en partage, ce que l'*homo* tient des hominidés et en quoi, eux, tiennent de lui. Du genre *homo* lui-même, on exclut sans façon des espèces ou des propriétés auxquelles on ne reconnaît pas la qualification humaniste que l'on partage : mœurs de sioux, bus pour gens de couleur, trêve de chinoiseries, comment peut-on être persan ? On est rapidement le dé-généré d'un humanisme alors qu'on en partage un autre et parfois, historiquement, sous le prétexte qu'il n'y en a pas d'autre que celui d'une générique fondée dans une soi-disant eugénétique. L'humanité ne serait-elle alors qu'une mosaïque d'humanismes plutôt divergents que convergents, la réalité humaine ne réussissant pas à s'imposer un concert de propres auxquels tous les humains participent en mondanéité.

S'il est immédiatement aisé de se sentir de plain-pied avec une réalité humaine dans la mondanéité de laquelle *se passe* l'existence, il devient plus difficile de médiatiser, hors passivité, le rapport de chacun avec le genre *homo*, c'est-à-dire de mettre en question l'individu qui *se voit passer* de toutes ses puissances pré-réflexives afin d'expérimenter jusqu'où va sa coïncidence avec le genre *homo* auquel il prétend appartenir au nom de son humanisme. La réponse se complique du fait que, de plusieurs directions culturelles parviennent des indices et des échos actifs qui mettent en doute l'un après l'autre cette passéité des propres qu'il a plu à chaque *homo* d'attribuer à son humanisme.

Ce décapage attributif se pose à partir de la situation existentielle globale en laquelle chacun se reconnaît. *Exister-avec...* est le participatif existential dynamique sous lequel se déploient justice et terreur dont les cieux sont encombrés, signifiants menaçants ou sereins, renvoyant rarement à un signifié de pleine lumière. L'humanisme doit faire ses preuves sous un vaste ciel de traîne plutôt ombreux. À l'horizon l'on perçoit la tentation qui imposerait le principe de nécessité à l'ensemble des communications de l'exister-avec… Mais ne serait-ce pas en prenant le risque de barrer le signe « avec… » sous quelque fonction égalisatrice, et de faire exister un « être-là » factice, un « vivre » dans l'ustensilité réciproque, une envie aux besoins rassasiables et non pas une convivialité aux faims toujours crépusculaires et aux possibles inassouvis ? « Avec… » ne se satisfait pas de « comment » car il pose trop d'encore et de pourquoi ? Vivre n'est toutefois pas qu'un comment, car ce qui fait exister s'incruste par trop dans le pourquoi. Nous n'avons pas à vivre qu'avec l'autrui humain partageant notre humanisme groupusculaire, mais aussi avec d'autres régionalismes aux nuances humanistes divergentes, avec les autres espèces qui composent le genre *homo*, avec les hominiens dont le supergenre implique l'*homo* tout en compliquant son mode de différenciation ; à quoi il convient d'ajouter qu'avec les devenir, souvenir et avenir de notre spéciation, affluent des contextes qui héritent d'autant de révélationnel imposant du sacré que de rationnel malaxé sous un lourd passé paléontologique et aspiré par de puissants espoirs cosmonautiques. L'humanisme devient ainsi un éthico-savoir des compossibles propres à différencier l'espèce sans lui conférer pour autant le rôle d'un principe d'exclusion.

Les chemins de la forêt

La philosophie de Descartes relèverait d'un « type » de métaphysique exactement contraire à celui d'une phénoménologie banale et quotidienne d'approche de la réalité humaine et de l'Être. Il aurait opéré une double substitution sous forme de substantiation en abstrayant de la mondanéité du monde deux étants intramondains.

Le premier aurait été substantifié, en perdant de vue son renvoi existential, sous le signe de *res extensa* (*SZ* § 18-21). « Descartes voit (*sieht*) dans l'*extensio* la détermination ontologique fondamentale du monde ». Les citations fournies renvoient expressément aux *Principia* qui effectivement ne comportent aucune mention de « *mundum* » dans la *Pars I* alors qu'une quarantaine d'occurrences s'y trouvent à partir de la *Pars II* : rien d'étonnant à ce que le vecteur de sens de « *mundum* » abonde dans la direction de la « *res extensa* », puisqu'il s'agit dans ces parties de l'ouvrage de déduire la diversité des tourbillons des éléments de la matière. Mais de là à énoncer « Descartes voit… la détermination ontologique fondamentale du monde » !

Si les *Regulae* n'utilisent pas « *mundum* », le *Discours de la méthode* permet d'y repérer une trentaine d'occurrences du terme « monde » qui relèvent de trois vecteurs de sens disparates, que tous les dictionnaires, spécialisés ou généraux, de la langue française (ou allemande) et même l'ambiguïté dénoncée par *SZ*, § 14, distinguent. J'accorde volontiers que l'un des vecteurs de sens de *monde* porte sur la mondanéité corporelle de l'*extensum*, à partir du moment où le discours s'intéresse aux « lois de la nature », aux principes du « monde des cieux et de la terre », aux « éléments du feu et de la lumière » sur lesquels repose la physique des « premières causes » de ce monde, bref annonce ce dont traiteront les *Principia* II-IV. Admettons qu'un tiers de ces occurrences porte effectivement sur le monde déterminable nécessairement par référence à la *res extensa*.

Mais je ne conviens pas, à supposer que le monde ne soit pas que le monde matériel (puisqu'on reconnaît d'autre part une *res cogitans*), que ce monde matériel soit entièrement réduit à *l'extension* puisque, d'une part, l'analyse du concept de *vis* y tient une place ontique dont les lois du mouvement expriment la phénoménalité et puisque, d'autre part, le terme d'*actio* détermine un tout ontique dans le champ physique autre que celui des corps durs ou mous, qui tombent sous la gestion du concept de lumière. Enfin, on remarque, sans rien en dire, que la résistance physique s'exprime selon les constructions physiques, mais aussi selon l'institution du toucher, ce qui aurait pu conduire à penser qu'il y a un autre champ de la mondanéité de cet étant extensionnel qui se manifestait par « la nature simple » (rien à voir avec « nature » opposée à « esprit ») de sentiment. Encore faudrait-il pour en juger remonter à la complétude de la « méthode » qui n'a jamais cessé de caractériser les trois approches possibles de la mondanéité des étants en lesquels s'extravase la « puissance » cartésienne : *extensum*, *cogitans*, *sentiens*.

Mais il est deux autres vecteurs de sens dont la simple phénoménologie des textes ne peut pas ne pas percevoir et singulariser l'intentionnalité, d'autant plus qu'elle est expresse, ni être dispensée de concevoir le sens qui importe à la détermination ontologique fondamentale du monde.

Car un second tiers de ces occurrences joue sur des énoncés de langue qui, comme monnaie courante, devrait retenir l'attention du phénoménologue : à commencer par la première ligne du *Discours* qui énonce que « le bon sens est la chose du monde la mieux partagée » ; est-ce à dire que le bon sens est une *res extensa* à laquelle le lecteur participe plus qu'à toute autre *res extensa*? « Il n'y a aucune doctrine dans le monde... », « je ne fis autre chose que rouler ça et là dans le monde... ». Même si de telles expressions ne relèvent que de l'irréfléchi de la langue, la phénoménologie ne peut pas ne pas les rencontrer comme phénomènes marqués noir sur blanc qui renvoient à une toute autre ontologie que celle de la *res extensa*.

Un troisième tiers de ces vecteurs de sens conduit à la franche opposition d'autres choses que relevant de l'*extensum* dans la mondanéité du monde : « la philosophie est la chose du monde la plus importante... », « le monde n'est pas composé que de deux sortes d'esprits... », les promesses, les serments, les lois morales font dire d'elles qu'« aucune chose au monde ne demeure en même état », certaines vérités ont « une certitude que tout le monde leur attribue... » ; « non pas qu'il ne puisse y avoir au monde plusieurs esprits incomparablement meilleurs que le mien » ; et que dire de telles propositions : « s'il y avait quelques corps dans le monde, *ou bien* quelques intelligences ou autres natures... », « Ainsi, premièrement, je décrivis cette Matière, et tâchai de la représenter telle qu'il n'y a rien au monde, de plus clair ni intelligible, excepté ce qui a été tantôt dit de Dieu et de l'âme... ». La mondanéité du monde peut-elle être ontologiquement déterminée sans tenir compte de ce vecteur de sens vague ni de ces *res cogitantes* ? De plus, des quatorze occurrences des *Méditations françaises*, retenons que si je ne suis pas « seul dans le monde », c'est parce que j'ai en moi « les idées qui me représentent un Dieu, des choses corporelles et inanimées, des anges, des animaux... » ; puis, aussitôt, de ces idées de choses corporelles ne n'y rencontre « que fort peu de choses que je puisse concevoir clairement et distinctement », ce qui relève de l'idée d'espace, certes, de substance, de nombre... ; mais les autres qualités « se rencontrent dans ma pensée avec tant d'obscurité et de confusion... ». Suis-je une *res extensa* puisque l'infinie puissance de Dieu a fait « en sorte que j'existe et suis placé dans le monde, comme faisant partie de l'universalité de tous les êtres » ? Je puis me considérer tout seul « comme s'il n'y avait que moi au monde... », « Dieu m'ayant mis au monde... », alors que j'ai appris par démonstration que je suis une « *res cogitans* ».

Ce qu'il faudrait c'est appliquer une pure et complète phénoménologie, comme concept de méthode d'approche des textes philosophiques, et non pas pratiquer un tri et une systématisation de leurs énoncés et encore moins une falsification. Alors la variété des métaphysiques philosophiques, qui les a rendues existentielles en ce qu'elles se manifestent d'elles-mêmes en les laissant apparaître dans la monstration de leurs démonstrations, puisque que nous les recueillons dans la mondanéité du monde, leur ferait rejoindre cette heccéité existentielle : à elles toutes, elles rendraient compte, sinon du devenir de l'esprit absolu, du moins des tentatives de l'*existiturire* pour se faire apparaître à soi-même. C'est la résistance des ontologies traditionnelles à la réductibilité herméneutique qu'il faut tester, non pas leur soumission à un *logos* gréco-latin-médiévo-moderno-contemporain qu'on cherche à uniformiser pour mieux l'évincer. Il fait écarteler, non écarter. On en miniaturise aisément la systématique sous des quolibets, mais les architectoniques diachroniques ont de toutes autres façons de révéler leur *existiturire* en laissant à la fois inassouvie l'explication et intacte l'inventivité.

La seconde substitution se serait produite à propos du signe « *res cogitans* » qui, perdant de vue le renvoi à sa détermination existentiale dans la mondanéité, serait érigé en origine absolue du seul connaissable de l'objectivité rationnelle moderne. On admet (*SZ*, § 6, 10,) qu'il y a bien un « mode d'être de la *res cogitans* » (encore faudrait-il pour cela qu'elle fût inclue dans la mondanéité du monde) mais que « le sens d'être du *sum* » fut omis au nom du « *fondamentum inconcussum* » d'une « certitude absolue du *cogito* ». S'ensuit l'ensevelissement de la *res cogitans* sous la structure oppositionnelle antique et médiévale de cet *ens creatum* à un *ens increatum* qui fait perdre de vue le phénomène de la mondanéité de l'être-là. *Sum* est en éclipse et l'éclairement réservé à *cogitans* considéré comme *res*.

En conséquence de cette réification, Descartes « esquiverait » le problème ontologique de la substantialité, c'est-à-dire que d'une part la « substantialité de la substance » serait ignorée et que, en conséquence il ne s'occupe pas « du sens d'être inclus dans l'idée de substantialité ». D'un côté l'évidence le dissuade d'aller plus loin, de l'autre on se trouve en présence, selon Descartes, d'un inaccessible *a priori*. Historien de la philosophie, je me suis refusé à engager mon livre sur Descartes (Vrin) dans la voie des controverses, mais, comme philosophe je me sens très libre pour ce faire. Je ne rajouterai pas un chapitre à ce livre, mais je puis ici y consacrer un paragraphe.

Renonciation radicale : l'être ne nous affecte pas, c'est pourquoi il ne peut pas être appréhendé... ou, selon Kant, l'être n'est pas « un prédicat réel ». Certes il est un être qui ne nous affecte pas, et qui est largement dénoncé à la fin de la *Pars I* des *Principia* qui œuvre dans un tout autre sens que celui de la *res extensa*, que celui du *cogitans* comme *res*, et de celui d'une réification de la substance. On désigne les étants par leurs attributs : mais, justement on les dé-signe, on les différencie car le monde des étants n'est pas un monde uniforme du non-signifiable. Qu'est-ce « qu'une problématique pure de l'être » nous a apporté comme sens des signes du renvoi... Le renvoi au référent *Être* est-il plus « explicitable » ? L'insignifiant en ce domaine proviendrait de l'ambiguïté de sens de « *substantia* » : tout le monde l'a repérée, Descartes en premier. Mais il ne la laisse pas faire tache, il la dénoue, précise les vecteurs de sens, les hiérarchise pour précisément approcher l'*ens reale* et non l'*ens scolastice*. Or l'*ens reale* a trois manières d'apparaître comme phénomène pour la réalité humaine à partir de ce que l'être est, trois révélations existentiales sur son être là, maintenant, avec... qui nécessitent le recours à deux substances (trois si l'on veut avec celle de Dieu qui est *extra-mundanum*), mais surtout avec cette substance-nonsubstance de l'*unio* des deux substances, dont je ne sache pas qu'il soit dit un seul mot dans *SZ*, ni non plus dans ce qui aurait dû devenir un *ZS* qui n'adviendra jamais, ni dans le pronconcé, ni dans l'énoncé, ni dans le proféré, ni dans le déclamé, sauf dans le suggéré… Puisque l'auteur a fait part lui-même à ses lecteurs d'un indispensable retournement des deux termes éveillés, on peut se demander ce que deviennent les précisions précédentes si on passe du Temps à l'Être. C'est comme si on imaginait que Descartes eût commencé sa métaphysique par la *Méditation* VI, où rien « n'esquive le problème du monde » ce qui peut-être eût permis de l'interpréter comme un sommet pré-substantiel et non-ontique dans une mondanéité de l'être-là avec… selon les déterminations d'une ontologie existentiale et historiale ! Car on peut se demander alors si l'ontologie cartésienne a manqué le phénomène du monde, si ce phénomène a été remplacé par le thème ontologique de l'étant intramondain, si cet être intramondain est à rechercher « de prime abord » dans la « nature », et pourquoi il faut faire appel à l'appui complémentaire de prédicats axiologiques « non quantifiables » (quand donc ont-ils été éliminés ?).

Cet exemplarisme cartésien est critiqué à partir des énoncés existentiaux qui sont censés déborder de loin une réalité humaine qualifiée d'humaniste. Que l'effort pour y atteindre soit dispersé, rien de plus normal : mais qu'il n'aboutisse pas, c'est ou bien que la voie est mal frayée, ou bien qu'elle n'a aucune chance de rencontrer l'immanence prolifique de l'existiturience. Car il faudrait en passer par un monde qui laisse l'étant disponible s'offrir à notre rencontre comme outil-renvoi destiné à un circuit de la finalité qui est l'être de cet étant mondain et qui a en vue un monde du laisser-être tel qu'il est afin qu'il soit tel ; un intérieur du monde, une mondanéité déterminée par la compréhension de l'étant sous le mode d'être de la finalité qui lui confère sa signi-ficabilité à partir de laquelle on pourra parler de langage ; un étant disponible à l'intérieur du monde, intra-mondain, mais accessible depuis le monde ; un monde déjà là en tout étant disponible découvert *a priori*, bien que non thématiquement ; un être disponible de cet étant disponible qui a un rapport ontologique implicite au monde et à la mondanéité qui n'est pas qu'un réseau de relation ; un être comme subsistance de l'étant faisant suite à une démarche autonome ; un être de la condition ontique qui permet le découvrement de la mondanéité du monde ou détermination existentiale de l'être au monde, c'est-à-dire de l'être-là ; l'être, l'Être, le *Seyn*…

La philosophie moderne entretenait une très courte vue sur le *cogito*. Si l'être est « ce qui est avant tout » (« *vor allen ist* »), le fossé creusé entre l'être et le tout n'est pas expliqué. L'*être* est ontiquement autre que *tout* qui ne semble pas relever du non-être ; si non-être il y a, ce ne serait pas en s'imposant à l'être ou au tout, ni en affectant radicalement l'être ni le tout, ni en s'interposant entre l'être et le tout. Le tout, qui ne serait pas le néant, relèverait donc d'un autre genre d'être que l'être. Mais rien ne dit que cet être soit plus ou moins que ce tout, ni s'il est ou non un autre tout, comme serait le Tout du tout de Dom Deschamps? Puisqu'il est dit que l'être est ontiquement *avant* le tout, il doit donc y avoir entre les deux une successivité quelconque. L'être n'est pas seulement « le transcendant pur et simple » : l'affirmation de l'être comme être désirant (« *mögend* », « *Vermögend-Mögend* »), comme jamais révolu mais comme ayant toujours son histoire avant soi (« *immer bevor* »), sa révélabilité (« *Offenbarkeit* ») par le tout, ce qui rappelle curieusement le besoin que la surabondance divine (le pouvoir du désir est de faire être) a du monde dans les théologies médiévales ou du XVIIe siècle, d'autant plus qu'on en vient à énoncer « l'être est Ce qu'il est » (« *es ist Es selbst* »), ce qui, encore moins curieusement rappelle le « *sum qui sum* ». « *Avant* » comporte aussi un indice axiologique : que l'être est de plus haute perfection que le tout; une dialectique descendante impliquerait par là le tout dans l'être, que l'être soit tout le tout ou qu'il soit plus que le tout. S'il est plus que le tout, le discours devient impossible car on entre dans un rapport relatif entre l'être-tout et le tout : on ne comprend plus pourquoi *être* aurait une primauté ontologique ou axiologique sur *tout*. Le langage comme « offrande » dans la révélabilité relève alors de l'hermétisme plus que de l'herméneutique poiétique.

N'est-ce pas s'égarer vers des *Holzwege* que de prétendre qu'il ne puisse y avoir conception de l'avec... qu'après saisie existentiale de l'*ek*-sistence? À supposer qu'il faille accorder à l'*ek* cette primauté, de quelle primitivité surgit-elle? Cette émanation fulgurante devrait alors beaucoup plus au leibnizianisme qu'elle n'en récuse; mais encore eût-il fallu qu'on n'en niât pas les évidences réitérées pour l'empêcher de développer sa propre raison suffisante. L'indivisibilité de l'être-là avec... n'est-elle pas ontiquement prioritaire sur la visibilité que l'être prétend se donner en se faisant éclairement par extraction de son situs originaire? On s'aventurerait donc plutôt dans un chemin sans issue en déclarant que l'essence de l'*homo* dans son être-là se tient dans son *ek*-sistence, comme si cette réalité humaine (*Dasein*) n'était pas explicitement désignée sous sa catégorie logique spécifique dès qu'elle prétend outrepasser le *je*. Le *je* pensant, ni même le *je* pensant des choses pensées, n'annotent pas un acte individuel, mais cette réalité humaine spécifique à qui la lumière est donnée dans l'ensemble de l'être-là avec... Car elle est avec... puisque son là n'est affirmable qu'en tant qu'une communication s'instaure par un langage énonciatif interne qui, en ce cas du *sum cogitans* ou du *sum cogitans cogitata*, est comme un exclamatif de prononciation primordiale fondateur de toute ontologie. Celà exprime l'espace environnant de la synchronie d'une réalité humaine et cet avec... vise la participation à un environnement indéfini que le temps ne fera que projeter selon ses propres *ek*-stases, passée, présente et avenir. Si bien que le temps n'est que le projet de déplacement de cet espace primordial de l'être-là avec… qui provoque l'entrée en analytique de la catégorie de cause-effet alors que le don synthétique primigène de l'espace, en se mettant hors temps, sortait l'espace de l'analytique pour en faire plus qu'une catégorie de la sensibilité : le sensible concret.

Les chemins de la liberté

Les *Chemins de la liberté* répliquèrent que, certainement, l'humanisme était toujours à refaire et que la liberté de l'homme n'était pas déductible d'une essence. Ni l'un ni l'autre ne conduisit à garder le contact avec cette dualité des principes de la raison sur laquelle repose un humanisme qui ne récuse rien de ce qui vient de l'homme et encore moins de tout ce qui tente de s'y rendre. On gardait pour point de départ cette affirmation non objectale d'une subjectivité à portée de l'individu comme vérité de la conscience absolue s'atteignant elle-même, mais c'était pour en dire, dans le premier cas qu'il ne s'agissait pas là d'une « nature », dans le second qu'il n'y avait pas d'autre vérité, sinon des probabibilités s'effondrant dans le néant. Au passage, si on tenait à garder le mot humanisme, les *Holzwege* précisaient que l'être était avant la pensée instauratrice du lien qui l'unit à l'être qui ne la produit ni ne la constitue; les *Chemins de la liberté* affirmaient la nécessité contraire, à condition que cet humanisme ne conclût pas à une « nature » mais gardât le contact présent avec cette individualité cogitante absolue, participée par une égale cœxistene des autres *je* que ce *je*. Du moins, même s'il était l'enfer, l'autre était indispensable aux contrariétés de ma propre existence, affirmant la sienne pour ou contre moi comme moi pour et contre la sienne.

Le romanesque tirait son orientation de l'ouvrage de référence *L'être et le néant*. On y était cependant loin des caricatures qui en furent imposées par l'abus de quelques citations à relents de chou-fleur. Puisqu'il y a deux énoncés de la vérité première cartésienne, on peut se demander s'il relèvent du même niveau ontique radicalisant. « Je pense, donc je suis » est une énonciation relevant d'un discours en forme conclusive qui doit effectivement postuler, pour être complet, la majeure « Tout ce qui pense est ». Cette vérité première s'énonce d'un large mouvement discursif comme tout enthymème, syllogisme tronqué auquel il manque l'une ou l'autre de ses trois propositions réglementaires. Cette procédure ne met pas en question ses postulats qui ne sont considérés que comme des signes langagiers expressifs. Pourtant « tout ce qui pense est » repose sur une admission de « l'être » dont « tout ce qui pense » est une inclusion. Quant à la vérité première de l'existence (de) soi, elle est exprimée et déclarée en toute lumière comme exhibant l'existence du « je » à partir d'un constat indéniable qui porte sur l'être pensant, universellement déclaré et qui en part. Il est d'ailleurs très indicatif que ce soient les approfondissements structuralistes de la méthode cartésienne qui aient réclamé la primauté de cette énonciation formalisante par le « donc » en critiquant tout ce qui se référait à la formulation prononciative. L'ambition structuraliste était d'ailleurs d'ériger« la méthode » (formalisante) en principe de nécessité, dût-on, pour ce faire, transformer en autant d'apories définitives ce qui n'était, tout compte textuellement fait, que variantes diachroniques ou que modifications profondes des dispositions architectoniques des œuvres.

Il en va tout autrement si on considère le second énoncé cartésien : « Je pense, je suis ». La virgule écarte toute discursivité pour entraîner l'attention sur l'immédiateté de ce double donné synchronique propre au *je*. C'est dans la singularité que se produit une juxtaposition, plus qu'une succession, celle de l'exercice d'une pensée immanente au je qui a même signifiance que celle de l'être de ce *je*. L'être de ce *je* est au demeurant invoqué dans une autre formule également intuitive : « Je suis, j'existe ». Il ne s'agit pas de passer de l'être à l'existence puisque la pensée est censée être et donatrice d'existence. Une telle concision n'a plus rien à voir avec l'énonciation : elle relève d'une prononciation si ramassée que c'en est un cri. « Je pense, je suis, j'existe » peut être considéré comme plus originel que « je pense donc je suis ». Le prononcé exige la consécution, mais sans syllogistique, seulement verbale, parce que deux mots, fussent-il verbes, ne peuvent être prononcés à la fois : il faut pouvoir les entendre ensemble, comme dans ces écrits musicaux où les mesures d'instruments variés se superposent avec autant de notations qui les rendent harmoniques. Des interprétations cartésiennes plus « existentialistes » mirent l'accent sur cette prononciation courte de la vérité du *cogito* en admettant qu'un système n'avait pas à être bloqué dans une prétendue synchronie universelle, mais qu'il fallait lui laisser du souffle pour exprimer ses inconnues ou ses transcendances.

Peut-on dire que la pensée soit un signe primordial qui prend sa signification entière quand l'existence lui est accordée ? Il n'est pas assuré, en cartésianisme, que la pensée soit signe, ni que l'exercice pensant s'effectue par signe : il y a au contraire une pensée sans signe, signifiable certes, mais non signifiée parce que pas encore signifiante, et de ce niveau relève certainement l'affirmation que tout ce qui pense est. La pensée est ainsi virtuellement significatrice, mais non-signe, et primordialement elle donne signe à (mon) existence. Entre l'être universel de la pensée accordé à tout ce qui pense, et la singularité de la conclusion concernant mon (*je*) existence, la transition qui s'effectue du tout au mien s'origine en pleine lumière puisque l'être est donné à la pensée, qui devient donateur de cette existence singulière que je suis.

L'omission de Descartes et celle de la première édition de la *Logique de Port-Royal*, portent sur cette capacité d'émettre des signes, plus originelle que la compréhension incoordonnée d'une prononciation exclamative et que la communication ordonnée de l'énonciation conclusive. La signifiance se tient disponible, comme hors pensée, hors d'existence, hors d'être. Elle laisse entrevoir un espace prodigieux de virtualités disponibles pour qui les requérera et l'être de la pensée est de les requérir pour en transmuer l'être universel en existence singulière. *Je* est le vase communicant, où la transmutation s'effectue du signe virtuel qui hante la pensée en existence réelle. Pour faire signe, la pensée sait qu'elle est armée du signifiant et qu'il lui reste à trouver ce sur qui et ce sur quoi exercer le signifié. La formule cartésienne se limite par précaution dubitative au *sur qui* du sujet pensant en remettant le *sur quoi* en proie aux bons soins des attributs secondaires à ce principe.

Leibniz recueillit les deux : le *sur qui*, dont il admet le référent cartésien, à condition d'y adjoindre indissolublement le *sur quoi*, les *cogitata*, le fait signifié sur lequel porte le signifiant. Or il ne s'agira là encore que des ouvertures insondables de la virtualité révélée par cette *Ur-phänomenologie* du phénoménal leibnizien à partir de laquelle le critère du réel et du possible est tiré du bon fondement phénoménique. On réduit trop rapidement le leibnizianisme à un substantialisme. La démarche monadologique est synthétique et conclusive, elle n'est pas institutionnelle ni primitive. La démarche primitive est celle de la discrimination entre ce qui fonde bien les phénomènes et ce qui ne les fonde pas bien ou pas du tout : la monadologie vient de ce qu'elle les fonde bien, la monade vient de qu'il faut une monadologie, cet « il faut » qui laissait Belaval sur sa soif de fondement quand il réfléchissait sur le *logos* de la monadologie.

Le doute date d'avant le souci du monde car il met le monde en suspend, donc il y introduit le souci. Le doute provoque l'entrée dans la démarche prononciatrice et énonciatrice qui ouvre à la discursivité des aléas liés à une nescience qui veut se faire savoir. Le discours rompt le cours du monde. Le *je* se dresse, environné de toutes ses appartenances, dans cette indistinction première de la pensée pensante dont il n'est qu'une pensée pensée : il ne se donne comme dessein la pensée qu'à la condition de la prendre au sens le plus élargi, le plus lourd possible, encore marqué de toutes ses pesanteurs pré-mondaines, comme pensée non pensante, avec une charge d'irréflechi en provenance de l'origine où elle ne se sentait pas encore comme monde réfléchi, où elle était le monde, pas encore dans le monde.

Qu'est-ce donc que le monde ? L'indifférencié d'avant la différenciaton opérée par les signes de l'émetteur *je* ? Si cet indifférencié dépasse tout *je* et tous les *je*, ce que le *je* est et ce qu'il sait de soi et de ce monde réduit-il pour autant ce monde à son désir et à ses actions ? L'Univers n'est-il pas, précisément, ce par quoi le *je* apprend que le monde lui reste irréductible ? Le *je* n'apprend-il pas, par son savoir de l'Univers, que le monde ne lui est pas immanent et qu'en conséquence, s'il y a un destin du monde, il échappe entièrement au moi, quoi que fabriquent les techno-sciences ?

Si le monde n'est pas qu'une représentation, sa simple articulation rend manifeste un ordre spontané, un jugement naturel de l'organique, que l'être conscient découvre sans l'avoir construit. Mais à quoi renvoie cette ordonnancement ? À la propre action articulatoire d'une conscience particulière ou universelle ? Si particulière, de quelle priorité est-elle dotée ? Si universelle, à quel genre de statut ontologique ou ontique peut-elle bien renvoyer ? Le réel perçu, à forte coordination de jugement naturel, le réel senti, considéré dans son instantanéité, sa rupture spatiale, son insituabilité, son instabilité ne délivrent pas pour autant l'existence ni l'essence de la réalité du monde. Quel est alors le statut de la chose, de ce monde que perçu et senti rendent conscient ? Faut-il invoquer la réalité du monde comme ce dont quelque conscience émerge ? Auquel cas, il faut entrer dans le cycle d'un dépassement du *cogito* aussi bien que du *cogito cogitata* par la *natura naturans* dont ils ne sont plus que des modes.

Admettons que nous puissions pousser à son extrême l'analyse de l'ordre perceptif ou des manifestations du senti. Que devient l'arbre ? Dans son essence physique, il devient bois, molécule, atome, et on pourra toujours susciter un dépassement analytique possible vers ce qui sera en-dessous de $10^{(-18)}$ etc.

Dans cette direction de l'approche physique, le réel s'échappe fantômatiquement selon l'infinitude de nos connaissances approchées.

Selon son existence pour les sens, il devient l'objet de deux discours possibles.

Ou bien on considère sa couleur dans ses composantes prismatiques, son odeur selon nos référents aux senteurs, le son qu'il fait entendre selon les lois de l'acoustique, le goût qu'a son écorce ou son limen selon les saveurs gustatives, le toucher qui en émane comme ni plus ni moins « fallacieux » que les autres sensibles. Cette résolution psychophysique renvoie à des procédures construites par l'entendement humain, tributaire de l'infinitisation de nos connaissances approchées. Dans cette direction, le réel devient ce qui serait de reste quand a fini de jouer la systématique de nos approches psychophysiques.

Ou bien chaque sensible provoque une réaction sur-réaliste censée dévoiler sous le réel sensoriel une réalité existentielle et fondamentale. Mais cette sur-réalité, si elle témoigne d'un dépassement possible au-delà du réel sensoriel, n'apporte jamais avec soi quelque signe authentique d'une atteinte de la réalité, de cette réalité sensoriellement sur-incoordonnée. Le réel serait alors ce qu'il y a de trop dans la décomposition sensible du sensoriel.

Qu'il soit de reste, ou de trop, le réel n'est pas saisi pour autant dans une essence flagrante et selon une existence patente! Il reste l'hypothèse qui nous délivre de notre nescience.

Cependant le statut d'une telle hypothèse mérite qu'on s'interroge.

En ce qui concerne le *cogito*, la réalité du monde ne peut être instruite qu'avec la *Méditation* VI.

En ce qui relève du *cogito cogitata*, la réalité du monde ne sera instaurée qu'à partir des enchaînements qui relient le *cogito* à une réalité autre que phénoménale : mais se rapporte-t-elle à du réel ?

Le sens ne vient à l'être que par le possible. C'est le devoir être autre qui ouvre au sens. Sans l'ouverture du possible, tout est violence. Est-il si assuré que le sens de l'être de cet étant qui est dénommé être-là soit la temporalité qui fournirait la base de départ pour procurer un accès à l'être par cet enracinement dans la problématiqu du temps? N'est-ce pas là réduire l'existence au *nunc* sans tenir compte du *hic*.

Il faut entrer ici dans la philosophie du possible (cf. *Le Sera*). Le possible n'est ni du pré-, ni du supra-, ni de l'in-temporel : il se situe dans l'intra-temporel, c'est à partir de lui qu'éclatent les trois extases de la temporalité. Par là, je fais de l'espace une dimension du temps, un déploiement de la temporalité dans ses trois directions extatiques. Ne faut-il pas, à l'inverse, prendre garde à la spatialité ?

La signification prend sens quand le langage se construit selon des propositions affirmatives nécessaires, à tendance axiomatique dans le cadre d'une énonciation : c'est ce langage qui est pris en considération quand, sans plus de précision, les philosophes articulent leurs pensées sur l'humanisme autour d'un propre de l'*homo* que nulle autre espèce, pas même les taxons antérieurs à l'*homo sapiens sapiens*, ne possédent. De là découlent des mineures assurées. Toutefois, l'*homo* n'assume pas qu'un langage d'énonciation : nous lui reconnaissons un langage de prononciation, plus naturel que conventionnel, en entendant par là des émissions vocaliques sensorialisées et axiomatiquement inorganisées, sinon par harmonie universelle, que pratiquent aussi d'autres espèces que celle de l'*homo* en son (dernier) état culturel.

Dans cette voie du possible, aussi loin qu'on tente de remonter, l'interrogation à laquelle répond l'infinitif futur leibnizien *existiturire* qui entraîne son vocabulaire de l'*existiturientia* n'est possible qu'à partir de l'être-là avec…, qu'en raison du *hic et nunc* qui dé-signent la présence de notre être-là au monde, de cette *haecceitas* (notre icéité ?) de notre singularité humaine dans l'universelle réalité intra-mondaine. Une telle pronostication rétrovisionnaire futuriste n'est possible que pour une pensée qui se prend elle-même au rebours de ses procédures acquisitionnelles courantes. Existante, puisque se pensant, elle se positionne comme non encore existante, défiant ici et maintenant, comme hors du là-avec, avant le monde. La question peut aussi bien se poser dans un environnement strictement sans être-là transcendant l'humain que dans un contexte de transcendance interrogative. Pour que je me pose la problématique de mon étant devoir exister là, c'est déjà que mon être-là est là, dans cet espace de l'avec…. Comment et pourquoi est-il ici et maintenant, précisément dans ce là où il se trouve emplacé maintenant, telles sont les questions auxquelles la pensée cherche réponse par les deux principes dont la dote la raison.

Ici et là sont les deux signes dont la brièveté fait ressortir la complexité qui com-prend la réalité humaine de l'existence singulière. Ce sont, dans l'actuel, des signes mouvants qui ont à être ressaisis ensemble : ils deviennent, dans le virtuel d'une infinité future ces signes catastrophants que seule peut tempérer quelque mellologie. Ils peuvent être en effet affectés d'autant d'attributs contradictoires ou monstrueux dont la rétropensée imagine la germination, au point qu'il faille introduire quelque principe de tolérance ou d'harmonie pour que leur connivence se concrétise. Quoiqu'on invente, cet entr'accord ne peut être effectif que quand il est concret, c'est-à-dire quand l'existence effective nous est donnée dans notre être-là. La rétrospection des mondes possibles fait intervenir par trop de facteurs divergents, rétrojetés à partir de l'existence de l'être-là, pour que la clé de leur convergence puisse se donner en clair à l'attention que l'on se porte à soi. Ou bien on s'en remet à une autre pensée estimée capable de cette performance universelle de penser toutes les pensées de tous les mondes en un pyramidal bouquet émanationnel, ou bien on se satisfait de l'exercice des procédures que la pensée pensante met au point d'elle-même pour conférer à l'*existiturire* une infinité future relative à notre propre être-là, ici et maintenant.

Au terme de *Justice et Terreur*, il devenait clair que la dualité des principes de la raison s'accentuait à partir de la distinction faite par Leibniz entre prononciation et énonciation aussi bien qu'entre signe-chose et signe-objet, qu'entre réel et possible. Le principe de nécessité n'avançait, par propositions contrôlées, que sur un mode énonciatif jugulant la maîtrise situationnelle du comment de notre être-là avec…, en n'abordant l'existiturience que sous la caution de l'événementiel précédent détectable. Le principe de raison suffisante se réclamait de ce qui, par les processus prononciatifs, nous apportait une représentation langagière inachevée (au sens de cette Symphonie dite inachevée) et sempiternellement en voie d'achèvement libératoire par *Le Sera* de cet *existiturire*. Nous n'en recevions qu'un ton en guise de son, nous n'y pouvions consulter que l'écho d'une représentation discernable. Par le principe de raison suffisante, toutefois, nous nous sentions à l'aise et au mieux dans notre être-là avec…, alors qu'avec le principe de nécessité nous éprouvions quelque contrainte de n'être-là qu'ainsi. Si cette sérénité n'allait pas sans confusion, elle transmettait d'autres potentialités de sentiment que celui de rigueur et c'est bien là ce qui ressortit de l'analyse du *sera*.

Sur le chemin du Vieux-Moulin

Ici et maintenant, peut-être, mais *avec*…? On ne peut dire que les *Holzwege* regorgent de vivants, ni que les *Feldwege* abondent en concitoyenneté locale : à peine émerge l'étant que l'Être s'apprête à absorber, aucun écho ne retentit dans ces sentiers ni dans ces chemins dont on ne pourrait écrire « *volatile volitet* » ; on ne s'y entend pas même soi-même. Il n'en va pas de même quand on s'engage dans les *Chemins de la liberté*, mais c'est pour y subir cet autre excès d'une existence rarissime qui attend une situation-limite pour se manifester. Husserl, pourtant, ne dédaignait pas de citer l'espèce animale qui faisait phénoménologiquement bruit dans l'environnement humain : lequel découpait sa propre mondanéité par une intentionnalité spécifique de haut relief, que contribuèrent à lui conférer les pages fulgurantes des *Méditations cartésiennes* sur la présence d'autrui.

En plein contraste avec les énoncés métaphysiques à forte élocution métaphorique ou combinatoire, le banal de la mondanéité quotidienne se présente peut-être par « un oubli de l'être », mais sûrement pas par l'absence des étants ni par leur manque de prolation existituriante. La prononciation y est prolixe par une multiplicité et une équivocité des liaisons si toutefois l'énonciation conversationnelle et univoque, bien qu'en maints cas, y fasse défaut. Le langage n'y accompagne l'expérience de la réalité humaine que dans la mesure où elle s'ignore comme différenciée. L'être ne se révélerait-il que dans ces situations-limites qui firent le succès des philosophies contemporaines, par des événements hors limites, quand l'expérience crève le plafond et le sol de la réalité humaine ? L'existence serait alors un phénomène à éclipse qui ne s'éclairerait que sous l'effet de circonstances dûes à des crises historiques, quand justice et terreur plongent dans un conflit saignant, quand le possible n'arrive pas à trancher entre ses compossibilités. La quotidienneté ne serait-elle pas zébrée de ses propres crises, moins tragiques, mais aussi dramatiques où, sans luire de son plein droit, la justice ne saurait évincer la terreur ? L'existiturience est-elle moins jaillissante de tous ses possibles quand leur être là-maintenant avec... en vient à faire oublier qu'ils ne sont que des possibles, sous la menace imminente d'autres possibles continuant à se compossibiliser en s'excluant sans trêve ?

L'existiturience n'a pas plus besoin du silence que du vacarme : elle jaillit dans un prononcé assourdissant qu'excitent les signaux que se renvoient tous les cœxistentiaux. Cette cacophonie est cependant concertante quoique n'atteignant pas à l'énonciation : les possibles qui viennent à l'existence ensemble s'en attribuent l'émission et différencient la mondanéité en se faisant reconnaitre comme émetteurs dans un univers d'intercommunication, d'entr'expression. Plutôt qu'inachevée, la symphonie de l'*existiturire* n'est pas commencée, si on entend par là qu'elle aurait déjà reçu les clés de sa notation. Et c'est parce qu'elle ne commence pas qu'elle reste inachevée. Elle peut devenir toutes les symphonies présentes, passées et à venir. Dès qu'elle est connotée, cette symphonie-là est une partition reproductible de l'être programmable, dans l'oubli de l'existirurience. L'Être rend insonore la symphonie existentiale.

Peut-on repérer au niveau du prononcé, banal, quotidien, en quoi la réalité existentiale y est impliquée mais évanescente ? Y trouve-t-on une différenciation par les signes qui conduise à dire qu'il s'agit là de l'humain et pas d'autre chose ni d'un autre être en qui reconnaître le propre de l'homme ? Les *Nouveaux Essais* insistaient par plusieurs exemples tirés de la vie de groupe animalière sur la vocalique qui accompagne les performances expressives de ce qui semble avoir été ce bruitage des chemins de la Leine dont j'ai saisi si souvent l'écoute entre Machsee et Rathaus. La valse contemporaine de la mise en doute des critères classiques du « propre » humain conduit à estimer impropres maints attributs qui furent entendus comme signalétiques de l'espèce humaine. Il est effectivement difficile de trancher, dans la réalité quotidienne compossible d'un chemin où chacun circule dans son contexte praxique et axiologique sans s'embroussailler, aussi bien que sans s'y trouver solitaire. On objectera : vous vous accordez précisémént ce qu'il faudrait expliquer : comment l'être qui s'exerce dans cette réalité humaniste devient-il porteur d'un travail ou d'une valeur ? Le devient-il ? Doit-il le devenir pour l'être et s'il n'est pas, dès ce qui le fait, existence jaillissante, garde-t-il quelque chance de le devenir ? Pour être, le possible est-il devenu ou reste-t-il se faisant ? D'où provenait cette négativité qui, de l'existiturience, étouffait la compossible nouveauté pour imposer la permanence d'un certain être.

On pose la question de la relation entre les hommes, reconnus comme tels dans notre contemporanéité spatiale, mais relevant « d'autres temps » et organisés selon d'autres cultures que celles que nous prenons pour références. J'ai souvenir de cette découverte. Ce devait être au temps où je recherchais un peu partout des inédits ou les éditions rares d'un auteur dont je publiais les œuvres. Passant au petit matin, pour me rendre à la Kongelige Bibliotek, devant un musée anthropologique flambant neuf, je décidai d'un détour rapide par ces salles fraîchement installées : j'y passai la journée au détriment de l'œuvre de Malebranche qui avait le temps d'attendre... La mise en synchronie des formes humaines, des habitats, des outillages, des rites de la planète Terre, à un instant donné qui était celui de ce matin-là, lumineux mais glacial, précipitait ce qui pouvait errer dans l'imaginaire des successions et des primitivités dans l'actuation de la réalité de ce moment où mon existence se faisait : ce *je* s'apprenait comme cœxistant dans cet ici-maintenant-avec... entremêlé à autant d'autres groupes humains socialisés et culturalisés en leur genre propre qui n'avaient rien d'une sous-espèce de la culture ni de la société dans laquelle ce *je* trouvait raison de subsister et estime de soi. Ce devait être au temps des *Mythologiques* de Lévy-Strauss, alors que le structuralisme faisait fureur, ce qui évitait de poser la question du co-génétique : on était déjà loin des situations-limites expérientielles, on n'en était pas encore à l'absurde ni à l'abîme. C'était pour l'heure un pas en avant énorme effectué dans la liaison de l'espace terrestre avec la variété de la réalité humaine. L'humanisme n'était donc pas que le se faisant de ce *je* : il se faisait pour soi autre part et, depuis tout le temps, nous cœxistions au sein de multiples compossibilités sociétales.

Qu'il y ait une telle diversité dans l'hémisphère sud et de telles différences synchroniques sur la planète n'était pas le seul étonnement qu'il était loisible d'éprouver. Car, peu avant l'entreprise de ces travaux pacifiques, dans ma culture éditoriale nordique, entre ces nations voisines organisées en états adverses, la concurrence avoisinait l'élimination. Les situations-limites dérivaient des nationalismes qui creusaient des fossés et des tombes entre sociétés de même culture. Ou bien on déplaçait les hommes-outils pour les asservir aux travaux militaires de l'ennemi. On bien, souvent les deux à la fois, aux idéologies racistes s'imposait la volonté d'éradiquer tout ce qui ne correspondait pas à un certain propre morphologique de l'homme et l'anthropocentrisme devenait un ethnomorphisme, supprimant les individus estimés défectueux selon le critère de la race définie, abordant la solution finale éliminatrice de tout ce qui relèverait d'autres conformations génétiques présentées comme flagrantes.

Si l'expérience n'en avait pas abondé, il suffisait d'observer la société même où ce *je* se trouvait intégré pour éprouver combien le sort de chaque individu était indépendant de celui des autres et comment les alliances tacites créaient autant de différences de classes engendrant autant de conflits sociaux. Ne parlons pas des propres à fondement religieux qui entraînent autant de conflits ouverts à l'ouest qu'au centre et qu'à l'est de l'Europe ou sur ses confins, conflits qui se trouvent sérieusement aggravés entre Nord et Sud à partir du moment où la vie de l'homme n'a plus d'importance au regard de la survie qu'on lui prêche. De quoi en ressortir dé-stabilisé, ce qui fut une bonne occasion de mettre à nu l'expérience de l'*existiturire*, en l'occurrence déportation, extermination, lutte pour la vie et pour la pensée libre.

Durant le coup d'aile qui me ramenait de Copenhague, j'admirai la rotondité ennuagée de ce globe aux variétés humaines si synchroniquement inaccordées. J'en vins à évoquer ce ciel de traîne qui s'étendait en-deçà de mon *Chemin du Vieux-Moulin*, empierré entre deux ornières, et qui ne connaissait ni les pavages urbains ni les asphaltes roulantes ni les pistes d'envol bétonnées. Le chariot du meunier y cahottait et c'est plutôt à dos de mulets que les céréaliers du voisinage y amenaient leur grain. Un parler local couvrait de ses expressions vives les signes réguliers des pales et le bruissement de la moulure qui abondait aux sacs. Je les connaissais tous et leur contact m'était facile : j'étais pour eux quelque chose comme un instituteur dont on ne savait pas trop bien où se trouvait l'école. Au sein de cette relation empathique sans complexe les confidences s'égrénaient en mouvement dodécaphonique dans un cortège de prononciations échevelées, plus syllabiques que syllogistiques, que j'appelais en souriant « la civilisation de D... ». D... n'était guère un village, mais c'était une commune, révolutionnairement découpée, aux hameaux dispersés et indépendants, à peine reliés par des fourrages qui se croisent et des labours où l'on se prête un coup de main, à charge de revanche. La vie s'y transmettait vaille que vaille, et cela plutôt généreusement en raison des vignobles. Il me devint évident que le principe de causalité n'y avait pas plus formalisé la relation entre l'acte sexuel et la génération de l'enfant qui s'ensuivait, comme je venais d'apprendre qu'il en allait ainsi pour un groupe humain cœxistant en Papouasie. Ici, même quand on en était au quinzième, l'enfant naissait parce que « ça devait être comme ça ». Le mariage y suivait la procréation, plus pour la convention rituelle que pour la consécration et sans la moindre idée de provocation. Sans malice aucune, on s'y mariait, disaient-ils, derrière l'église. Je me suis assuré discrètement qu'il en allait de même pour la consécution entre le transport qui menait la chèvre ou la vache de P... au bouc de N... ou au taureau de R... avec la venue au monde des chevreaux ou des veaux. P... n'a jamais su quand les agneaux de ses brebis allaient naître, il ne les attendait même pas, il les accueillait quand la femelle mettait bas, comme son épouse qui avait porté quinze enfants. La cœxistence avec les petits-enfants, adeptes du calendrier ou de la pilule, n'y changeait rien : le signe « ça » l'emportait sur la prévention codifiée. Le médecin restait un chamam : la prise de médicaments (on y buvait très fort, on s'y restaurait très gras, et les fêtes se multiplaient avec l'abondance des générations et du rituel social) restait symbolique, détachée de tout effet relatif au diagnostic, aussitôt abandonnée qu'entreprise. Je me disais que les passages à l'église, dans la plus grande indifférenciation aux Églises, évoquait quelque danse autour du totem pour la naissance, le mariage et la mort. Les prêtres catholiques, de plus en plus rares, et qui n'auront subsisté ici que durant le second millénaire, renonçaient rapidement à tout prêche par trop hors des propos usuels environnant la naissance, le mariage et la mort. L'enfer n'effrayait personne : c'était plutôt le voisin, à cause de ses bornes. Ce n'était pas les autres, loin de là car qu'est-ce que le paradis pouvait bien offrir de mieux qu'un perpétuel banquet dansant de la Sainte-Barbe, quand comité des fêtes, pompiers et musiciens s'en donnent à estomac et à cœur joie ? On y bavardait, on n'y raisonnait pas. Nous étions donc nous-mêmes environnés de « cris » et plutôt en plein « cru », si ce n'était que les dons culinaires de mes compatriotes développaient le cuit avec art. C'était, c'est toujours, la vie, l'humanisme en acte, l'humanité d'existentiaux concrets, dont l'être n'a rien d'une idée, partagée entre maladies et espérances, mais avec un souffle inextinguible.

Exister avec...

Non sans quelque mélancolie, sans rien d'angoissé, je m'en détourne pour jeter un regard existentiel, sinon existential, sur mes coteaux, cette façon d'exister qu'a pris l'existiturience. À défaut d'un environnement pour primatologue, les bordures accidentées qui encadrent le *Chemin du Vieux-Moulin*, grouillent, exposées plein sud, de multiples habitats animaliers bruyants. Certes ces bosquets ne regorgent pas de chimpanzés ni de bononos. Mais la fréquentation quasi-séculaire que j'en ai vaut bien en son genre une mission de terrain en forêt guinéenne. Après tout, le Chemin du Vieux-Moulin doit être emprunté pour s'y rendre et pour en revenir : j'entends par là que ce n'est qu'à partir de ce qui y fut cultivé et qui conduisit aux technosciences et à la civilisation de la roue que l'on y parvient.

Avant d'en venir à l'étude des propres que partagent les primates, jusqu'où peut conduire l'observation, aisée à tous, du signifiant quotidien de ces coteaux, signifiant dont je me garderai bien de traduire anthromorphiquement le signifié. Je le signale, avec ses contrastes et son incohérence. On s'apercevra de ce qui, dans les conduites d'espèces dites plus élaborées, subsiste de ce qui semble faire l'ossature de ces espèces animales considérées comme de moindre importance évolutive dans leur rapport synchronique à l'*homo*. Pour qui ne postule pas d'entrée l'axiome d'un propre de l'homme énonçable selon le décret de quelque constitution légale de la parole, nombre de remarques sont possibles qui ressortissent plus, sur ce sujet, à la versification de Lucrèce qu'à la géométrie de Platon, à la philosophie de Leibniz qu'à celle de Descartes ou de Locke, à la bioanthropologie de Darwin plus qu'au théofixisme de Buffon. Ce serait là une façon de philosopher sur le terrain, puisque ce n'est pas dans leur bureau que les philosophes sont confrontés à la quotidienneté des rapports avec la nature parlante et les espèces signifiantes : il n'y rencontreraient que l'Être, si seulement il était rencontrable ! On s'écriera au privilège ! Je récuse cette accusation. Les forêts domaniales, les lits de rivières communautaires, les immensités agraires, les coteaux ouverts peu fréquentés offrent autant de parcours ouverts à tous. La condition animalière serait-elle si défavorisée qu'elle ne puisse que servir de repoussoir à un humanisme lui-même repoussé ? Quoi donc ? Dans les *Holzwege* on n'entend jamais aucun son, ne serait-ce que sauvage. Sur les *Feldwege* rien n'émerge de l'animalité sous prétexte que « le langage » se situe dans l'éclairement de l'Être à la vérité duquel l'animal n'a pas accès ! On ne vise au néant de l'être que faute d'avoir été-là : on ne rend visite à l'*Heimkunft* que parce qu'on n'y réside plus. Quand l'Histoire se réveille de ses cauchemars, on comprend dans ce cas la mutité, la surdité, la vacuité, la vanité de l'humanisme ! *Über den Humanismus* n'a rien du neutre d'un écrit *sur* l'humanisme, c'est une lettre au-dessus de l'humanisme : veut-on que je ressorte un florilège de citations des années 33 sur la décadence humaniste ? Mais peut-être y sera-t-on plus sensible en revoyant le *Dictateur* de Chaplin et en prêtant l'oreille à ce qui tient à l'animalité sauvage dans le discours terminal d'autant plus terrorisant que les images de la vie rassérénée reparaissent ?

Revenons-en donc à la symphonie sensorielle ambiante, à cette « *signatio sensibilis* » dont les accords n'ont d'égal que les disharmonies et qui est tellement hors préoccupation, qu'elle échappe entièrement à toute référence à l'outil. Dans les layons abrupts, qui tombent sur le *Chemin du Vieux-Moulin*, les réactions de mes vipères, simples invertébrés au cortex lamellaire, pour peu inventrices qu'elles soient, sont loin de se réduire à être mécaniquement subordonnées au conditionnement thermodynamique externe. Certes, à la saison froide, elles se réfugient au fond d'un trou calorifique mais elles s'effacent aussi bien en terrain sec au fond d'une faille calcaire, qu'elles se replient dans un trou argileux, qu'il leur arrive d'emprunter à des taupes baladeuses. Quand elles en sortent, c'est pour se mettre en posture de chasse, le serpentement resserré prêt à la détente et la tête légèrement dressée restant aux aguets ; à moins qu'elles ne s'exposent en larges rouleaux espacés au soleil d'été. Pour peu qu'on les approche avec calme, on peut en contempler à loisir le triangle à la langue fourche et la peau si baroquement dessinée et coloriée. L'espèce poursuit son existence dans des terrains calcaires pierreux peu accueillants aussi bien que dans des prés à herbes foisonnantes. En se lovant sur elles-mêmes ventre à l'air, elles se creusent des enclos de surface dans lesquelles elles s'enlacent avec une progéniture toujours grouillante et prête à rejoindre les profondeurs. Les compossibilités permises aux réactions thermiques ne sont donc pas négligeables. Leur adaptation au terrain en postule la reconnaissance signifiante dans une dizaine de mètres de circonférence : mais quand la côte devient trop sèche, elles descendent d'une centaine de mètres pour s'abreuver à la rivière et y séjourner sous des herbes hautes et humides dans lesquelles nous avons tort de croire qu'elles « se dissimulent » pour mieux nous agresser. L'écosystème ambiant n'est pas plus nécessitant pour elles en raison de quelque utilité de la thermoluminescence : bien que vivant alors dans une verdure dominante, elles ne sont en rien herbivores et se nourrisent d'insectes. Il ne s'agit pas que d'une large utilisation du cadre spatio-temporel environnant : elles manifestent une indépendance par rapport au milieu nutritif dominant. On devrait trouver, si on ne l'a fait, quelque réseau neuronal et quelque ADN qui sont loin de les faire figurer au plus bas degré de l'échelle phylogénétique. Je ne vois pas non plus qu'elles subissent : car elles ont à disposition la terrible et mortelle défense qui les fait craindre, qui ne saurait en rien être assimilée à un outil ; l'homme, qui redoute leur venin, leur prête une imaginaire ustentilité que lui seul anticipe en la circonstance selon sa propre agressivité. Elles se défendent pour leur survie alimentaire, plutôt qu'elles n'attaquent pour la destruction d'autrui, très fort propre de l'homme. Si on approche un bâton, qu'elles soient en posture de guet ou de relaxe, la réponse tient dans l'éclair d'une détente brusque. Guet ou surprise, on n'a pas le temps de la voir se déployer que son croc est déjà fixé dans le bâton ou dans la botte, dans la chair pour les inconséquents. Cela fait partie de leur posture de chasse : elles appréhendent une proie possible, elle ne cherchent pas à attaquer un ennemi historique. Langage ? Il serait alors thermodynamique. Elle n'émettent pas d'autre son que ce « sifflement » qui leur est plus prêté qu'audible et qui, plus que d'une « voix », résulte de la brusquerie d'une détente qui met toute une innervation en branle.

Les chats ne sont pas des vipères, et ils le prouvent. Je n'ai pas souvenir de chats mordus à mort par des vipères, qui se glissent dans leurs trous dès qu'elles en pressentent : modifient-ils leur signifiance thermodynamique quand ils surviennent, comme il en va dans les systèmes de sécurité électronique ? Avec ma chatte, qui capture les vipères, la question se complique d'autant plus que des travaux à ce sujet pénètrent jusqu'à son sommeil paradoxal. Selon ma réalité humaine d'être-là avec… les vipères de mes chats rêvent-elle de matous transpercés de dard ? Ma chatte, elle, rêve éminemment. De vipères, nul ne sait. Pour venir à bout des vipères comme elle le fait, il faut que sa capacité physiologique et son néo-cortex développé exercent quelques performances supplémentaires. Certes si la vipère mord au talon de l'homme, le chatte saisit la vipère sept ou huit centimètres (celles de ma côte ont 80 cm de longueur ordinaire) en amont de la tête, celle-ci ne pouvant réagir pour piquer, handicapée par cette réduction de sept huitièmes de la puissance de choc dont elle dispose en se retournant et en frappant. Pourtant, frémissantes encore et apparemment peu blessées, la chasseresse dépose en ronronnant (de satisfaction?) la victime sur mon seuil : de son coup de dent, elle a sectionné leur structure invertébrée, paralysant la proie. Que peut bien exprimer ce « ron-ron » félin? La chatte n'a pas *besoin* de cette proie pour sa consommation alimentaire. Ou bien, elle l'entrepose dans un recoin, et pendant mes absences où la presse une pénurie d'aliments, elle peut récupérer ses victimes, laissant en vrac peaux, os et plumes que je trouve à mon retour. La chasse désintéressée se propose comme une sorte de jeu puisqu'elle ne met pas en question sa survie. Ou bien elle ramène ses proies à ses petits, car elle a une intense vie de groupe familial qui lui fait détourner les biens reçus de sa semi-domesticité à l'usage de ses nourrissons. Ce désintéressement s'achève par cette conduite étonnante qui consiste à distinguer un individu humain avec lequel elle a certes des relations nutritives plutôt réussies mais aussi des problèmes matrimoniaux plutôt tragiques, car ses trois portées par an de quatre chatons plus ou moins « adorables » sont la hantise de mes greniers. L'espèce humaine apprend la mondanéité en défendant ce qu'elle estime dépendre de sa réalité! Car si je ne les lui enlève pas tous à la fois, elle déménage ceux qui restent vers d'autres abris sûrs, et il en subsiste. Sa prise de deuil est immédiate mais se dissipe en 24 heures, jusqu'au prochain matou qui rôde par là. « Faire l'amour en tous temps » serait, selon Figaro, le propre de l'homme : il l'est autant des chattes, d'un art moins varié certes, mais très efficace. Je suis certain que, parmi ces amants bruyants figurent certains de ses propres petits qui ont échappé à mes holocaustes, avec lesquels elle se livre sans retenue à quelque pratique incestueuse; je ne sache pas que ces matous œdipiens s'en crèvent les yeux!

J'en viens à son langage. Minoute « miaule » et elle émet des signes sonores multiples et variés en renvoi à chacune des situations que je viens d'évoquer. En soulevant la question des signes, je me mets à évoquer son nom : rien de surprenant pour les animaux domestiqués avec lesquels un contact quotidien finit par ressembler à une interaction signifiante communicative car, comme on dit, « il ne lui manque que la parole ». Qu'en fait ce soit l'humain qui prête la parole à ses commensaux animaliers, rien de mieux admis! Nul n'a jamais trouvé scandaleux de donner un nom à des animaux familiers, chevaux, bœufs, perroquets, chiens etc. Il a fallu quelque paléontologue mal luné pour trouver déplacé et inconvenant de donner des prénoms ou des sobriquets aux grands singes, alors qu'il appelait banalement son chien Médor... Nous parlons là de langage prononciateur plus qu'énonciateur, affublant d'un nom des êtres vivants singularisés et proférant à leur endroit des échanges quasi-conversationnels. Mais selon sa propre existuturience, Minoute ne fait que miauler. Mais elle miaule. Elle émet des airs musicalisables qui passent par son gosier et son larynx pour aboutir à sa langue, mettant en branle toute son union. Quel que soit le statut de la convention, elle n'a pas eu besoin de l'instruire avec quelque nomothète, quelque poseur de noms, pour que cette émission sonore très diversement modulée reçoive une réponse appropriée de la part de ses petits, des autres individus de son espèce, de l'*homo*. Elle est en rapport de bon voisinage avec le chien d'un cultivateur: dans leurs jeux ou leurs bagarres, le chien grogne en chien et Minoute miaule en chat ce qu'ils ressentent. Pourquoi sort-elle ses griffes en piaffant dès qu'elle entend bêler la chèvre qui broute sur le Chemin, avec laquelle d'autre part il lui arrive de se jouer d'une paire de cornes qui s'y prête? Mais l'espèce humaine aussi entre, dans le mouvement même de l'*existiturire*, en communication gestuelle, sonore et vocale avec la chatte. Ces émissions phonétiques émanent d'une « voix » qui répond à d'autres critères que ceux de la parole humaine, un autre système spontané et spécifique de signes, sons et tons, non appris, sus, qui s'entremêlent à ceux de l'environnement. Ce langage animal est au minimum saisi comme désignant une présence amie ou adverse, familière ou lointaine avec une « compréhension » (appréhension différenciée de la situation ambiante) manifeste de nuances affectives, émotionnelles: faudra-t-il aller jusqu'à parler de conscience ou nous en réserver le propre? Force est de concevoir que « quand je me joue à ma chatte, qui sçait si elle passe son temps de moy plus que ne fay d'elle? » Les espèces animales ne sont pas des espèces muettes. La condition animalière fait plus partie de la réalité humaine que la condition humaine n'y engage.

Avançons néanmoins dans cette voie d'une conscience vague sans parole, d'abord dans le domaine de la vision. Elle est suffisante pour assumer tous les comportements qui concernent le quotidien de la chatte apprivoisée. Elle suppose par ses variations aussi bien que par ses constantes un bouclage de connexions neuronales transmis au cours de l'évolution des espèces qui aboutit par un exercice d'alerte à l'émission de signaux. Non, d'un simple geste de la main ou d'une émission de grosse voix pour ce qui est de monter sur la table; oui, d'une main qui tapote pour se blottir sur un vieux fauteuil. Quand Montaigne se met à énumérer la langue gestuelle, il lui faut accumuler une séquence de 47 formes verbales, dont rien ne dit qu'elle soit achevée: « Des mains nous requérons, nous promettons, appelons, congédions etc. »; « de la tête nous convions, nous renvoyons... », plus 21 autres verbes actifs. Cette participation au milieu domestique passe par l'usage des produits de nos savoirs pratiques. L'environnement de la chatte est maîtrisé pour cinq cents mètres à l'entour. Mais il est bien d'autres signifiances par lesquelles l'homme ne passe pas. Les abeilles ont une vision kilométrique, transférable quand on change la ruche de place pour la rapprocher des végétaux en fleurs : elles font jouer certainement un « langage » entre elles dont l'émission ne nous est pas audible et signale que la communication peut passer hors de nos atteintes naturelles. La vie en couple du pigeon sauvage s'effectue dans la reconnaissance commune d'un espace plus que kilométrique à l'entour du nid : l'émission « *grougrou* » provoque une réponse roucoulée à distance; la concertation des roucoulements sur place passe par des émissions plus ou moins intenses. surtout lors des parades d'accouplement. Le pigeon-voyageur multiplie et varie les postures des congénères par analogie mémorielle : il commence à métamorphoser le monde sur de longues distances grâce à la composante de magnétite par laquelle son union lui confère une boussole organique que nous ne possédons pas. La chant de la tourterelle émet des « *cou-coûh* » bien repérables dans le couple, à l'égard des autres de l'espèce et de l'homme. Dans les nuits chaudes, durant des heures, qu'exprime la cantate infiniment variée du rossignol qui a les étoiles pour auditrices ? Les hirondelles retrouvent au printemps les nids qu'elles avaient maçonnés des années auparavant ou les cicognes les édifices branlants qu'elles avaient juché en équilibre sur les cheminées. Mais le problème est plus complexe : est-ce que ce sont les mêmes qui reviennent, que je retrouvais au chaud dans mes hivers en Afrique du Nord, ou bien leurs descendantes ? Et que dire de ces migrations des centaines de milliers d'oies sauvages que j'allais admirer, se gavant d'herbes marines qu'elles affectionnent et dont elles savent qu'on n'en trouve que là entre leurs deux longues étapes de 6.000 kilomètres chacune, dans cette baie marine du Saint-Laurent, avant de reprendre leur envol vers le Mississipi en d'impeccables formations triangulaires.

Mais les animaux ont des champs de sensation sonore plus étendus que n'en a l'homme : comme tout le monde, j'ai vu à l'œuvre, sans les entendre, les effets des ultra-sons des dauphins et des infrasons des éléphants. Mais n'en disposant ni dans ma rivière ni sous mes ombrages, je me satisfais de mes chauve-souris. Dans la grotte qui a fait la célébrité de mon village, Casteret estimait que son exploration spéléologique, sous-marine pour la plupart de ses 400 mètres, avait permis de dénombrer la présence de 5.000 individus d'une certaine espèce. Ces chiroptères partent le soir à la chasse aux insectes qui abondent sur les marais et les poursuivent jusque dans mon grenier. Là, elles se livrent, à haute vitesse, à des exercices nocturnes vertigineux, entre les poutres apparentes de la charpente où j'ai perché de vieux souvenirs, évitant avec une rare précision de bouleverser une statuette ou de heurter quelque vieille poterie. Je veux bien qu'elles disposent d'un sonar approprié : mais alors quelle efficacité cet équipement neurologique d'écholation ne leur donne-t-il pas dont l'humanité n'est absolument pas munie ! On apprend d'autre part que leur coëfficient d'encéphalisation est des plus proches de celui de l'homme : il est vraisemblable que leurs émissions sonores ou insonores pour l'*homo* subissent leurs propres modifications spécifiques qui se sont poursuivies durant leur 55 Ma d'existence. L'humanisme pourrait se sentir humilié s'il était empêché d'admettre que les performances sensorielles de certaines espèces outrepassent entièrement les capacités du sentir humain : celle dont fait preuve le flair du chien, de la chasse au secourisme est des plus performante.

Pourquoi parlons-nous d'animaux « domestiques » ? Les conduites de la chatte sont telles qu'on peut supposer qu'elle dispose de traces spectrales aimantées qui lui permettent ce comportement qu'il faut bien appeler, en un sens, physiologique, écologique et coutumier : la « reconnaissance » de la main nourricière et de l'habitat non grégaire. Pourtant la domesticité, définie comme l'appartenance à un lieu central d'habitat, autour duquel l'espèce poursuit ses démarches relationnelles, est partagée par les animaux que je viens de citer. La vipère a son repaire ; la chatte ses coins de greniers ; les sitelles dévoreuses leur nid bétonné de boue pour dissuader les déprédateurs ; ces chevreuils qui restent en famille du printemps à l'hiver, saccageant les géraniums et ne laissant pas perdre une pomme tombée, se satisfont d'un bocage buissonneux par rapport auquel ils se repèrent à longs cris gutturaux.

« Sais-tu pourquoi tout parle ? » interrogeait le poète. Toutes les espèces sont, en elles et entre elles, en communication par signes vocaux plus ou moins prononcés, accentués, tonalisés. Elles font intervenir des sons dont la modulation permet de les identifier et qui donne lieu à des échanges de vocalises. Le ronronnement de la chatte manifeste un bien-être que partagent les petits qui la tétent. Elle guette les pigeons qui s'avertissent du danger : ils disposent d'une cinquantaine de « syllabes » sonores qui s'égrènent selon une syntaxe dont les modulations sont transcriptibles. Dans le nid ou à ses approches, le couple de pigeons entreprend un échange sonore qui accompagne l'entrée en repos ou la parade sexuelle. D'une parcelle à l'autre, les pigeons, couple ou pas, émettent, attendent une réponse puis répliquent, et cela peut durer une dizaine de minutes. Durant plus de quatre mois, les coucous, qui jouent le rôle qu'on sait dans l'appréciation de notre situation financière, sont en communication forestière sonore, hors de vue les uns des autres.

Les mésanges piaillantes sont manifestement les plus agiles et les plus opportunistes de ces oiseaux familiers. Leur nidification est experte et cousue bec et onglet. Elles réussissent en sautilant avec une agilité étonnante à soustraire des graines sur lesquelles un couple de pinsons monte la garde : la crête surbaissée du mâle se dresse et il se hausse sur ses pattes, bien peu sveltes, en donnant des coups de bec qui n'atteignent que le vide car la mésange est déjà loin avec ce qu'elle a grapillé. Je ne les ai jamais vues, comme ces mésanges anglaises, aller jusqu'à soulever le couvercle des bouteilles de lait pour leur petit déjeuner, mais elles vont s'abreuver et se toiletter dans une vasque aménagée en pleine terre. Elles ne cessent de communiquer entre elles, selon des cadences assez simples, mais variées. Elles disposent d'une gamme de « *tsididi* », « *tsii* » qui va jusqu'au « *sirrr* ». D'autres ont étudié leur langage en concluant à une « grammaire générative » de la mésange. Quant au rouge-gorge, il se comporte en maître sur une étendue d'une centaine de mètres carrés, arrive d'un coup d'aile dès qu'il voit les graines et tapote du bec sur le carreau s'il n'y en a plus. Son air favori le rend immédiatement identifiable. Ce n'est pas que le pinson soit muet, loin de là : cette espèce joue de « *tic-tic* » différenciés et modulés d'un arbre à l'autre, avec roucoulis-réponse-réplique. Leur communication sur trois r est perdurable : les enregistrements prouvent, d'une saison à l'autre, leur constance dans les variantes, donc leur transmissibilité spécifique. Ils émettent une mélodie continue qui sollicite les graines « *tvic-tvic* ». Leur vie familiale propre est développée et durable. Dès leurs premiers envols, les petits sont orientés vers la nourriture artificielle qui leur est offerte : pinsons et pinsonnes s'affairent pour picorer devant eux et, geste transitoire d'avec celles des conduites du nid, offrent des graines prédigérées aux petits becs tendus sur des pattes encore branlantes. Le pinson dominant est d'ailleurs le seul de ces animaux familiers à posséder un chant plurisyllabique précis et répété qu'il émet manifestement par ses « *yup-yup* » selon la présence mouvante de l'homme.

Nous ne pensons pas, par de telles remarques, faire preuve d'un extravagant imaginaire anthropocentrique. Nous avons pris note, sans poétique. L'analyse de toutes ces conduites animalières ne peut être que le produit d'une réflexion langagière humaine qui se révèle puissamment connotée par des conduites animales. On ne saurait donc cliniquement en ignorer la symptomatique, quitte à veiller, pour l'herméneutique, à ne pas les coiffer d'une finalité qui, en l'occurrence, devient une nécessité de la fixation ou de l'évolution des espèces vers celle de l'homme. Non, ce que je remarque n'a d'autre sens que de déceler la flexibilité des compossibles à des vivants que nous n'avons de cesse de réduire à *être* ce que nous avons défini comme absorbé dans un simulacre de ne pouvoir *être que...* : or toute cette faune entre en communication active et langagière entre espèces et, de plus avec le genre humain qui invente, pour y répondre des émissions sonores adéquates et efficaces, relevant de ce que nous avons appelé *une phonétique de la prolation*. On peut postuler, sans présager de réponses plus précises en provenance d'autant d'études des chants d'oiseaux spécialisées, que ce lot ordonnancé de signaux sonores complexes répond à une conformation organique vocale que ces espèces possèdent et qui est conforme en performances à ce que permet cette disposition physiologique. Rappelons la pie de Plutarque. Même Descartes doit être évoqué en ce qu'il n'est pas resté indifférent aux performances des perroquets : la précision de son distinguo dans le *Discours* VI, vaut pour une différence de degré en ce qui concerne les performances respectives de cet animal et de l'homme : l'exclusion ne porte que pour ce qui en est de la possession d'une âme, mais on n'est plus là dans la physique cosmique, mais de plein pied dans la métaphysique des philosophes. Ce n'est qu'en cadrant de telles réflexions continuistes dans le schéma en rupture des organes de corps et d'une âme spirituelle que Descartes conclut à la différence de nature : jusque-là la nature était bien enchaînée, animalité et humanité comprises. Pour expliquer cet ordonnancement, force est de faire appel au vocabulaire de la mémoire (traces, empreintes), de l'imagination anticipatrice des mouvements selon le temps et l'espace, d'une amorce de conceptualisation, que nous pourrions pousser, ce qui nous agrée fort, jusqu'aux remarques de Plutarque, de Montaigne ou de Leibniz sur le jugement des animaux dans son rapport à l'instinct.

Certes cet éco-système que je viens d'évoquer relève plus des *Géorgiques* que de l'*Enéide* ! En aucun cas je n'en fais un modèle, mais je le note comme une tranche de vie (en plein *Lebenswelt*) mêlée à bien d'autres situations moins bucoliques et plus agressantes dont je pourrais aussi bien entreprendre l'écho symphonique qui relèverait plutôt de la Sonatine, de la Grande fugue ou de la Huitième de Schostakovich. Les signes de prononciation y seraient d'une tonalité aiguë et discordante dans ses *fortissimi*. Le brouhaha des villes et les puissances motrices que l'humanisme a développées, au détriment peut-être de l'humanité, nous assaillent : mais nous y trempons dans cet autre quotidienneté d'un prononcé plurivivant et multilangagier qui s'entend par autant de conversations captivantes, surtout au sein de nos grandes métropoles aux langues vivantes simultanément émises. En ce cas, « captivant » passe d'un sens agreste charmeur au sens urbain assourdissant et asservissant. Mais, même au cœur de la ville technoscientifiée, n'en va-t-il que de cela ? Nous finissons par ne plus nous en rendre compte et, pour avoir vécu à la fois synchroniquement de manière champêtre et sururbaine, je puis aussi bien entendre ce qu'on dit des technosciences, qu'entonner quelque refrain des bucoliques : l'humanisme se doit d'assumer en les énonçant en leur singulière clarté les prononcés spontanés des oiseaux qui chantent et des métros où hurlent à la fois quelque accordéon et cinq ou six langues étranges, y compris celle dont nous prétendons pratiquer la parole académique. La parole est orgasme et ne se sait pas même organique : elle accomplit la conativité d'une réalité humaine qui ne s'isole pas comme conscience, mais qui se vit comme participation.

– II –

Passé et avenir de l'avoir été avec...

Anthropogénérique et anthropogénétique

Nos relations aux autres vivants dans cette mondanéité du vécu demandent à être élargies vers cette critique anthropologique à laquelle ouvre cette prise de conscience des variétés partagées de tels propres de l'homme. Pour entrevoir comment nous sommes aujourd'hui différenciés, si nous le sommes au sein de l'humanisme à définir, remontons vers les origines de notre avoir été là-bas, autrefois, déjà avec...

Sous le signe de l'accouplement générateur d'humanité (XY) (XX), les recherches actuelles concernant l'Adam et l'Ève chromosomiques ouvrent sur une genèse que permet d'expliciter l'anthropologie moléculaire génétique difficile à concilier avec le générique de nos classifications habituelles plutôt moïsiaques d'inspiration. Le genre et les espèces nous étaient créationnellement donnés comme tout faits et n'avaient plus qu'à laisser les individus se transformer (un minimum) dans le cadre d'une spéciation aussi peu souple que possible : nous prenons en charge de rendre compte d'un facteur actif de cette donation, de passer de la forme au façonnement des spécificités, sinon des singularités. Cette entreprise commence plutôt au rebours de ce qu'en intuitionnait Moïse puisque l'Ève mitochondriale serait en date d'il y a 143.000 ans, alors que l'Adam chromosomique ne daterait que d'il y a 59.000 ans. Antérioriser et inverser la transplantation de côtes ne reste pas sans effet sur la subordination des sexes dans l'espèce donnée et sur l'effectivité de leur rôle dans l'acte générateur, l'œuf ou le sperme ? Pour aborder l'histoire spécifique de cet *homo* qui peuple le globe terrestre, nous changeons de plus d'unité de mesure en élargissant les six millénaires bibliques traditionnels à quelques millions d'années (Ma). En même temps, le philosophe doit tenir compte de ce qui lui advient des avancées concernant la transgenèse, le clonage reproductif, la manipulation génétique : que peut être, que devrait être ce nouvel être-là, artificiel et déculturé par rapport à l'*homo biblicus* naturel-culturel ? La définition de l'humanisme peut-elle être accomplie hors de toute techno-science, hors de tout éthico-savoir, comme si elle ne pouvait provenir, si elle a à être inférée, que du caractère « extatique » d'une essence revendiquée par ce qu'on appelle « l'Être ».

Artificiel et déculturé signifierait que l'humanisme ne peut plus se penser qu'en termes de matière et de forme, de corps et d'âme, de référence à quelque situs historico-spatio-temporel. Les difficultés de la définition du signe propre ne ternissent en rien l'humanisme, mais elles contraignent à le recentrer vers une attitude morphologisante élargie de participation cosmique et vers un consensus singularisé de mondialisation civilisatrice intégrante. Il faudrait savoir de quel homme on parle quand on parle d'humanisme. Deux écueils sont à éviter : s'arrêter à un modèle élu, partiel et conventionnel ou bien proclamer une fission générique mondiale que tout, dans le génétique, contredit. Les membres composants de l'humanité en sont tellement variés par leur appartenance géographique et historique, par leurs caractéristiques comportementales et leurs finalités, qu'il semble impossible, face à ces milliards de singularités d'énoncer le signe de l'homme : l'homme, c'est... Mais peut-être est-ce en cela précisément que consiste le faux de l'humanisme.

Pour mériter le nom d'anthropologique, notre savoir sur les autres espèces aussi bien que sur notre place dans l'espèce doit refuser d'être, dans la mesure du possible, anthropomorphique. Dans quelle mesure ? Le possible en la matière ne le devient qu'au travers du langage par lequel nous l'exprimons. Les concepts et les jugements que nous construisons pour en rendre compte suivent la découpe des fonctions organiques et psychiques qui nous sont données et acquises par d'autres savoirs corrélatifs. Il est donc hors de question qu'on en vienne à cet égard à une « objectivité » des signes qui puisse équivaloir à la nudité arithmétique ou géométrique, ni même à une logique ontique sans déontologie. Ce possible sera d'autant mieux discerné qu'on évitera de pratiquer d'emblée l'analogie, de prendre comme référentiel la conduite de l'homme pour juger de celle de l'animal ou celle de l'Européen pour évaluer celle des autres taxons humanoïdes. On entreprend à peine et avec peine l'étude des grands anthropoïdes en posture d'observation non interventive en milieu naturel, là où l'expression de la culture animalière reste immergée dans une écologie spontanée. Ce qui a créé un autre scandale (machiste celui-ci) car ces procédures exigent plutôt l'empathie (féminine) qu'elle ne réclame la froide rigueur du conditionnement de bureau ou de laboratoire.

L'écartèlement de l'anthropologie morphogénérique vers une analyse des singularités génétiques moléculaires dépiste sans complication freudienne la transmission qui dans l'ADN matriarcal de leurs chromosomes affecte les mitochondries qui ne conservent qu'un seul brin d'ADN et qui sont autant de racines probatoires de cet X combiné en (XX) pour le signe des femelles humaines et autres. Elle procède avec lucidité au séquençage de l'ADN du chromosome sexuel patriarcal Y, cas particulier du marquage (XY) des mâles humains et autres. Or c'est cet « autre » qu'il s'agit de différencier si l'on veut obtenir par cette techno-science quelque propre de l'accouplement (XY) (XX). Ce chromosome Y serait de forme unique et inchangée dans les panels variés d'individus relevant de groupes humanoïdes différents. Son taux de mutation est seulement plus ou moins élevé que celui qu'on observe selon les mêmes circonstances expérimentales dans les mêmes lignées génétiques, sans différence de « nature ». On en vient à « suggérer » sous les taxons humanoïdes un ancêtre commun récent qu'il reste à situer dans les gradations de l'*homo*. Cet ancêtre serait plutôt largement africain (mais de l'est ou de l'ouest du Rift ?), ce qui satisfait les paléontologues favorables à cette hypothèse. On affine par toutes les méthodes possibles cette approximation et ces nouvelles méthodes entraînent autant de développements de nouvelles sciences adjuvantes. Il y aurait des positions d'adénine dans la chaîne chromosomique qui s'observent ou ne s'observent pas chez les primates, dans l'*homo neanderthalis* et dans nos contemporains des cinq continents. Le résultat en serait le constat d'une perte de variabilité, c'est-à-dire d'une similitude d'origine patriarcale pour les résultats obtenus sur les individus qu'on peut alors ranger dans ce qui concerne la lignée de l'*homo sapiens* (base moléculaire de notre aptitude biologique à une mondialisation) dont on pourrait en même temps établir le lieu d'origine, l'importance de la population fondatrice, les vecteurs des migrations intercontinentales, l'essaimage géographique.

Quant à l'Adam ou l'Ève résultant d'une telle projection mitochondriale et chromosomique, ils ne sont pas identifiables : non par défaut des méthodes des techno-sciences ou par la rareté des faits fossiles déterrés par la paléoanthropologie, mais parce que l'espèce *homo* ne s'est que peu à peu et jamais toute à la fois transmuée d'une forme fixe donnée à une nouvelle forme fixe : d'où l'incapacité à dégager autrement que théoriquement, mais en conséquence d'hypothèses validables, cette singularité originelle. Une telle appréciation mérite attention si on la prend en considération à partir de ce que nous pouvons observer sans grand savoir techno-scientifique dans nos côtoiements d'aujourd'hui quand nous parcourons nos cinq continents : la variabilité, si elle y est biologiquement faible, y reste accentuée dans les morphologies des corps, des visages, des maintiens et des comportements sociaux et individuels. Ainsi l'humanisme doit reposer sur des appréciations purement contingentes et subjectives qui en accentuent les inévitables différences : en même temps, il ne peut valider ces premières impressions, si la différenciation génétique reste négligeable au sein du générique de l'*homo*.

La paléo-anthropologie

La découverte et l'inventaire du corps humain, non ignorée des grandes cultures antérieures pour lesquelles notre organisme avait à emprunter les couloirs pyramidaux de bien d'autres mondes, poursuivie depuis la médecine grecque dans un contexte parabiblique, prenaient un élan nouveau dans le contexte d'une Renaissance qui n'était pas seulement la purgation de l'organon logique aristotélicien, mais qui pratiquait l'investigation du corps humain par les moyens nouveaux de l'anatomie chirurgicale, observationnelle ou palliative. Il y avait de quoi exciter l'enthousiasme des philosophes quand Malpighi commentait les trois grands genres de la vie avec ses tables de l'anatomie humaine du cerveau, de la langue, des poumons, quand il décrivait et dessinait minutieusement « les métamorphoses » du poulet dans l'œuf, du ver à soie dans ce cocon qui allait séduire les projets industriels de Leibniz au point qu'il fit couvrir de mûriers les contreforts des remparts de Berlin. En feuilletant cet *Anatome plantarum* de l'édition de 1675, dont Malebranche s'inspire, je m'aperçois qu'un *Catalogus biblorum*, annonçant d'autres ouvrages récemment parus, mentionne, avec son titre interminable mais complet, l'*Hypothesis physica nova*, publication in-12° d'un certain G. G. L. L., qui ne peut que confirmer que c'est bien l'ouvrage de Leibniz que Malebranche avait repéré sous ce titre, sinon consulté après un don direct. Car ce titre figure dans le catalogue manuscrit de la bibliothèque personnelle de Malebranche, et ne peut être que l'édition originale de cet ouvrage (cote 526 de notre catalogue reconstitué, *OC*, t. XX, p. 247 et 269). Les merveilles de la nature ressortaient des *Saggi di naturale esperienze fatti nell' Accademia del Cimento*, 1666, dédiés à Ferdinando II, qui avait promis de favoriser la publication medicéeenne d'une édition de la *Dynamica* quand Leibniz fréquentait la Cour de Florence. Cette Académie, dont Leibniz regrettait le déclin en 1689, enseignait comment, par cinq cents expériences, on reconnaissait « les signes » de la sagesse et de l'ordre qui composaient cet univers grâce à l'instrumentation qui commençait à s'y appliquer : thermomètres, baromètres, pressions, poids, vitesses etc.... Des mesures aux nouvelles dénominations remplaçaient la forme, le matériau supplantait la matière. Du moins est-ce sans complexe que la philosophie moderne se lançait dans cette exploration représentative mais aussi praxique.

Bien en-deça du *bombyx* leibnizien, de la *formica-leo* des *Entretiens*, du fœtus humain cartésien, avant toute spéciation et à travers toutes les lignées spécialisantes, régnait la bactérie. Qu'étaient, il y a 3,8 Ma, l'Adam et l'Ève non encore sexués de ces eubactéries d'avant la spéciation ? La primipare d'entre elles ne résultait-elle pas déjà d'une « idée » de l'espèce ? Comment des organismes monocellulaires pourraient-ils prétendre à l'orgasme que l'on appelle pour la circonstance « symbiose initiale de la cellule eucaryote » ? Pourtant, voici que leur noyau cellulaire est entouré d'une membrane singularisante qui dispose d'un matériel génétique explicitable par ses chromosomes, dans lequel prend naissance l'Histoire, ce qui rend notre conception de la préhistoire plutôt préhistorique. S'il en est ainsi, la préhistoire biologique ne peut être que relative dans l'histoire du cosmos qui, elle-même n'a peut-être rien d'absolu, à quoi il faudra s'intéresser pour repérer comment peut s'effectuer la transition du moléculaire physique à la membrane initiale de la vie. Car nous retombons devant un dilemme. D'autant plus qu'intervient ici la question de la duplication (le principe des indiscernables leibniziens qui en avançait l'argument au niveau de deux gouttes d'eau ou de deux feuilles). Au niveau cosmo-biologique, il ne serait possible, selon les plus actuelles des spéculations scientifiques, de trouver un double de l'ordre génétique d'un individu humain qu'à une distance de $10^{(107)}$ années-lumières, ce qui conviendrait avec les modèles physiques d'univers multiples et confirmerait que, dans notre ensemble cosmique répertorié, deux individus vivants ne peuvent être intégralement semblables. La conception non éprouvable, mais pas encore observable, de l'ascendance humaine outrepasse de très loin l'imaginaire dont nous pouvons esquisser l'approche. L'imagination, pas l'entendement.

Nous voilà très loin de la considération métaphysique de l'HOMME dont on glorifie ou discrédite l'humanisme. Il y a des hommes et parmi lesquels de ces hommes nous rangeons-nous, nous qui relevons tous de cette humanité qui se différencie à grand peine parmi les humanoïdes ? L'Être pourrait-il être énoncé, même si c'est pour dire qu'il n'y a pas de parole qui le puisse nommer, sans la considération de cet avoir été-là plein de la génération terrestre plutôt que de néant.

Que d'hommes pour l'homme !

Les sujets de l'expérience naturelle de nos jours tournent autour de ce temps de maturation des primates anthropoïdes qui aboutira à l'*homo sapiens*, l'homme défini par cette ambiguïté d'un participe présent qui véhicule la dualité des principes de la raison : savant ou/et sage ? Voici que s'estompe l'assurance altière de l'apparition de cet *homo* devenu une classe dans l'espèce dite *Omo*, comme suspendu au fil d'une chaîne des êtres continue et entrecoupée, progressive mais parallèle, pour s'entremêler d'autant d'« à peu près » que l'on ne cesse de découvrir d'ossements humanidés (Coppens Y., Picq P.). Rappelons cependant que Vanini mérita l'enfer biblique sur terre pour avoir soutenu notre parenté avec la gent simiesque que l'on commençait à découvrir.

Toujours est-il que voici l'humanité au comble de sa diversification spécifique dans nos systèmes classificatoires actuels. Que d'hommes pour l'homme ! Que de temps et d'espace pour notre état civil et nos demeures ! Voici que le *Chemin du Vieux-Moulin* passe par l'hydrographie du Rift, le couloir océanique de la Téthys et l'éocène moyen du Shanghuang ! Cet échafaudage repose pour l'heure sur la découverte au Kenya d'un fragment de molaire inférieur de l'individu qu'on dénomme *Orrorin Tugenensis* (6 Ma) dont on ne sait s'il s'agit d'une molaire M1 ou d'une M2 : fragile empilement ? Seules des découvertes voisines d'emplacement et d'époque commencent à permettre des rapprochements et des confrontations : peu à peu, on parvient à déterminer d'autres caractéristiques de ce proto-état des hominidés. Cette science ne peut progresser qu'en puzzle sur des fragments de savoir différenciables par de trop larges écarts chronologiques ou situationnels pour pouvoir se prétendre rigoureux. Mais la science peut attendre car elle construit sa vérité : une genèse non révélée est un échelonnement qui invente ses jours et ses nuits puisqu'ils ne sont pas créés tels.

Rien que dans la chaîne des Hominoïdes, super-famille du Myocène inférieur qui couvre notre ascendance première, on compte six grands genres et quelque 14 espèces actuellement vivantes. Selon certaines classifications, de ces Hominoïdes dérivent en fourchette deux familles, hylobatoïdés (gibbons), et Hominoïdés, lesquels se subdivisent à leur tour en pongidés (orangs-outans) et Hominidés, que l'on sépare en deux autres sous-espèces, gorillinés (gorille) et Homininés. On va jusqu'à distinguer deux sous-sous-espèces, les panines (chimpanzés) et les Hominines, ancêtres de notre espèce actuelle. La visée étant de réserver une espèce pour l'*homo sapiens*, on multiplie à l'envi ces sous-espèces qui font éclater aussi bien la nature animale définie par Aristote selon des degrés linéaires de perfections décrits en termes eidétiques (au fondement de la spéciation) que le tableau simpliste de Porphyre, si marquant pour la logique médiévale, a réduits à un schématisme outré. Nous ferions appel aujourd'hui à ces cinq barbarismes greffés sur *hominus* qui nous désignent par nos origines sans pouvoir assurer qu'elle en soit bien une. En tous cas, il y a du monde pour prétendre à l'humanité, sinon à l'humanisme. Peut-être l'homme serait-il précisément, dans cette humanité synchroniquement évoluante, celui qui se doit de faire preuve d'humanisme. Notre espèce serait alors celle des Humanismidés !

Entrons sous la chaîne des Homininés et des Hominines, que jalonnent quelques rares fossiles, dispersés. On retombe dans une spéciation que les archéologues, à force de précisions et de comparaisons, embrouillent à merveille. Contentons-nous de retenir qu'y figurent l'*Africanus erectus* (5 Ma) et l'*Australopithecus* (4 à 2 Ma). Il y a 4 à 3 millions d'années, les hominidés éclatent en sous-familles, qui ont en commun nombre de caractéristiques morphologiques osseuses et articulatoires. Dans les homininés, Lucy (de ses 3 Ma venue à nous en 1974) fait problème comme charnière articulatoire de l'espèce. Des homininés, on fait dériver le genre des australopithèques, ardipithèques, kenianthrope, préanthrope, diversement qualifiés en barbarisant cette fois-ci *anthropos*, qui apparurent ici et là depuis 4 millions d'années, précédant l'avènement du genre *Homo*. On repère aussi des restes de paranthropes qui sont exhumés avec un environnement d'outils en pierre taillée (2,7 à 1 Ma). À condition que l'on ne conclue pas à une série causale continue, mais plutôt à une grille discriminatoire dont les époques peuvent être synchrones, l'*Homo habilis* (2,5 à 1 Ma) présentait une première version avant l'*Homo rudolfensis* (2,4 à 1,7 Ma), l'*Homo ergaster* (1,9 à 1 Ma), l'*Homo erectus* et l'*Homo heidelbergensis* (1 Ma) le tout se chevauchant plutôt que se succédant. Nous arrivons à notre époque avec l'homme du néanderthal qui dominait de sa haute stature la vallée de la Vézère et le site de Cro-Magnon il n'y a que trente mille ans. Ses propres sont d'autant plus patents qu'ils sont confirmés par les sept squelettes qui reposaient dans la grotte de Grimaldi. À ce compte, on dispose d'un certain nombre de témoins d'une lignée synchronisable dont les propres se recoupent et s'affirment. L'*Homo sapiens* ne date pas même d'il y a cent mille ans ! Il reste contemporain des primates des zones vierges dont les espèces se sont développées en même temps que la série *Homo* : mais ces espèces sont en voie de disparition car leur environnement écologique commence à se raréfier sous la pression destructrice de l'*homo sapiens sapiens*. Mais, après tout, chacun a suivi sa ligne évolutive, les uns contribuant à l'extinction des autres : peut-être est-ce là une loi cosmique suivant laquelle toute espèce qui s'est développée se réenveloppe. La métamorphose leibnizienne vaudrait ici aussi pour la méthode interprétative du devenir en éclatement de ces grandes lignées chevauchantes mais incertaines.

La réalité humaine d'aujourd'hui se trouve impliquée et impliquante dans le contexte de plus d'un million d'espèces répertoriées et en voie d'éclatement classificatoire. Les constats de variabilité dans le niveau *sapiens* permettent la spécification d'un *homo sapiens sapiens*, également distinct des autres homininés. Bien que patente à tout un chacun, de la variabilité observable dans l'ensemble des humains *sapiens sapiens* synchroniquement actuel sur le globe terrestre, on ne peut conclure à des différences spécifiques et encore moins de genre. Car chaque espèce présente des variabilités individuelles et un os, ou même un squelette fossile ne peuvent constituer à eux seuls une espèce, dans un ensemble absent. Attribuer tel reste humain à l'un ou l'autre des taxons ne saurait répondre à un critère abrupt, puisque cette variabilité autorise des ressemblances et des dissemblances entre des individus qui rendent hésitante leur attribution à un groupe plutôt qu'à l'autre. La ressemblance qui rend compte de l'identité spécifique repose sur des caractères primitifs et des caractères évolués, ce qui rompt une concaténation continue. La question de l'appropriation d'un signe distinctif reste cependant aussi peu interprétable en termes de causalité suivie qu'en termes de pure probabilité consécutive. On constate simplement, sur le globe terrestre actuel, la cœxistence de 4500 espèces relevant du genre des vertébrés mammifères dont cette multitude d'hominiens. Nos savoirs effectuent des classifications remuantes où la bifidité des concepts l'emporte sur leur homogénéité et sur leur continuité. Ce que nous allons faire à propos des propres de l'ultime sous-division de l'*Homo* dont nous relevons le prouve, puisque chacun de ces propres qui passe pour distinctif de l'homme que nous sommes se retrouve selon une co-dérive classificatoire partagée avec d'autres espèces morpho-phylétiquement voisines. L'affinement d'un critère du propre ne peut aboutir qu'à une approximation risquée, néanmoins indispensable pour le développement même d'une cladistique cohérente.

L'*homo faber*, cher aux philosophes bergsonisants, qui passait pour distinctif de l'espèce humaine bien avant d'être *sapiens*, est en train de s'effacer de nos classifications, car cet attribut de *faber* lui est par trop commun avec maintes autres espèces de toutes catégories. Par contre, nous y gagnons ce dédoublement de deux lignées contemporaines et parallèles qui, par *homo sapiens* entend un homme archaïque dépendant de néanderthaliens aux caractéristiques distinctes de celles de l'homme actuel, et par *homo sapiens sapiens* des hommes anatomiquement semblables à ceux de notre espèce d'aujourd'hui, mais psycho-socialement distinguables, des psychozoaires. Si le néanderthalien commence à se parer, l'homme (se) sachant sachant entreprend de communiquer par représentations esthétiques dont on a aujourd'hui tant de preuves rupestres admirables !

Une anthropologie négative ?

Si les comportements rapportés plus haut sont observables par tout un chacun pour peu qu'il flâne en milieu agreste, ne disposant pas dans nos forêts de population animalière équatoriale, je fais appel à ce qui s'énonce aujourd'hui au sujet des conduites animalières « supérieures » des primates dont fait partie l'espèce humaine : du même coup la différenciation entre primates non humains et humains pourra être criblée à l'aide d'une grille interposée qui, dans l'hypothèse métaphorique d'une application de la théorie des catastrophes, fait appel à des foncteurs déterminables, mais ni nommables ni exposables ni transférables hors d'un système signifiant proprement humain.

Disons qu'à partir de ces observations triviales, qui ne prétendent à rien de « scientifique » et ne relèvent que de l'empathie vécue, les connaissances qui nous viennent de l'éthologie comparée et de l'étude des primates n'a rien de spécialement surprenant. Que ces recherches viennent de faire des progrès considérables du fait d'ouvertures récentes vers l'observation de « terrain » que relaie l'expérimentation de « laboratoire », rien de plus évident; que les problématiques interprétatives en provenance des « bureaux » changent d'option, rien de plus conséquent. Rien n'empêche les philosophes de bureau, allergiques à la « nature » ou anesthésiés sous l'éclairement de l'Être, de mettre sur leur magnétophone l'un des multiples et captivants enregistrements des chants d'oiseaux, ni même d'en recueillir eux-mêmes s'il leur arrive de se sentir d'humeur agreste, ce qui est rare. On en arrive à sous-multiplier la différenciation entre primates, en hominidés, anthropoïdes, mais, toujours, le genre humain doit finir par en être distingué, comme la spécification de chaque membre de ce genre des hominidés. Les premiers primates seraient apparus il y aurait quelque 28 Ma. Sur un point comme sur l'autre, une différence se creuse, et l'accumulation des différences revient à la reconnaissance d'une générique de l'homme qui, certes, n'est pas génétiquement indépendante des règnes de la vie animalière « supérieure », mais qui s'arroge le monopole d'un certain type de communication et d'élaboration des saisies sensorielles.

La programmation ontogénétique des individus entre en séquence avec le développement génétique de l'espèce. Par contre, les grands primates simiesques élaborent une épigénèse qui rend variable leur adaptation à l'environnement. Leur phylogenèse récapitule les phases de développement de l'espèce qui se répercutent dans l'ontogenèse de chaque individu avec une variabilité grandissante selon que l'écart varie entre les maturations somatiques, sexuelles, sociales dans lesquelles l'individu poursuit son développement propre selon des interactions variables de ce que j'ose appeler la réalité animale.

Si un tel catalogue à la Prévert est disqualifié en ce qu'il conduit à une déconstruction pulvérisatrice que l'on peut poursuivre à l'infini, la récente mise en avant éditoriale de l'enflure de tels propres reste pour le moins stupéfiante par son environnement philosophique. Elle postule un autre réductionnisme, celui d'une histoire de la philosophie mono-cartésienne, et encore mono-dualiste, si on peut dire, du cartésianisme et de l'époque moderne. Un tel raccourci est par trop déformant car tout se passe comme si on ignorait les prémices du traité *De l'Homme* et la *Méditation* VI, comme si l'on ignorait la riche tradition de l'âme des bêtes, notamment ses avatars selon Plutarque, Pline, Montaigne ou Leibniz. Car le post-cartésianisme opposé à Descartes se trouve déjà inscrit dans ces écrits de Descartes comme il figure en toutes lettres dans les *Essais*, dans l'*Essay* ou dans les *Nouveaux Essais*.

Serions-nous exposés à ne plus pouvoir déterminer ce qu'est le propre de l'homme ? Le développement d'une anthropologie du ni... ni... pourrait le faire craindre : mais ce serait avouer l'échec de toute tentative cladistique adaptée à la description des espèces, sous-espèces et races des groupes humains dans les chaînons des humanoïdes. Selon quelles limites notre avoir été avec... a-t-il quelque chance de déterminer son propre ?

Encéphaliser

Nous avons tous appris que notre propre tenait au développement de la taille que le cerveau humain a connu, soit en conséquence d'une création générique instantanée de l'homme, soit à la suite d'un processus phylogénétique graduable. La question posée en ces termes s'est rapidement compliquée du fait que certaines espèces de singes actuels possèdent un cerveau plus gros que celui de l'homme. En termes de volume, le cerveau de l'homme n'était donc plus au sommet de la pyramide du vivant. Le recours à la capacité volumétrique n'étant pas satisfaisante pour exprimer la finalité anthropocentrique suprême, on est passé des références crâniennes volumétriques au test du poids cérébral dans son rapport au poids du corps dans l'espèce considérée : le propre de l'homme résidait dans son « cœfficient de céphalisation ». Par cet artifice, l'homme se retrouvait au sommet de la chaîne des êtres, talonné d'ailleurs par mes pipistrelles. Capacité, pesanteur : quelque jour une autre espèce non encore examinée, risque de provoquer un autre rapport. On changera alors le système de mesure. Mais si c'est en cassant le baromètre qu'on fait cesser la tempête, la référence est plutôt menacée et tout propre devient impropre. Car voici que le scandale menace du côté des singes capucins qui possèdent un plus gros cœfficient d'encéphalisation que l'homme ! On en vient alors à rechercher ce propre dans les lobes composant le cerveau. Pour l'heure le développement préfrontal et l'indépendance de l'aire de Broca et de celle de Wernicke sont retenus comme composants cérébraux propres de la perception et du langage : mais les autres espèces en sont-elles dépourvues au point de nous sembler aveugles et muettes ?

Cette phylogenèse n'a rien de nécessitant ni de définitif : une ontogenèse s'ensuit qui concerne le développement psycho-cérébral ainsi que les réponses socialisées. Les chimpanzés atteignent à la longévité qui, pour n'être que de la moitié de celle de l'homme, permet de rencontrer des signes de propres partagés, différenciés en cours d'évolution. Pour les humains, la formation post-natale du cerveau continue : durant deux années, elle reçoit des renforts neuronaux qui se manifestent en partageant le contact avec le milieu ambiant : le petit singe est dès sa naissance couvert de poils, en état de marcher, de se cramponner sous le ventre ou au cou ou sur le dos de sa mère ; il est même habilité à monter sur le dos de son père dans les groupes où les couples restent unis après la naissance des petits. L'âge de la maturité cérébro-sexuelle n'est atteinte qu'à 10 ou 12 ans chez le gorille alors qu'elle est de 14 à 15, ans pour l'enfant ce qui s'équivaut si on fait intervenir un cœfficient entre une telle durée et la longévité moyenne de l'espèce.

Cette longévité avait permis d'insister sur deux autres propres de l'homme dus à d'autres mises en fonction cérébro-corporelles : la bipédie (Buffon, Lamarck) et la libération de la main. Si l'homme est anatomiquement disposé pour la bipédie en situation de pesanteur, les espèces de singes immédiatement bipèdes sont rares, mais existent. Elles doivent cette originalité à des détails morphologiques fonctionnels du pied qui ont permis, dans le contexte de la gravité universelle, de la mécanique musculaire et de la dépense cinétique, le redressement de la colonne vertébrale ; le pied reste la plupart du temps un organe extensible à la préhension des branches ou lianes dans les déplacements en forêt. Lucy occupe une situation déterminante en ce qu'elle présente, pour l'heure, le premier témoignage de modification morphologique du pied susceptible d'expliquer le passage de ces quadrupèdes à la bipédie. Cette bipédie a permis à l'animal de quitter la position de quadrupédie aérienne et de gagner le plat des savanes où ce développement s'est poursuivi. Toutefois, la marche bipède n'est guère équilibrée pour l'enfant de l'homme que vers sa septième année, alors que les chimpanzés bipèdes (pour les géants, les trois-quart de leurs déplacements locomoteurs, et pour les bonobos, la moitié) sont immédiatement bipèdes selon une démarche peu différenciée de la démarche humaine : enjambée pendulaire, rapide et suivie, directionnalité manifestant un équilibre assuré, plus précaire quand il s'agit, en position debout, d'allonger les bras vers le haut. Pour effectuer des manipulations d'outils, ils s'associent et évitent de façonner debout. Leur bipédie reste circonstantiellement réversible car, en cas d'alarme, les chimpanzés abandonnent rapidement la fuite bipède pour la poursuivre en quadrupédie et pour regagner l'asile des branchages où les mains et le pied retrouvent un rôle ancestral. Les bonobos changent instantanément de système mécanocinétique en passant de la bipédie à la quadrupédie. Les espèces de singes hominoïdes possèdent à des degrés et dans des contextes morpho-écologiques variés, la possibilité d'associer ou non ces deux comportements. Inversement, l'homme conserverait des traces anatomiques et motrices de son existence arboricole et de la traction afférente des membres supérieurs dans ses épaules, son bassin, sa conformation lombaire, vu les difficultés de la femme dans l'accouchement. Seuls les australopithèques commenceraient à témoigner de l'attitude mixte bipède-bimane. La bimanie a été rendue possible par l'opposition du pouce aux autres doigts dont témoignent les primates. Sans intervenir dans le débat sur l'antériorité de la bipédie ou de la bimanie, disons que la libération de la main accompagne la position bipède qui rend indépendants les membres antérieurs.

Ainsi se manifestent des conduites d'adaptation à la forêt aussi bien qu'à la savane, sources d'attachement qui sont à l'amorce de la socialisation des individus au sein d'entités familiales. Pas plus que l'homme, les vipères, chats, chevreuils ou singes, ne survivent isolés, surtout dans les moments qui succèdent à leur naissance. Cet attachement mûrit et se différencie grâce à la longévité des hominidés. Est-ce qu'alors le pied de Lucy, qui nous fit entrer en bipédie, signifierait complémentairement que c'est d'elle que date notre inaptitude à grimper dans les branchages et à nous balancer à des lianes?

Apprendre

La longévité permet, en même temps que l'achèvement de la formation cérébrale, *l'apprentissage*, la lente construction d'une interaction entre l'individu et le milieu avant qu'un équilibre comportemental ne s'établisse au sein des choses et des présences identitaires. On a beau dire que cela ne relève que de l'instinct, cet instinct n'est pas « brut » : il se manifeste par un sens, qui n'est pas le concept d'une opérativité perdurable et transmissible. Le petit orang-outan, dont la mère ne peut avoir d'autre rejeton que tous les six ans, traverse une longue période éducative et affective : la mère montre à son rejeton comment utiliser une pierre pour casser des noyaux.

L'instinct grégaire, si instinct il y a, laisse place aujourd'hui à des études de groupes compacts ou lâches, différenciant jusqu'aux sous-espèces, par autant de conduites sociales dont on est loin d'avoir achevé la description. On est très éloigné du concept uniforme de « la société animale » ou bien vouée au carnage ou bien paradisiaque. Pressions sélectives, occasions écologiques, développements sexuels, accouplements temporaires ou durables, menaces des prédateurs, recherche de la subsistance et sa consommation, équilibrage de la concurrence alimentaire ou sexuelle, association de fusion/fission, éviction des mâles infanticides, sont accompagnés de tendances organisatrices d'un contexte social qui peut aller des structures tyranniques et intolérantes de certains babouins aux mœurs civiques plus relâchées des chimpanzés, réciprocité spontanée ou calculée (voir les études sur le mensonge chez les chimpanzés). Ces fusions entraînent la détermination d'un « territoire » pour les groupes de chimpanzés, avec attaque et défense contre l'assaillant dans les limites souples duquel vivent les groupes qui se subdivisent constamment en associations momentanées à l'intérieur du même ensemble. Ce territoire est découpé en fonction de la densité de la population : un espace plus restreint allégé en composants évite des contacts à risque conflictuel provenant du trop disparate. L'accouplement ne se pratique pas de face et la différenciation parentale provoque une organisation tribale qui fait intervenir la considération de la consanguinité et de conduites qui relèvent du tabou de l'inceste par le bridage de l'acte sexuel : inhibition des mâles à l'égard de la femelle des autres mâles dans des espèces d'hamadryas, matrilocalisation des femelles qui restent ensemble toute la vie chez d'autres espèces, mais pas chez les chimpanzés ni chez les bonobos, sauf dans quelques clans où les mâles évitent le contact avec les femelles qui les ont engendrés.

Entendons par acculturation, ce supplément d'interactivité singulière dans chaque groupe social qui se manifeste par des conduites que les besoins physiologiques ou le milieu écologique ne peuvent suffire à expliquer. L'étude des sociétés humaines prouve amplement que cette culture n'est pas universelle et qu'il est fort difficile d'acculturer l'ensemble de l'humanité sous des processus de mondialisation économiques, financiers, politiques, juridiques, religieux ou philosophiques. L'étude des animaux a conduit à ce que l'on parle de « proto-culture » en invoquant sa manifestation précise dans les sociétés de chimpanzés : une quarantaine de conduites de ce genre y ont été répertoriées.

Dans la lignée Hobbes-Huxley, on a mis l'accent sur l'agressivité entre espèces et dans les espèces au nom de la lutte pour la vie. Par contre, dans la lignée Montaigne, Leibniz, Rousseau, Darwin, la philosophie a soutenu que les relations sociales entre hominidés ne sont pas essentiellement agressives. Toutes les formes de sociétés se rencontrent chez les grands singes, de la vie en solitaire de l'orang-outan à la polyandrie des tamarins en passant par des groupes larges et cohérents (gorilles), lâches, variables et plurigames (chimpanzés) ou monogames (gibbons), avec autant de relations de parenté et d'apparentement fort observables en milieu naturel.

Nourrir

Nourrir exige une organisation progressive et fluante du groupe. Pas plus que ma chatte, les grands primates ne vivent que pour manger : il faut pour cela certains individus humains du genre tragique de « la grande bouffe » ! Or il s'avère que le propre de l'homme-chasseur aussi bien que consommateur de viande est largement approprié aux grandes espèces simiesques. Leur développement cérébral et organique aboutit à une constitution corporelle digestive que facilite le tractus intestinal ; leur capacité de mastication va croissant (la résistance des mâchoires à la dégradation des fossiles en fait l'un des jalons du devenir des hominidés), ce qui les rend aptes à passer de la nourriture arboricole à la quête de protides.

Le choix de la consommation d'insectes pallie le déficit d'azote ou d'acides aminés de la nutrition par feuilles et par fruits, déficit d'autant plus ressenti que le développement cérébral est élevé et son fonctionnement différencié. Pour puiser les ressources énergétiques proportionnées à leur besoin cérébral, plusieurs espèces de primates sont carnivores, mais certains groupes de chimpanzés le sont plus particulièrement. Leur spécialisation gustative va jusqu'à leur permettre d'éviter le toxique, de rechercher l'ascorbutique, d'ingérer de l'argile riche en smectite pour contrer les effets des tannins.

Dans le cadre de l'organisation sociale adoptée, intervient l'apprentissage pour la conquête de nourriture. Mais chasser aussi bien que manger ouvre à un protocole acculturé. La chasse est pratiquée en groupe restreint chez le chimpanzé selon un maillage d'ensemble territorial que les groupes occupent. Les chasseurs cernent à plusieurs leur proie. Celui qui répartit les tâches doit anticiper ses propres conduites dans un milieu où l'animal poursuivi, relevant d'une autre espèce et d'autres économies, peut accomplir d'autres procédures de fuite que ne peut se permettre cet animal lourd et pratiquant plus la bipédie que l'accrochage. Dans cette anticipation intervient un certain repérage de la conduite de ses accompagnateurs qui cherchent à apparaître au bon moment à des emplacements judicieux. Pour rare qu'elle soit chez les primates, la capture coordonnée d'autres animaux vivants dans le but d'en faire un élément nutritionnel est pratiquée plusieurs fois par mois par les chimpanzés d'Afrique centrale qui en retireraient selon de savantes observations une moyenne de 186 grammes de nourriture par jour ! Donc se trouve éteinte la distinction entre singes et hommes basée sur la distinction entre herbivores, fructivores et carnivores, aussi bien que le propre de l'homme-chasseur.

Le produit de la chasse, qui ne concerne qu'un surcroît de nourriture, devient l'enjeu d'un partage non seulement selon la part prise à la capture par les chasseurs, mais entre tout le reste du groupe selon l'ordre interne à la communauté, nul n'en étant exclu. Tel est le jurisprudentiel animalier : *suum cuique tribuere*. Mais aussi *neminem laede*, car le repas se déroule autour de celui qui a conduit la chasse et qui en commande la distribution. Le rôle des mâles-chasseurs est incontesté à l'égard des autres et de leurs femelles, et la part qui revient aux mâles dominants est plus importante que celle qui est distribuée aux mâles dépendants ; le meneur de la meute reste le distributeur, par petites ou grosses portions qu'on se sous-partage ; le positionnement des convives autour du chasseur-distributeur reste constant et chacun reprend la place qu'il a pu quitter. S'il ne s'agissait que de subvenir à des besoins alimentaires, le dépeçage serait aussi vite consommé qu'effectué. Or le temps qui passe ne s'y compte plus : la longue durée du partage des proies en société s'effectue selon le protocole culturel du groupe : mastiquer, lécher, déguster le succulent et humecter la friandise. Ce déploiement de la palabiblité se marque par le passage du calme au tumulte quand la nourriture partagée passe de l'oignon à la banane. On en vient même à piler les restes dans le crâne de l'animal capturé ou bien à en faire un « plat garni » en y associant des boulettes de feuilles et des raclures d'écorces. On eût un jour, rapporte-t-on, l'observation d'un macaque du

Japon qui se délectait de patates douces trempées dans l'océan après avoir incidemment nettoyé l'une d'elles dans de l'eau salée. Ce même déphasage à l'égard du temps qui passe se retrouve dans la conduite de la mère qui consacre des heures pour apprendre au petit chimpanzé à casser une noix en ajustant le « système » marteau-noix-enclume, pour en extraire les quartiers sans les écraser et pour les mastiquer en les dégustant plutôt que de les croquer d'un coup.

Certes cet apprentissage se limite à la capture, à la découpe et à la dégustation du cru. Jusqu'à nouvel avis, l'animalité ne fait pas de feu : mais les chimpanzés apprécient le déjà cuit qu'ils trouvent dans des écorces brûlées ou dans des fruits passés au four des incendies de forêts. Si nous n'en sommes pas au cuit consécutif à une mise à feu culinaire, une large empathie dope toutes ces conduites réglées qui reposent sur leur semi-convention culturelle qui ne va pas sans prononciation de tons et de sons communicatifs. Prendre son temps, flâner, jouer deviennent des facteurs positifs, hors besoins, de l'apprentissage. Si le rire manifeste la bonne adaptation du dépeçage dans le jeu social, alors ce propre rabelaisien de l'homme paraît impropre aujourd'hui parce qu'il est manifeste que les chimpanzés et les bononos rient.

Outiliser

Dans la rivière que longe le *Chemin du Vieux-Moulin*, se manifeste à la réalité humaine la réalité animale d'un bel éventail d'*outils naturels* relevant de la proto-culture de maintes espèces. Les ratons-laveurs, au détriment des berges, artificielles par endroits, forent des habitations souterraines confortables. Les loutres, entre quelques vire-voltes ludiques, cassent des carapaces avec des cailloux. Les castors ont été réintroduits, après bien des démêlés entre meuniers et écologistes : leur capacité d'adaptation usinière s'est aussitôt retrouvée inlassable dans le choix et le sciage des branchages, l'entrelacement des tresses, les couloirs de circulation et les quartiers résidentiels que dessine l'architecture de leur habitat.

Au-dessus des eaux, la nidification résulte de l'outillage d'un couple ou d'un collectif de volatiles, qui choisit une fourche d'aubépine ou un chevron de lucarne pour s'y installer selon ses aises. Rudimentaire et dangereuse pour les œufs et la progéniture dans ce dernier cas, l'installation des nids est aussi bien résistante que durable, que les coucous laissent faire avant de les « squatter ». La nidification exige un transport d'éléments choisis, souvent à l'emporte-pièce et outrepassant de très loin le matériau suffisant : brindilles, pailles longues, plumes errantes, morceaux d'étoffe, boue qui s'entassent en s'enlaçant du rustique au douillet et qui finissent souvent par pouvoir se clore contre l'adversité. Peut-être même ces humbles espèces sont-elles proportionnellement plus performantes que les grands primates qui se contentent de l'abri naturel des végétations tropicales. Aussi ce propre de l'« outil aménagé » qu'on attribue à l'homme se trouve-t-il amplement partagé par nombre d'espèces animales.

Par contre les espèces simiesques ont la pratique de l'*outil fabriqué*, dont le façonnement et l'utilisation est acquise quand le petit atteint 5 ou 6 ans, par imitation et par répétition chez les chimpanzés et les orangs-outans. L'outil aménagé leur est certes courant : le bâton pour atteindre une proie ou la frapper défensivement ou agressivement, la paille creuse pour dénicher des proies dans un tronc ou dans une termitière, le silex pour casser la noix etc. Mais ce qu'il faut remarquer c'est la flexibilité dans le choix du matériau outilitaire face au travail cinétique à dépenser : le marteau peut être de pierre, de bois, l'enclume d'une autre pierre disposée à dessein ou d'une souche résistante restée en place, l'association du marteau et de l'enclume est à noter. On outilise un levier de bois dur pour déterrer des tubercules, un pilon de pierre ou de bois pour malaxer des produits comestibles. Pour la découpe des proies capturées, des pierres coupantes, des lianes sciantes, des racloirs de bois dur, deviennent opérationnels. L'anticipation innovatrice entre objets se manifeste par nombre de conduites adaptées à la variété des cibles et des moyens d'atteinte : lancer, couper, percer, frotter, porter etc. Tout le corps y participe en adaptant la musculature, la respiration, les gestes effectués. La transmissibilité de l'innovation ne résulte pas de qu'on a appelé la transmission des caractères acquis : les caractères s'acquièrent et s'enrichissent par apprentissage, par imitation, par variation du savoir-faire. Selon un tableau général, les chimpanzés, de diverses contrées, extraient, inspectent, nettoient, paradent, frappent, avec une maîtrise des gestes selon des occurrences et des fréquences variables. On a noté jusqu'à 42 types d'outils, depuis des brindilles souples jusqu'à des pierres de 20 kilos, utilisés soit momentanément, soit de façon suivie. On parle d'une « carte mentale flexible » instruisant le projet qui concerne la forme de l'outil et sa mise en relation avec ce pour quoi il sera employé. On en vient à parler d'espèces de singes monitrices.

Si bien que l'originalité de l'*Homo faber* s'en trouve contestée. L'attribut de *faber* n'est plus distinctif de l'homme actuel dans le genre *Homo* puisqu'il partage avec les chimpanzés et les orangs-outans la maîtrise de la fabrication d'outils et de leur application diversifiée. Il faudrait s'interroger ici sur l'introduction de la notion de « travail » dans l'activité d'outilisation. Est-ce un verbe applicable à l'animalité ? Doit-il être réservé à une inventivité susceptible d'en détailler analytiquement les phases et les rapports, au point d'aboutir à la fonction mécanique à partir de laquelle tout travail devient inductible et chiffrable. Rien n'empêche d'appliquer les joules à l'estimation des forces vives dépensées par l'emploi de la baguette insérée dans un trou d'arbre pour en retirer des insectes : mais sur un tel exemple, le propre se différencie par ce qui ressortira comme prise de conscience mécaniciste de l'*homo sapiens* sur tous les mouvements naturels et artificiels. Mais est-ce sans conscience que procèdent ces propres de l'animalité ? Qu'est-ce que cette « danse de la pluie » que l'on observe dans six groupements simiesques différents (sol martelé, chocs sur les racines, cris), cette « poignée de main » au-dessus de la tête après épouillage, cette parade qui consiste à frapper les arbres avec les doigts repliés, cette main tendue vers le haut pour réclamer une part de nourriture ? L'animalité ne manifeste-t-elle pas son empathie et sa sympathie dans les conduites complexes de toilettage, d'épouillage, de jeu à la poupée, de séduction, de dissimulation etc....

Rêver

Le rêve offre à l'existiturience du *je* les incompossibles possibilités de se mirer dans une glace biseautée qui le reflète en autant d'autres que moi que le *je* demeure possiblement. Le décryptage de ces virtualités n'est pas ici mon problème : laissons à l'onirocritique, plutôt qu'à l'oniromancie, le soin de tirer au clair les énigmes des rêves.

Le rêve est une naissance à laquelle on revient : la renaissance d'autres possibles et compossibles du *je* au profit d'un autre et de bien d'autres *je*. Cette mort momentanée d'un certain moi du *je* libère autant d'autres moi possibles au regard du soi : *je* est plusieurs et quand un *je* s'endort plusieurs s'éveillent hors des virtualités du soi. Il faut se mettre à parcourir ces « *thalwege* » qui emportent l'*homo sapiens* bien plus loin des *Holzwege* qui ne débouchent que sur le nescient, ou que des *Feldwege* qui ne reconduisent qu'au *je* même. Entre ravins et platitude, nous parcourons des coteaux montueux qui bordent les rives ternaires de notre géologie enfouie. Mais le rêve n'est pas pour autant un propre de l'homme.

Je disais que ma chatte rêvait, mais je n'aurais pu aller jusqu'à prétendre qu'elle faisait preuve de ce « sommeil paradoxal » qu'explore l'onirologie moléculaire. Dire qu'elle se représente ses rêves serait certainement anthropologiser sa conduite animalière. Dans l'ordre phylogénétique, on notera cependant que l'espèce chat se trouve au sommet d'un embranchement qui la dispose face au sommet du développement de la lignée des hominidés, en raison de son cœfficient cérébral. Aussi ses capacités dans le domaine du sommeil paradoxal sont-elles des plus élevées : ce qui m'introduit aux antipodes des contacts vécus dans la spontanéité de la vie quotidienne, vers un domaine où tout est construit pour permette l'interprétation de phénomènes non repérables par l'expérience intérieure.

Une neurophysiologie à fort armement chirurgical et chimio-pharmaceutique est en pleine phase de découverte en ce domaine : ses enseignements sont contrastés et souvent contradictoires, comme c'est le cas de tout savoir qui devient science, de toute immédiateté qui se cherche dans les media. Si le philosophe n'a pas, en tant que tel, à pénétrer ni à jauger les expériences entreprises et les commentaires qui en résultent, il doit cependant à « la vérité » de se demander sur quel genre de phénomènes porte cette prise de conscience d'une problématique ciblée sur ses propres concepts, mais en voie de controverse permanente. Nous continuons, même après Copernic, à énoncer que le soleil tourne autour de la terre : on peut cependant nous demander ce qui fait que, pour certains, c'est l'inverse ! Mais il me faut ici en venir à la documentation fort accessible et compréhensible que font connaître les publications de Michel Jouvet et de Claude Debru.

La phase d'un « sommeil paradoxal » est rendue manifeste par une activation corticale et par une inhibition musculaire. Pour expliquer un tel déploiement antithétique, il fallait enquêter sur les mécanismes cérébraux synchrones, sur les structures cérébrales qui interviennent entre éveil et sommeil. L'abandon de la conception passive du sommeil considéré comme résultant d'une baisse d'activité des systèmes d'éveil fut provoquée par la mise en évidence d'une localisation cérébrale qui pouvait être considérée comme entraînant des réactions hypnogènes inhibantes en conséquence d'une activité positive. Cette atonie musculaire, cette baisse de niveau des processus somatiques et végétatifs, il fallait en rendre compte au niveau même où se situe la biologie de la neuropsychologie. Les structures physio-neurologiques qui se manifestent dans l'état d'éveil sont différentiables de celles sur lesquelles reposent et la phase du sommeil lent et cette phase d'accélération tonique des processus expérimentés. Ces activités du sommeil paradoxal sont plus intenses dans l'hémisphère droit que dans le gauche, siège d'expression des émotions. Ce centre de génération hypnique fut localisé dans le tronc cérébral mésencéphalique, au niveau des « noyaux raphés *pontis caudalis et oralis* » d'où partent des voies nerveuses spécifiques excitées par des neuro-hormones : leur coagulation entraîne la suppression du sommeil paradoxal, leur stimulation électrique l'active. Le descriptif actuel des localisations cérébrales est aussi loin des « aires » à la Broca, qu'un relevé de terrain par satellite peut l'être des planisphères de mon enfance. Je laisse à imaginer aux philosophes de bureau ce qu'exigent de telles prouesses en techniques chirurgicales et en connaissance de la physiologie cérébrale ! Les sciences et les techniques sont en incessant progrès et le non-spécialiste ne pourrait que risquer le ridicule en manipulant leur présentation. Car il ne s'agit plus, pour atteindre ce niveau philosophiquement, de recourir à l'introspection, et encore moins à l'inspiration.

À quelle phase lier la manifestation des mouvements oculaires rapides précisables par électro-oculogrammes ? Durant le sommeil paradoxal, des pointes de mouvement oculaire se manifestent en gerbe, à dcs intervalles irréguliers et erratiques, entièrement aléatoires et ne manifestant aucun rythme. Dans cette phase de sommeil paradoxal qui dure de 5 à 15 minutes, l'éveil est plus difficile qu'il ne l'est dans le sommeil lent. Sa suppression provoquée conduit l'organisme qui l'a subie à un rattrapage compensateur par la durée et par la périodicité des phases. Un tel « besoin intense » manifesterait l'entrée en jeu d'une « fonction neurologique spécifique ». Se révèle ainsi l'existence d'un troisième état de vigilance du système nerveux central : à côté d'un modèle d'éveil et d'un modèle de sommeil lent, un modèle de sommeil paradoxal prenait place dans l'approche physiologique des phénomènes du rêve, provoquant une dissociation entre mouvements oculaires et images visuelles oniriques.

On en vint à dire que la fonction du sommeil paradoxal ou la fonction biologique du rêve consistent en « une programmation ou une reprogrammation des comportements de base de l'espèce dans les circuits neuronaux ». Mais alors quel est le type de reprogrammation que ne ferait qu'exprimer le rêve : instructif des comportements de base spécifiques, sélectif dans l'histoire de l'espèce, itératif des divergences phénotypiques entre les individus ? L'autre que le *je* du rêve ne se trouverait pas tellement dans la condensation ou le déplacement freudiens d'une présente altérité qui est source d'altération, mais, au contraire, dans la récapitulation motrice et reconstitutive dans chaque individu vivant des phases de son ontogenèse et de sa phylogénèse. Le sommeil paradoxal exprimerait dans ses mécanismes singuliers la résurgence et la réadaptation de cet « inné ». Si bien que si on en vient ici à évoquer, comme chez les paléontologues, l'hypothèse paralléliste psycho-somatique leibnizienne, c'est pour réveiller une innéité qui est celle d'une drôle d'idée qu'il nous faudra instruire.

Ce sommeil paradoxal serait « un éveil génotypique » lié à la maturation du cerveau. Il exprimerait « le programme génétique gouvernant les connections synaptiques qui assurent les comportements de base de l'individu ». Il jouerait le rôle durant l'ontogenèse d'une fonction de « codage génotypique ». Le corrélat en est qu'on devait s'interroger sur les phases cérébrales du développement de l'enfant d'homme. Le sommeil paradoxal du nouveau-né est plus léger que celui de l'adulte, mais aussi complexe : mouvements oculaires rapides, expressions mimiques de tristesse ou de joie traduisant des émotions primitives intenses allant jusqu'au rire, que les mères captent et partagent en admirant leur progéniture sans en savoir le pourquoi. Si on remonte vers la gestation, le sommeil indéterminé apparaît vers la 27e semaine et l'individualisation entre sommeil calme et sommeil agité ne se produit que quelques semaines avant l'arrivée à terme ; elle connaît vers la 35e semaine une phase où le sommeil agité représente dans les 50% du sommeil total, les moments d'éveil ne comptant que pour 10% ; mais six mois après la naissance, il n'occupe plus que 25% du temps vécu, pour 60% de sommeil lent et 15% de temps d'éveil. Le sommeil paradoxal est ainsi intimement lié à la maturation cérébrale dans cette ontogenèse et participe à la manifestation de latences primitives.

Le sommeil paradoxal est le conservatoire sans cesse réactivé de ce qui, en nous, subsiste de primitivité existituriente, mais dans une subsistance créatrice et non pas par référence à quelque substance inerte, dans l'acte toujours innovant de la vie biologique universelle et non pas pourvoyeur de déchetterie. Il plongerait plus loin encore vers les origines de l'espèce en recueillant des segments demeurés vivaces de notre formation phylogénétique. Sur ce point, comme sur ceux qu'aborde l'éthologie, il prouverait la présence en nous d'un « codage phylotypique » qui nous laisse en liaison avec ce que furent les origines et le développement de notre espèce dans l'ensemble des compossibles.

Le corrélat en était qu'on devait s'interroger sur la présence de ces phases de sommeil paradoxal dans le sommeil des espèces animales, de manière à rejoindre la question du propre de l'homme dans sa phylogenèse. Il apparaît chez les oiseaux et se montre de manière développée chez les mammifères. Les chats firent les frais de ces travaux. Il va de soi que, dans un domaine aussi pénétrant où les mesures et les interventions expérimentales ont avant tout à définir ce à quoi elles s'appliquent, la ténuité des réseaux multiples et désaccordés de l'herméneutique du sommeil et du rêve éloigne de toute vision par trop restrictive des causes, des effets et des corrélations. Il est certes beaucoup plus aisé de faire intervenir un « esprit » qui coiffe cette organisation complexe de la vie en voie de différenciation d'un casque interprétatif qui lui tombe jusqu'au talon. Une aussi massive interprétation ne veut rien dire parce qu'elle empêche d'y voir quoi que ce soit de distinct, aussi bien dans la démarche proprement techno-scientifique que dans ce que peut bien venir faire une hypothèse idéologique aussi grossière dans ces résolutions d'une extraordinaire finesse.

Selon les chercheurs actuels dans le domaine de la neuropsychologie expérimentale ou de l'éthologie pré-humaine qui reconnaissent une effectivité présentement heuristique à l'hypothèse du psychoparallélisme, cette innéité ne saurait être référée à un dualisme, à un animisme ou à un spiritualisme qui dépendraient d'une option idéologique, que tout un chacun reste certes libre d'épouser, mais hors de l'interrogation posée dans le cadre de la rationalité opérationnelle en ce domaine. Elle ne peut l'être qu'à un mentalisme qui infiltre à titre d'hypothèse, à toutes les phases de cette recherche sur les corrélats cérébraux, une distinction, au demeurant provocatrice de cette recherche même, entre les excitations physiologiquement testables de l'endormissement, des types de sommeil et des rêves dans leur liaison avec le contenu représentatif qui se déploie lors des manifestations hypnotypiques. Que le contenu représentatif et langagier du rêve soit effectivement ou expérimentalement lié à telle ou telle phase de sommeil, la question vaut en elle-même et mérite d'être traitée sur le plan de l'enquête techno-scientifique. Or ce n'est pas tellement de cet « *intellectus* » manifeste dans nos remémorations de l'expérience vécue du rêve qu'il s'agit que du décryptage sensori-moteur des affects qui le manifestent soit par des excitations de mouvements enregistrables, soit par la souvenance des émotions sourdes, vivement ressenties qui souvent provoquent l'éveil. C'est à ce niveau que se déploient les hypothèses que nous venons de rappeler au sujet de la récapitulation onto-phylogénétique qu'elles proposent. Certes le rêve fait signe : mais il fait signe de quoi ?

Mourir

Nec cythara carentem.... Le rêve et la mort sont des possibles de l'*existiturire*, l'un dans le suspendu, l'autre dans la clôture des compossibilités adjacentes qui permirent au rêve de redevenir veille. Comment vint à l'un des taxons humanoïdes la prise de conscience de la mort sinon par une menace portant sur le soi dans son exercice possible et compossible ? L'absence définitive creuse dans le cœxister un abîme qui n'est plus franchissable que par l'imaginaire, celui de la persévération de l'*existiture* possible du dis-paru, qui n'ad-paraît plus dans les compossibilités ambiantes, par sa ré-apparence iconique dans un prolongement indû.

La paléo-anthropologie est loin d'en être au point savant oméga en ce qui concerne l'interprétation des sépultures humanoïdes qui ne semblent propres qu'à la séquence différenciée de l'*homo faber sapiens*. L'homme aurait-il pour propre d'appartenir à la seule espèce animale qui, durant sa vie, sait qu'il va mourir et qui, en conséquence, a pu définir la philosophie comme l'apprentissage de la mort avant d'affirmer qu'il s'agissait avant tout d'apprendre à vivre, *Oi ortos philosophountes apotneskein meletousin ; Philosophia non mortis sed vitae meditatio est.*

Mourir n'est certes pas le propre de l'homme, à moins que l'on ne décide de réserver pour la même échéance qui arrive aux animaux le terme crever. Lequel, appliqué à l'homme exprime l'indice paroxistique d'un rejet dévalorisant qui suit le prénom impersonnel *il* et l'injonction exclamatoire : « *il peut bien... !* ». L'heure de la mort racinienne, le réflexif, qui va du même coup cesser, s'affirme pour la dernière fois : « Je me meurs ! », ce que le héros spontané shakespearien n'a jamais le temps de prononcer puisque sa vie était une mort en sursis et puisque son action l'empêche de se réfléchir mourant. Nos conversations ordinaires en sont-elles si éloignées quand elles disent de l'animal : « il sait qu'il va mourir » ? Peu importe que nous sachions ce qu'est ce savoir : quelqu'il soit, il est du même niveau que celui dont l'animal « sait » qu'il existe. Pourquoi alors redouterait-il le bâton, la souffrance. J'avais autrefois posé la question : Malebranche battait-il son chien ?

Ne disposant pas d'éléphants qui essaient de ranimer l'un des leurs morts, ni de femelles singes conservant plusieurs jours le cadavre de leur petit ou hésitant à s'en éloigner, ni du gibbon de Montpellier qu'une conduite accentuée de désarroi envahi après la perte de sa compagne, je ne trouve guère que les chiens qui restent des jours à humer la porte de la chambre du maître et à emprunter ses pistes coutumières. Ma chatte m'eût regretté certainement moins que je ne l'ai fait puisque je l'évoque encore. Mais je donne volontiers acte à tous les éthologues de terrain ou de zoo qui ont décrit de telles conduites culturelles des animaux à l'égard de leurs semblables. Un groupe de chimpanzés monte la garde auprès de la femelle qu'une panthère a égorgée, épouille le cadavre, empêche les autres d'approcher, enlève les insectes qui s'y attaquent. De plus, si les néanderthaliens enterraient leurs morts, si même une variante de l'*homo* prénéanderthalien procédait ainsi depuis 300.000 ans, l'*homo sapiens* se retrouve dépouillé de ce propre du culte des morts ; la conscience et le culte du mort n'aurait donc accompagné que sous partage la naissance du rameau humain qui parvient à l'*Homo sapiens sapiens*.

La conscience de l'invisible repousse d'autant le règne de l'insignifiant. Cette vie invisible vers laquelle et dans laquelle il faut que le mort soit accompagné est vraisemblablement l'élément décisif des cultures humaines qui, quels que soient les habitats et les vivants de l'invisible, influent sur les conduites humaines les plus anciennement attestées, qu'elles aient été partagées ou non. La mémoire en est conservée grâce aux traces diverses que nous ont laissées les cultures de la mort : je préfère culture à culte, qui évoque par trop quelque ritualisation ecclésiale loin du compte, pour cerner l'humanisme et ne pas le laisser se dérober dans des croyances. Si l'animal manifeste une conduite singulière dans les cas de constat de la mort que je viens d'évoquer, il reste sec en direction de la sépulture qu'il s'agisse d'inhumation, d'embrasement ou de rite sépulchral. Par contre l'*homo sapiens*, à cet instant, développe le virtuel d'un imaginaire déployant ses possibles incompossibles en s'affranchissant de l'outilitaire.

Faire du feu

Quelque acharnement qu'on mette à refuser tout propre à l'homme, force est cependant de lui reconnaître d'autres indices d'originalité spécifique. Deux nouveautés génériques rendent sensible l'apparition d'un propre de l'homme tant par leur distinction que par leur alliage.

Sans doute doit-on d'abord invoquer le *feu naturel* qui fut largement disponible aux premiers humanoïdes et dont on peut attribuer l'utilisation au taxon le plus ancien de l'humanité proprement dite, les autres existences humanoïdes n'y recourant pas, même s'il est amplement à leur portée. Tous les premiers foyers artificiels que l'on connaît (2 Ma) sont repérés dans l'environnement d'outils de chasse façonnés dans du bois et assemblés de pierres éclatées, taillées ou polies. L'*homo* en avait sous la main certainement plus qu'il n'en désirait par les éruptions volcaniques, par les orages dévastateurs de forêts, de savanes et de huttes, par le reflet des rayons solaires sur les roches quartziques et les micas. L'approche technique du feu consistait à conserver un foyer largement dispensé par une nature que fréquentaient également, mais sans se l'approprier, les autres hominidés.

À supposer que d'autres taxons humanoïdes ait recouru à l'utilisation du feu naturel, ce qui reste peu partageable est la capacité de provoquer du *feu artificiel* en frottant des silex ou des baguettes de bois. Mais là encore, il faut introduire deux possibilités en divergence : je venais d'apprendre à Copenhague que, récemment encore et peut-être ce jour même, des peuplades hominiennes terrestres n'utilisaient pas le feu naturel et ne savait pas en allumer. Force était donc de laisser dériver un taxon de l'*homo* pour lequel l'existiturience fut telle qu'il accéda à cette compossibilité d'allumer et d'entretenir du feu pour la cuisson de ses aliments. Un propre de l'humanité *faber-sapiens* apparaît doté d'un tel pouvoir dans les chaînons des hominidés. Nous avons signalé que les grandes espèces simiesques ne dédaignaient pas la nourriture trouvée toute cuite, mais en conséquence de catastrophes naturelles. En tant que relevant des humanidés, le taxon conduisant à l'*homo sapiens* aurait pu être déclenché par cette capacité de faire du feu pour consommer du cuit, ce qui entrait en connivence avec des caractères morphologiques de la face et de la mâchoire, aussi bien qu'organiques des circuits végétatifs et digestifs de cette espèce en voie de différenciation. De la conservation à l'allumage, du feu naturel au feu artificiel, les mythes prométhéens se sont largement emparés. Plus paléo-antropologiquement, on admet que des techniques de provocation artificielle du feu apparaissent depuis l'Acheuléen (0,6 Ma), grâce à l'étude des habitats néolithiques sous abri : mais c'était déjà là une phase avancée du développement de l'*homo sapiens* penchant vers l'*homo sapiens sapiens*, (se) sachant sachant-faire.

(Se) mirer

Si les grands mythes ont constitué une première expression de la raison apportée à l'exister dans le monde, la conscience de soi survint d'abord d'un reflet. Reflet si convaincant que Narcisse s'y était oublié lui-même en oubiant son exister avec... et en ne reconnaissant plus que soi. Ce rêve éveillé nous réfléchit à nous-même dans notre relation réalistique au miroir. Cette manière de jeu introduit une conscience exacerbée de soi à une existence captatrice de tout autrui. Le miroir fait partie de cette outilité interne qui nous rend apte à la saisie de nous-même autour d'un seul de nos *moi* virtuels que le rêve ne nous présente que masqués dans quelque icône du *je*. Par le miroir, nous affûtons notre reconnaissance motrice à l'égard d'un monde transformable où cette image reflétée va se projetter. Pour qui n'est pas Narcisse, nous sortons du reflet de soi pour jauger le monde à partir de ce panorama défiant le *je*. Se mirer devient s'admirer.

En s'interrogeant sur l'expérience du miroir, les éthologues oublient par trop ce mythe de Narcisse, qui en vient à ne plus supporter que soi-même après avoir vu son reflet dans l'eau d'une source. Primate ou hominidés disposent d'autant de miroirs naturels qui leur rendent, bien avant qu'on ne leur offre un miroir artificiel, une image dont il n'y a aucune raison pour qu'il ne la prennent pas pour un reflet d'eux-mêmes, mais qui ne témoigne pas, pour autant, d'une quelconque reconnaissance de soi. Les chatons ne dédaignent pas de jouer à attraper ce reflet remuant qu'il perçoivent dans des glaces d'armoire. Ont-ils pour autant « conscience de soi » ? Pour qu'il y ait conscience de soi, il est indispensable que d'autres conditionnants interviennent. Les membres de tribus ancestrales qui n'ont jamais eu de miroir ne s'y reconnaissent pas plus que l'enfant de moins de deux ans. Le macaque, qui ignore toute conscience de soi, reconnaît dans le miroir des friandises qui sont avancées dans son dos ; il réagit à la vue de ses congénères et se retourne vers eux. Par contre, le chimpanzé de plus de trois ans maquillé, la femelle gorille travestie, reconnaîssent les variantes qui les affectent et explorent la partie de leurs corps concernée. En devenant l'objet de l'inspection de soi, ils accèdent à la reconnaissance de leur corps propre. Cette faculté semble faire partie de l'apprentissage technique dont sont capables ces hominidés.

Que nous ne sommes plus newtoniens

Dans quel contexte cosmique ce signe de soi vient-il s'inscrire? Sommes-nous toujours portés par ce qui fit que l'*homo sapiens* devint *sapiens sapiens* ? Cette portée des fresques que l'*homo* délivre de sa propre vision n'est-elle pas en en train de passer du rupestre au cosmique ? N'est-ce pas cette paroi indéfinie de l'univers galactique qui, aujourd'hui, ne parvient pas à clore la grotte où nous nous trouvons cernés ? Que de reliefs dans cette vision, de bosses et de creux dans lesquels découper l'avenir de l'*homo* et, en conséquence sa mission humaniste !

Faisons comme si l'*homo sapiens* trouvait la pleine expression de son redoublement de *sapiens* dans l'expression de la science dite newtonienne.

Les thèses tourbillonnaires qui s'ensuivirent des *Principes de la philosophie* gagnèrent les au-delà du système solaire copernicien et les spirales galactiques furent rapidement aperçues comme prouvant la fécondité universelle du modèle. Les *Principes de la philosophie* en firent les frais puisque l'hypothèse tourbillonnaire généralisée était d'autant moins soutenue que l'auteur en soustrayait la base informatrice : l'hésitation de Descartes au lendemain de la condamnation de Galilée n'est quand même pas une preuve du courage intégral de ce « héros ». Que nous soyons encore pré-coperniciens, et tout simplement sensualistes et empiristes, cela ressort de nos conduites habituelles du vivre avec... : le soleil qui se lève et se couche, les constellations sous lesquelles se gère notre destin. L'intuition sensible sur laquelle repose la connaissance empirique n'était déjà plus en phase avec le système newtonien.

Ce lot de nos conduites fondues dans une nature ambiante dont nous sommes le centre occupe 90% de notre être avec... : c'est beaucoup, mais ce n'est pas pour autant sous le principe de nécessité, sinon naturelle et non techno-scientifique, que nous en situons la régulation. Si nous nous appliquons à en préciser la loi, alors nous retrouvons aisément les procédures par lesquelles les lois newtoniennes s'y appliquent ou, si nous ne les connaissons pas, nous nous en remettons aux gens de science pour en délibérer. N'y entre pas néanmoins le champ important d'un éthico-savoir qui, plutôt que de l'entendement ressortit aux besoins, aux désirs et au volontaire appliqués au banal que ne concerne pas le champ gravitationnel qu'il soit newtonien ou intégré dans la relativité. Assurément Newton n'a jamais fait des indicatifs de l'attraction et de la gravitation les impératifs de l'éthico-savoir mais l'engagement humaniste de l'humanité trouvait pour deux siècles sa formulation dans la loi newtonienne de l'attraction-gravitation universelle.

Notre *vision* techno-scientifique du monde échappe à l'attraction-gravitation newtonienne par son support mathématique dont on ne peut pas dire qu'il soit un développement du calcul des fonctions sur lequel reposaient les avancées des *Principia mathematica* appliquées à la philosophie naturelle. Cette modélisation nécessitairement ou probabilitairement symbolisante entraîne un si haut degré de spécialisation qu'il n'est que quelques chercheurs qui puissent s'y initier. De plus, ces mathématiques sont en perpétuelle genèse et transformation, qui provoquent autant de sauts qualitatifs et, en conséquence de profils modélisateurs, pour ce qu'on y rattache dans le domaine physique, cosmique, biologique ou cognitif. On peut dire que, durant le XXe siècle, s'est creusée une distance aussi grande entre les exploits d'Einstein et ceux qui sont en cours début 2001, qu'Einstein en avait parcourue par rapport aux savoirs newtoniens. Et il n'y a aucune raison pour que ces mutations de la pensée calculante ne persévèrent dans cette voie scalaire qui se veut de plus en plus détaillante et en même temps de mieux en mieux enveloppante.

Elle y échappe par la texture même d'observations et d'expérimentations chargées à la fois de rejoindre, de confirmer, de rectifier les modèles physico-mathématiques qui sont esquissés à partir de ces recherches mathématiques de très haut niveau. Les modèles cosmologiques qui sont aujourd'hui à notre disposition n'ont à voir avec la *Genèse* que les analogies superficielles que des commentateurs bien intentionnés en fabriquent suivant le plus pur artifice.

Elle y échappe par le niveau de complexité auquel les applications de la loi même de gravitation universalisée, isotropique et constante a conduit à la description des « éléments » que la physique sub-atomique recense aujourd'hui, s'estimant mieux armée que Newton pour ce faire. Je n'ai aucune compétence pour expliquer la physique des mitochrondries sur laquelle reposait plus haut notre conception du vivant. Ces éléments se multiplient au fur et à mesure que la conquête de l'infinité progresse dans le domaine cette fois-ci cosmo-physique du petit comme du grand.

Mais il n'est pas indifférent de prendre connaissance des signes de l'infini cosmique qui nous sont aujourd'hui présentés : ne posent-ils vraiment aucune question fondamentale pour l'être, ne serait-ce que parce que tout être est être-là-dedans ? Le dépassement post-newtonien se marque en profondeur par la discussion qui porte sur le statut du spectaculaire corollaire à ce monde hyper-mathématisé. L'homme en est-il le spectateur au *cogito* impassible, l'observateur dubitatif, immobile et objectif, sans gravitation ni vitesse propre, sans génétique porteuse ni insertion dans un devenir, contemplateur froid et calculateur de l'expansion universelle ? En est-il le spectateur intéressé qui, en retour de sa construction des mondes, reçoit les effets pensants de tous les éléments, de toutes les lois et de tous les systèmes, qu'il projette comme hors de lui, et doit mettre un pied, ne serait-ce que celui des *cogitata*, dans les modèles qu'il instruit ? En est-il le spectateur-spectacle qui doit se concevoir comme n'étant en rien ou seulement à moitié hors du champ universel et qui se trouve sans échappatoire impliqué à titre de simple élément tombant sous les lois des lois dans le mouvement universel qu'il modélise ?

On admire à quel point des fragments pascaliens ou des Entretiens cosmiques comme ceux de Malebranche purent éveiller la conscience humaniste au contact des techno-sciences du XVIIe siècle. Mais s'il n'y a plus de proportion entre le descriptif des éléments et des lois de notre univers avec celui de Newton ou de Leibniz, *a fortiori* le tableau qu'on en rappelle ne peut que provoquer la « pensée » et la « méditation ». La docimétrie de l'œil du ciron laisse place aujourd'hui à des considérations abyssales sur ce qui se passe à -10^{30}. L'estimation courante de l'ampleur de notre univers porte sur cent milliards de galaxies qui se trouvent répandues sur un espace parcourable en 10^{10} années-lumière. Si la paléontologie de la vie se construit à partir d'une évolution poursuivie depuis 15 Ma avant que n'apparaisse l'*homo*, s'il a fallu 14 Ma avant que ne naisse la vie macroscopique, 12 Ma pour la vie mitochondriaque, 10 Ma pour la formation de nos planètes solaires, 4 Ma pour les premières étoiles, qu'en est-il quand on approche du *big-bang* des modèles cosmiques standard ? 100 secondes seulement auraient été nécessaires pour qu'apparaisent le système de l'hélium et du deutérium ; 10 secondes après se produisait la relation d'annihilation entre électrons et positons ; on passe à 10^{-6} secondes après le *big-bang* pour les couples de protons et d'anti-protons, à 10^{-8} pour la formation des protons et anti-protons, à 10^{-35} pour le début de l'inflation cosmique universelle, à 10^{-43} seconde pour la création des particules en termes d'ère quantique, de temps de Planck, de fluctuation quantique du champ de gravitation, non encore newtonianisé. Jusque-là tous ces résultats mathématico-physico-cosmiques ont reçu des confirmations observationnelles et expérimentales, notamment dans le cadre de la maîtrise des explosions nucléaires ou des grands accélérateurs de particules : mais il s'agit là d'expérimentation plus que d'observation, du résultat de la construction de modèles hypermathématisés possibles, plus souvent infirmés que validés, et non du parallélisme de rapports que la mathématique exprimerait sur un donné.

On comprend aisément qu'il reste quelque difficulté à préciser ce qui se passe au niveau de cette singularité initiale de pure spéculation entre l'instant cosmique zéro et ce 10^{-43} de seconde où se fit l'apparition (hypo-phénoménale, mais calculée) de particules différenciées. Cette singularité d'un temps zéro est caractérisée par une température à degrés surélevés qui ne tolère aucune différenciation, la matière y existant sous forme de haute énergie à charge gravitationnelle variable et avec des vitesses d'apparition-disparition outrepassant la vitesse de la lumière, c'est-à-dire n'ayant nulle commune mesure avec les concepts sur lesquels repose l'univers rœhmérien-newtonien-leibnizien. S'il y a 15 Ma que cette micro-poussière de temps a fulguré, en quels termes philosophiques pouvons-nous en parler ? Pour autant que ceux qui en maîtrisent le conditionnement s'expriment dans un langage vernaculaire, on peut en dire que ce pré-univers était alors dans l'état de « mousse quantique » à « caractère flou » en relation de perpétuelle tension-détente sous un principe mathématique d'incertitude que la géométrodynamique entreprend de calculer. Ces fluctuations quantiques sont de l'ordre de 10^{-33} cm et s'effectuent dans un superespace mathématique à une infinité de dimensions, dont chaque point symbolise un espace à trois dimensions en faisant appel à des « fonctions d'onde de l'univers ». Cet univers uniforme mais mouvant admettrait un vide absolu, en entendant par là que, contrairement au vide newtonien, il évinçait toute présence de particules, mais non pas l'existence d'une matière.

Certes aucun des modèles proposés ne fait l'unanimité, puisque nous sommes dans le cas progressif et discontinu de la conceptualisation rationnelle des hautes énergies. Les modèles conceptualisés manquent moins que les preuves confirmables à tel moment de la recherche : mais on n'est pas là dans le domaine de la révélation. On l'est si peu que ce moment zéro de l'échelle décrite n'a rien d'un néant auquel succéderait, par l'acte créateur externe d'un être hors nature universelle, quelque chaos originel. Certes il s'agit d'un *tohu-bohu*, mais à la condition de comprendre ce terme babylonien, assyrien et hébreu selon ses fluctuations quantiques et les résultats probables d'équations aux dérivées partielles qui exigent des « conditions aux limites », car les frontières spatio-temporelles en restent incertaines si ce n'est que, pour d'autres modèles la condition aux limites est que cet univers fini sans bords n'a pas de limites. On y use d'un temps imaginaire codé par la racine carrée d'un nombre négatif dans une métrique où l'univers est composé d'une somme euclidienne de carrés.

Il s'ensuit que le *big-bang* est autant reçu que contesté par des modèles alternatifs, non pour des questions de révélation, mais en raison du maniement des imaginaires mathématiques générateurs de tension-détente en milieu indifférencié. On rencontre même des modèles où le *big-bang* n'est pas initial, mais intervient à la suite d'autres évolutions possibles de ce qui le compose à cet instant zéro, alors que, pour d'autres, il n'a pas de singularité, mais qu'il faut admettre au contraire une série de *big-bang* en création continue, sans commencement, en extension perpétuelle et infinie qui continue à influer sur le destin de l'univers. Quand à la trajectoire de cet univers, elle peut être décrite en termes cycliques de retombée vers *un big-crunch* où l'on retrouve un vide quantique ou bien en terme d'asymptote une évolution perpétuelle ou bien en d'autres termes de prolifération de « bulles » consécutives à de petits *bangs* indépendants les uns des autres, entraînant l'apparition d'autant d'univers multiples, à moins que, selon des modèles inflationnaires, ce ne soit suivant des courbes géométrico-cosmiques diverses.

Pourquoi Leibniz n'était-il pas newtonien ?

Le confrontation Leibniz-Newton s'est poursuivie avec âpreté dans tous les domaines. Le moins important n'est certes pas leur appartenance commune à la Royal Society londonienne où Leibniz perdit peu à peu le prestige qu'il avait acquis grâce à ses relations privilégiées avec Oldenbourg. Il le perdit définitivement pour une raison politique : quand le duc d'Hanovre devint roi d'Angleterre, il avait sous son sceptre à la fois

Newton et Leibniz, mais son peu de goût, depuis son éducation hanovrienne, pour les inventions leibniziennes et l'urgence de se faire bien voir de sujets dont il ne parlait pas la langue, firent pencher la balance en faveur de Newton, son chargé de finances. Leibniz, qui aurait pu compter sur l'appui de l'électrice Sophie, morte deux ans avant de pouvoir accéder au trône d'Angleterre, s'était délibérement consacré à son rôle de conseiller privé de l'empereur de Vienne et du tsar Pierre le Grand. Ce n'était pas la bonne volonté de Carolina qui pouvait faire pencher la balance en sa faveur. Sur le plan mathématique, il y allait certes d'une question de priorité dans l'invention du calcul des fluxions et du calcul infinitésimal, mais bien plus, de la spécieuse mathématique sur laquelle allait pouvoir reposer la modélisation de la physique des particules et de l'astrophysique. La métaphysique fut mise en avant pour appliquer à ce modèle mathématico-physique ce qui lui permît de se concrétiser dans une vision du monde où l'espace et le temps allaient être différemment traités par référence au plan théologique.

Durant son été romain de 1689, Leibniz a pris directement connaissance des *Principia mathematica* (voir l'*Iter Italicum*). Il y avait déjà hâtivement réagi après l'article paru dans les *Acta Eruditorum* de juin 1688. Il en prit connaissance lors de son séjour à Vienne et y composa son *Tentamen de motuum cœlestium causis* qui vit le jour à son tour dès les *Acta* de février 1689. On peut considérer comme une première réplique publiée contre les *Principia* le *De causa gravitatis* (*Acta*, mai 1690), titre qui porte en plein sur la raison majeure des réserves leibniziennes : la physique mathématique doit-elle abandonner la recherche des « raisons physiques », que Descartes mettait au chef de ses projets, que Newton négligeait en attendant de pouvoir en traiter expérimentalement? Ces « raisons physiques » sont destinées à donner réponse à la catégorie causale efficiente que les lois explicitent selon un ordre phénoménal mathématiquement constructible. Pour reprendre une terminologie mise en relief au chapitre précédent : on justifie la symbolique des lois émises en signes mathématiques, par une signification relevant des signes corpusculaires considérés comme causes naturelles. Or il existe une seconde version de ce *Tentamen* qui fut rédigée après la prise de connaissance des *Principia*, sur papier romain, mais qui ne fut pas publiée (*GM* VI, p. 254-265). Seule une version rectifiée du premier *Tentamen* revit le jour dans les *Acta* de 1706. De même que le *De Motu corpore* (1677) et les lettres à Arnauld ouvraient l'ère du post-cartésianisme, de même la *Dynamica* (automne 1689) qui s'ensuivit sur les mêmes feuillets romains que ceux du *Tentamen*, puis les lettres à Clarke déclarent ouvert le post-newtonianisme. La *Dynamica* florentine commençait à se rédiger au même moment, renouvelant l'idée d'une *Theoria motus abstracti* qui valait au-delà de l'expérience observable et expérimentale de toute théorie du mouvement concret, vérifiable dans le cosmos solaire.

Certes on pourra accuser le système newtonien de faire la part encore trop belle à l'intuition sensible, selon l'analogie du «*sensorium Dei*», en raison de l'appel fait à des forces attractives qui constituent le moteur supposé de la gravitation universelle. Leibniz s'est engagé résolument dans cette critique. Outre que le recours à l'attraction d'avant Newton choquait aussi bien cartésiens, spinoziens que malebranchiens, le seul en mesure d'émettre une contestation directe et documentée fut Leibniz. Et pour des raisons newtoniennes. Je veux dire que l'attraction newtonienne n'est plus une force occulte, puisque la raison mathématique légifère sur sa distribution gravitationnelle. Aussi n'est-ce pas par référence à des forces occultes antiques ou médiévales que s'exerce la critique leibnizienne, mais en raison d'une autre conception du mouvement que l'on ne peut considérer comme relevant de l'attraction, quoiqu'il ne rélève pas plus du mécanisme analytico-géométrique, et surtout d'une conception corpusculaire fluidique à laquelle Newton n'a pas voulu souscrire.

Dès son retour par Venise, s'exprimant philosophiquement pour Arnauld (23 mars 1690), Leibniz précise que son *Tentamen* a bien pour but de «trouver les causes physiques des mouvements des astres» et pas seulement leurs arrangements légaux. Il avance que ce que Newton appelle «force attractive des solides» relève d'un «fluide». Ce fluide se propage «en lignes courbes». Sa vélocité est «continuellement difforme» et est en provenance du mouvement du fluide. Il en résulte que les astres ont des «orbes déférents» qui sont fluides et qu'on peut appeler tourbillons si on tient au langage cartésien ainsi réinterprété. Les mouvements se propagent d'un corps aux autres «quoique plus faiblement aux distances plus grandes». On retrouve les lois de Kepler par l'application au monde de l'expérience cosmique donnée. a) Cette «circulation harmonique» qui se produit dans le plan tourbillonnaire de l'écliptique, énoncée philosophiquement, rappelle que «les distances du centre étant en progression arithmétique, les vélocités sont en harmonique ou réciproque aux distances» et le déplacement ne s'effectue pas seulement selon les axes du cercle. b) Le corps en circulation harmonique a un «mouvement paracentrique» de gravité ou de lévité à partir de son centre et quelque loi que garde cette attraction ou cette répulsion, «les aires en sont nécessairement comme les temps de la manière dont Kepler l'a observée»; une force s'exerce de la planète au foyer solaire qui se dédouble en un vecteur centripète axé vers le foyer solaire, et en un vecteur centrifuge qui fait tendre la planète tangentiellement à l'extrémité du rayon tourbillonnaire. Les particules fluides qui sont à l'origine de la pesanteur terrestre suivent une variété infinie de plans autour du globe. c) La circulation harmonique des planètes étant elliptique, ce qui implique des accélérations et décélérations incessantes et variables selon les points de la courbe, la loi du mouvement paracentrique qui exprime ces ellipses « doit être telle que les gravitations soient réciproquement comme les carrés des distances », comme prévu par les lois de la radiation à quoi correspond une force transradiale de la vection tourbillonnaire (comme l'énonce l'étude physico-mathématique d'Aiton A., *The vortex theory…* ; et les travaux de Duchesneau Fr.).

L'attraction est supplantée par une causalité qui ne relève plus de la mécanique analytico-géométrique selon les hypothèses cartésiennes qui restent tributaires de l'influx des forces secondes et qui seront entièrement balayées par la *Dynamica*. Le postulat du fluide éthérique se déplaçant en courbe entraîne le mouvement des corps selon des « orbites fluides déférents ». Ce non-newtonianisme qui reste fondamentalement keplérien fait intervenir les deux concepts de *conatus* et d'*impetus*, dégagés dès l'*Hypothesis physica nova*, bien avant l'invention du calcul infinitésimal. Le *conatus* détermine la tangente, et se dédouble en *conatus* centrifuge dans la circulation tourbillonnaire et en *conatus « excussorius »*, qui secoue d'impacts discontinus les particules qui repoussent le corps vers le centre du tourbillon tout au long de son rayon.

Pour plusieurs raisons, ce schéma théorique rejoint l'expérience plus qu'il ne s'en dégage. Car Leibniz entreprend de mettre en convergence des résultats assurés expérimentalement, mais en provenance de domaines séparés de la physique qu'il n'est pas de règle de manipuler ensemble. Son intention serait donc de trouver un modèle physico-cosmologique tel qu'il puisse être enrichi par les résultats acquis dans des régions différentes de la recherche : pour ce faire, il lui faut inventer des procédures méthodiques d'entrecroisement, de dépassement et d'intégration.

La démarche qui met en place la mathématique de cette vision du monde est étroitement soumise au calcul infinitésimal, non aux fluxions newtoniennes. Infinitésimalement exprimée, la courbure se compose d'un vecteur de circulation autour du soleil et d'un mouvement rectiligne dans le sens du rayon. On peut certes exprimer les mêmes lois expérimentales selon les deux systèmes symboliques de spécieuses mathématiques mais ces symboliques diverses exigent qu'on précise le cadre des significations afférentes au même ordre mathématique phénoménal. Car l'infinitésimal leibnizien, s'il n'a jamais été considéré comme exprimant la réalité métaphysique monadique a toujours été considéré par son auteur comme le moyen le plus adéquat de rendre compte des effets physiques phénoménaux de la métaphysique du *quantum* substantiel d'action.

Le magnétisme entre à son tour dans le champ explicatif de l'hypothèse en ce sens que « les grands globes du monde ont quelque chose d'analogique avec l'aimant », en ce qu'ils gardent le parallélisme de leur axe, en ce qu'ils exercent « une certaine attraction, d'où naît quelque chose de semblable à la gravité », laquelle gravité devient « concevable » « en supposant des rayons d'une matière qui tâche de s'éloigner du centre, qui pousse par conséquent vers le centre les autres qui n'ont pas le même effort ». Par là sa théorie de la pesanteur rejoint celle de la gravitation, mais il faudra préciser que la matière ne tient pas d'elle-même la pesanteur dont elle est la cause.

La théorie de la lumière participe au même englobant théorique : « en comparant ces rayons d'attraction avec ceux de la lumière », les corps sont attirés « en raison réciproque des carrés des distances ». La démarche est exactement inverse de celle de l'empirisme expérimental mathématisé newtonien : ces analogies qui composent « une circulation harmonique » d'une part « s'accordent merveilleusement avec les phénomènes » en retombant d'accord avec les lois de Kepler, ce qui dispense de considérer comme indispensable le passage par des *Principia* qui se fondent également sur ces lois expérimentales; d'autre part elles régissent tous les domaines de la cosmologie physique dans le champ d'investigation de l'expérience ambiante. Car ils s'accordent aussi avec les plus récentes données du *Cosmotheoros*, avec les hypothèses ondulatoires de Huygens et avec la vitesse non infinie de la lumière que vient d'avancer Rœhmer.

Or l'hypothèse harmonique majorisée affirme puissamment (voir *Justice et Terreur*) que la compensation des biens et des maux ne trouve son équilibre qu'à la condition de considérer l'ensemble des êtres répartis dans tout l'univers considéré comme l'ensemble des mondes réels. Si notre savoir éthico-moral, aussi bien que notre science bio-physique doit son harmonie à une telle considération du Tout, notre science cosmologique ne peut que converger avec ce qui est « plus qu'une hypothèse ». La réponse à Newton a pour arrière-monde cette infinité des mondes dont l'univers est l'englobant sans réserve. Cette infinité cosmologique de l'univers est plus que newtonienne puisqu'elle est émise hors de l'observation et de l'expérience qui sont pratiquées dans l'*aisthèsis* du *sensorium* analogique de l'homme ou de Dieu. Déjà jugée insuffisante parce que partiale en conséquence du *prs*, la thèse (*hypotheses non fingo*) de Newton devient franchement partielle et relative si l'objet céleste abordé outrepasse le champ d'un *sensorium* d'empiricité limitée par ses performances et par son champ. Or l'empiricité ne se réduit pas au constat de phénomènes ordonnables mathématiquement, mais aussi au fonctionnement spontané de la catégorie de cause-effet qui repose sur l'admission de parties matérielles externes au récepteur de l'expérience qui constituent les « raisons physiques » de cette conception-ci des lois. D'un mot leibnizien, aussi bien que cartésien, il s'agit de poursuivre l'instruction légale des phénomènes par la découverte causale, que Newton abandonne : « de quoi » les phénomènes sont-ils les apparences bien réglées? « La réussite d'un ensemble rationnel, légal et mathématisé, mais clos sur sa propre légalité, esquive la question qui ne concerne pas tellement la métaphysique que les raisons physiques des composantes de cette matière en gravitation universelle constante, uniforme et isomorphe. Newton est très conscient de la nécessité d'une telle réponse, mais estime qu'il n'en a aucune intuition ni une expérience telle qu'il puisse s'engager à procurer aux lois attractives une raison physique de cette attraction. Alors que la recherche d'une « raison physique », sans appui, observationnel et expérimental de départ ne peut que relever, pour Newton de la métaphysique, c'est-à-dire du non-légal, et par tant de l'irrationnel, la métaphysique, au sens leibnizien, apporte, par le principe du *prs*, des considérations qui, si elles ne relèvent pas encore des lois régionales du savoir physique armé, entrent sous la dépendance du principe supra-légal de l'harmonie universelle : supra-légal au sens où chacune des *lois* exprimant avec rigueur les phénomènes est en corrélation avec la singularité d'une nature qui est adaptée à un exercice qui se poursuit dans des conditions telles qu'elles relèvent de la physique empirique mathématisée.

Ainsi les objections de Leibniz contre les *Principia* ou l'*Optica* ne portent-elles absolument pas sur les résultats obtenus par la mise en forme mathématique des raisons-lois dont Leibniz tient à faire l'éloge. Elles portent sur l'irrésolution à laquelle restent exposées les raisons physiques, raisons-natures qui lui semblent indispensables pour la complétude d'une cosmologie universelle. L'attraction est surnaturelle si les corps s'attirent de loin sans aucun moyen ni contact.

Puis s'impose l'objection contre l'attraction : « Car c'est une étrange fiction que de faire toute la matière pesante, et même vers toute autre matière, comme si tout corps attirait également tout autre corps selon les masses et les distances, et cela par une attraction proprement dite, qui ne soit point dérivée d'une impulsion occulte des corps. Au lieu que la pesanteur des corps sensibles vers le centre de la terre doit être produite par le mouvement de quelque fluide. Et il en sera de même des autres pesanteurs, comme de celles des planètes vers le soleil ou entre eux. Un corps n'est jamais mû naturellement que par un autre qui le pousse en le touchant ; et après cela il continue jusqu'à ce qu'il soit empêché par un autre corps qui le touche : toute autre opération sans contact sur les corps est ou miraculeuse ou imaginaire. Ceux qui s'imaginent que les forces actives se diminuent d'elles-mêmes dans le monde ne connaissent pas bien les principales lois de la nature et la beauté des ouvrages de Dieu ».

Ainsi ce qui ressortit pour Newton au domaine d'une hypothèse qu'il n'a pas à rechercher (« *hypotheses non fingo* ») dans les conditions contemporaines de la connaissance des effets recueillis par la philosophie expérimentale, relève au contraire pour Leibniz d'une hypothèse dont le *prs* lui procure la validité universelle (« mon hypothèse est plus qu'une hypothèse »). Que Newton ait abandonné cette recherche par manque de perspectives légales fondatrices, ou par désintérêt pour la recherche des causes naturelles, ou par clôture d'entendement sur sa régionalisation de la fondation rigoureuse, le fait est que Leibniz en a débordé les réussites parce qu'il avait l'assurance de perspectives ordinatoires supra-légales fondées sur l'ensemble des phénomènes universels (plus que mondiaux) aussi bien physiques que cosmologiques. De surcroît, ou plutôt par fondement dans le vivre avec..., cette expansion des mondes vers l'univers relève de cet éthico-savoir dont les lois codifiées et la probabilité juridique ne sont pas la moindre expression. Enfin parce que Leibniz avait forgé sa formation métaphysique originelle dans la méditation sur l'heccéité, cet être-là qui le poussait à la recherche de l'individuation des événements en corpuscules élémentaires infinitisés, et parce que, par entendement, il était porté à concevoir métaphysiquement le système planétaire solaire dans cet ensemble cosmique. La fable de Sextus en est l'affirmation triomphante.

Mais fable ! La pluralité des mondes « possibles » leibniziens débordait vers une conception de l'univers réel dans lequel un seul de ces mondes « possibles » avait été réalisé selon le principe du meilleur : ce qui ne veut pas dire que les autres mondes « possibles » n'existent pas, au moins dans l'entendement de Dieu, quoique moins « bons ». Ce monde le meilleur est certes celui dont nos concepts mathématico-physico-métaphysiques contribuent à « démontrer » l'existence, étant donné leur entière harmonie théorique et leur préétablissement ordonné par une sagesse infinie modélisant ce que la puissance exercera, si elle l'exerce. La gravité universelle n'est pas démontrée, elle est seulement constatée et la nature reste hors lois.

Les signes du fabulatoire, s'ils outrepassent les significations vérifiées, n'en peuvent pas moins rester en accord avec l'ordre de l'harmonie universelle. Pourquoi avancer cette structure d'une pyramide des mondes là où une justification de ce qu'on appelle Dieu vient de recourir à la raison suffisante de la pluralité des mondes dans un univers pour que l'ensemble réponde au principe du meilleur. C'est donc parce que le globe terrestre et le tourbillon solaire, qui ont été choisis comme rapport harmonique réel du meilleur éthico-moral, l'ont été aussi pour leur relation cosmo-physique du meilleur rapport entre loi et matière, de ce monde qui est devenu réel. Mais les mondes possibles sont-ils pour autant devenus impossibles, la création ou l'émanation se limite-elle à celui qui est estimé le meilleur ? La théorie d'univers multiples n'est pas une inconnue philosophique : elle intervient même en milieu révélé. Sans intervenir sur les multiples versions qu'en émet la Kabbale, de Démocrite et Lucrèce à G. Bruno, soumis au bûcher en raison de cette thèse.

Leibniz fait de l'univers un système combinatoire de mondes qui disposent d'une infinité d'espace et de temps relevant d'une émanation par fulgurations. Leibniz n'aurait-il pas esquissé les signes annonciateurs de notre post-newtonianisme ? Qu'exprimaient donc d'autre l'infinitisme algorithmique des spécieuses leibniziennes, la cosmophysique dynamiste et la monadologie métaphysique ? Accédait-on par là à une théorie algorithmiquement compatible de nos connaissances diversifiant le Tout pour le mieux maîtriser ?

Leibniz approuve, aussi bien dans ses notes sur les *Principia* que dans les lettres à Clarke, « la méthode de tirer des phénomènes de ce qu'on en peut tirer sans rien supposer ». Mais il ajoute deux réserves à cette approbation de l'« *hypotheses non fingo* », formule essentiellement dirigée contre lui. Car rien n'interdit d'en tirer d'autres conséquences conjecturales ; les conjectures demandées à Newton en physique concernent la nature des choses dont les *Principia mathematica* établissent la structure mathématique phénoménale. Si les *data* ne suffisent pas, on peut imaginer des hypothèses auxquelles on se tient provisionnellement, en attendant de nouveaux *data* en provenance d'autres expériences selon le procédé baconien de l'*experimentum crucis*. Dans l'espace réel et absolu, éternel et infini, immensité du Dieu newtonien, dire que Dieu est l'espace, c'est lui donner des parties. Surtout, contre le *prs* : si uniforme absolument un point ne diffère plus d'un autre, ils deviennent indiscernables : alors, pourquoi ont-ils été placés ainsi plutôt qu'autrement, à ce moment plutôt qu'avant ou qu'après ?

Le point métaphysique devient interprétable comme dépassement du point mathématique et du point physique : du point mathématique par l'expressivité de la spécieuse différentielle, du point physique par la dynamique des énergies virtuelles de l'inertie et des résistances. Le point métaphysique ouvre sur un modèle qui comporte la différenciation d'une infinie discernabilité des monades et un *quantum* d'action qui permet l'effectivité de toutes ses virtualités.

On se dirigeait vers un espace dans lequel cœxistent les « points métaphysiques » que sont les monades. En conséquence la Physique a besoin d'un autre principe : le principe de raison suffisante, ou plutôt ce qu'il y a de métaphysique dans la physique y exige le *prs*. Le *prs* physique a pour énoncé « qu'il n'y a point dans la nature deux êtres réels absolus indiscernables », « deux portions de matière parfaitement égales et semblables » (*à Clarke*, V, § 21). La balance d'Archimède demeure en repos tant qu'il n'y a une différence de poids qui lui est ajoutée d'un côté par rapport à l'autre. Le *prs* est au fondement des principes physiques indépendants de la mathématique, c'est-à-dire les principes dynamiques ou de la force. Il est également au fondement de la métaphysique ou théologie naturelle.

La spontanéité des monades les différencie tout en leur évitant de subir « l'influx » des autres monades indépendantes. Mais leur ensemble est sous une loi d'ordre universel qui les hiérarchise selon les divers degrés des capacités dont elles assument le consensus combinatoire. Le principe de cette harmonie universelle permet de concevoir toutes les monades comme intégrées sous le même ordre intelligible d'un espace et d'un temps qui en distribuent les perfections selon un art combinatoire composant les essences, doublé d'un calcul binaire permettant de déterminer les existences et d'un calcul différentiel qui en symbolise les déplacements phénoménaux virtuels. Les techniques mathématiques du quadrillage virtuel font sortir l'analytique cartésienne des points de sa référence aux coordonnées géométriques pour les faire ressortir à une analyse-synthèse infinitésimale portant sur des possibilités de déplacement. Ce sont les fibres mêmes de cet espace et de ce temps, propres à ce monde-ci, qui déterminent les paramètres des situations en lesquelles se trouvent les monades différenciées. L'espacement supplante l'espace, la temporalisation efface le temps. La résistance de leur courbure à la propagation de ces énergies potentielles vaut par sa négativité d'être considéré comme expérience de l'hétérogénéité de l'espace.

L'espace pris sans les corps n'a rien d'une réalité absolue, éternelle, impassible, indépendante de Dieu : c'est la fiction qui hante le camp newtonien, avec son cortège de notions incomplètes ou incomplexes prises pour des réalités complexes abstraitement forgées par de purs mathématiciens hors de leur compétence, « alloglossies perpétuelles ». Il ne faut pas confondre l'*espace* avec l'*immensité* de Dieu, pas plus qu'avec l'*étendue* : un corps peut changer d'espace, mais ne peut pas quitter son étendue; chaque chose a sa propre étendue : elle n'a pas son propre espace. L'espace est un ordre général des choses, l'ordre des cœxistences, des simultanéités, une chose idéale. L'espace et le temps peuvent être considérés comme étant les ordres d'entendement de la sensibilité : mais alors, ce ne sont pas l'espace et le temps qui sont les cadres *a priori* de la sensibilité, ce sont la durée et l'étendue dans leur rapport au principe de vie de chaque être animé.

La matière n'occupe pas qu'une petite partie de l'espace, le vide en occupant la plus grande : au contraire, il n'y a pas de vide, pas d'espace sans matière. Pour Leibniz il y a plus de matière (qui permet à Dieu d'exercer sa sagesse et sa puissance) qu'il n'y a de vide, en quoi Démocrite et Epicure lui sont préférables, car « il n'y a pas de vide du tout ».

Ce qu'on appelle le vide physique n'exclut qu'une matière grossière retirée de la cavité du verre dans l'expérience de Torricelli ou des vases par la pompe de Guericke. Car les rayons de la lumière y passent, les radiations magnétiques le traversent et autres matières très minces, fluide qui cause la pesanteur des corps. Si on veut prendre le vide en un sens absolu, on ne peut fournir aucune raison pour qu'il ne comporte pas une matière moins dense et plus fluidique : bien mieux, un tel concept ne saurait répondre au principe selon lequel la nature ne fait rien en vain, pas plus qu'à celle d'un Dieu qui, créant un tel vide aurait dépouillé son action de toute raison déterminante, ce qui serait travailler sans rien faire, « *agendo nihil agere* ». Le vide n'est pas démontré par les raisons de Newton : un espace vide est imaginaire. Serait-il une propriété de Dieu, alors il y aurait des parties en Dieu, dont des parties vides, des parties tantôt remplies, tantôt vides. Nous voici face à un « Dieu à parties » stoïcien, animal divin. Qu'est-ce qui remplit ce vide ? Seraient-ce des esprits étendus, substances immatérielles ayant don de pénétration. Bien mieux, nul ne pourrait s'y repérer : « il ne serait pas observable par qui que ce soit ». En conséquence « la fiction d'un univers matériel fini qui se promène tout entier dans un espace vide infini ne saurait être admise » (car elle est déraisonnable, impraticable…, V, § 29).

Une conceptualisation parallèle s'impose pour le temps. Comme le temps, l'ordre des existences est successif. Chaque chose a sa propre durée, sa « duration », elle n'a pas son propre temps. Ce *sensorium* ne saurait être un espace et un temps « qui lui ont plu » : l'un ne saurait plaire à Dieu plus que l'autre. En eux-mêmes, ils sont indiscernables : leur discernabilité réelle vient de ce qui y est créé, de l'analyse de la « place » occupée dans cette cocréation. Le *sensorium* (terme de la basse latinité) de Dieu conduit à relever la question posée selon l'*Optica*, question 20 : est-ce que le *sensorium* animal est le lieu auquel la substance sentante adhère et dans lequel les espèces sensibles des choses sont séparées par les nerfs et le cerveau de manière à ce qu'il puissent être sentis comme présents là par celui qui est présent ? Ou est-ce qu'il résulte des phénomènes et qu'il y a un être incorporel, vivant, intelligent, omniprésent, qui, dans un espace infini considéré comme son *sensorium* discerne intimement les choses mêmes, les voit en leur plus grande profondeur et les saisit comme toutes présentes dans sa propre présence ?

La coprésence d'une âme suffit-elle pour qu'elle s'aperçoive de ce qui se passe dans le cerveau ? Cette présence ne suffit pas pour expliquer la représentation de ce qui se passe dans l'autre ? J'avais construit une partie de *Système et existence* dans l'œuvre de Nicolas Malebranche sur cette montée d'une « efficace de l'idée » par laquelle la théorie de la connaissance s'éloigne de celle de Descartes. Si l'espace selon Newton est intimement présent au corps qui est co-naturé avec lui, cela suffit-il pour que l'Espace s'aperçoive de ce qui se passe dans le corps ou s'en souvienne quand le corps en sera sorti ? L'âme étant indivisible, sa présence immédiate dans le corps ne serait que dans un point : comment s'apercevrait-elle de ce qui se passe hors de ce point? Si la présence ne suffit pas, il faut de plus, à Dieu, son opération continuelle de création pour qu'il s'aperçoive des choses et la correspondance mutuelle entre les choses ne saurait pas plus s'expliquer par la seule présence. Dieu n'est pas doté d'un *sensorium*. C'est l'artifice qui compte, ce n'est pas la puissance. Dieu est *Intelligentia supramundana*, il ne faut pas concevoir qu'il fasse tout surnaturellement, mais il ne faut pas non plus estimer que tout se fasse naturellement, car il serait alors seulement l'âme du monde. Toutefois Newton tient bon quand il écrit à Conti au sujet des répliques de Leibniz : vu « les âmes des hommes qui n'aiment pourtant point leurs corps, son harmonie préétablie est vraiment miraculeuse et contradictoire à l'expérience journalière de tous les hommes, chacun trouvant en soi-même le pouvoir de voir par ses yeux et de mouvoir son corps par ses volontés. Il préfère les hypothèses aux arguments d'induction tirés des expériences... ».

*Vers l'*homo sidereus

La relativité proclamée de l'espace, du temps et de l'ordre qui rendent intelligible le *cosmos* restreint qui sert de champ expérimental aux constructions physico-cosmologiques modélisées par la nouvelle mathématisation de l'infini, ne peut, malgré ses avancées fractales, passer pour un pur et simple point de départ des théories du XXe siècle. Si les variantes émises à propos de cette relativité d'ordre des simultanéités ou des successions peut être envisagée comme ralentie ou accélérée, comme portant sur la biologie corpusculaire ou sur la cosmologie universelle, l'autre de l'univers que ce qui en est le système solaire reste, quoique l'observation en ait été largement amplifiée, astéroïdale et non galactique, galactique et non cosmique : d'autre part l'ordre d'espace-temps ne se trouve pas mis en relation, sur le plan mathématique physico-cosmique, avec la création, fut-elle émanation. Sans doute une telle variation de ces ordres serait-elle mieux adaptée à une genèse émanative qu'à une genèse créationnelle, puisque la place des choses selon le *situs* spatio-temporel en pourrait être modifié en cours d'évolution et les époques de l'histoire du cosmos pourraient changer de coordonnées cosmiques. Il n'y aurait certes, pas plus dans les œuvres de Newton que dans celles de Leibniz, d'aperçus sur une topologie de l'univers pris dans son ensemble. Ce qui est sans équivalent dans l'œuvre newtonienne, c'est que Leibniz reste sensible aux fictions à base scientifique qui se développent au sujet de la pluralité des mondes, qui, toutefois en restent au maximum des empires de la lune ou du soleil. L'acte originel reste, aussi bien dans les *Entretiens* de Malebranche que dans les *Nouveaux Essais* ou la *Théodicée*, hors des lois reconnues et pratiquées, hors de la transformation et de l'évolution spécifique, faite selon une volonté qui, certes tient compte des lois à venir, mais qui dans l'instant créationnel ou émanationnel, laisse à ce *fiat* sa liberté de détermination du modèle de l'espace aussi bien que de l'ordre du temps-espace sous lequel la génération s'en reproduira. Faire pénétrer le domaine de l'originel par l'entre accord achevé et complètement distributif des créatures équivalait à expulser le théologique des diverses régions à base de création aussi bien que du champ d'extension de la philosophie rationnelle.

La prophétie *ab ante* est suffisamment incontrôlable pour qu'on ne cherche pas à en développer l'intentionnalité *a parte post*. Pourtant les signes zodiacaux ont conduit l'humanité, sinon l'humanisme, à la considération des influences astrales sur le destin des hommes. Mais voici que l'*homo sapiens sapientissime* envisage de s'installer dans les grandes constellations de notre galaxie d'où il lui sera loisible de se décrire un autre devenir. Par temps clair, le *Chemin du Vieux-Moulin* conduit directement à la Voie Lactée, mais nous y voici en train d'outrepasser le signe $E=mc^2$.

Il y fallait un changement de grandeur tel qu'il ne puisse se satisfaire ni d'une modification qualitative, ni d'une altération de degré, ni même de modalités corpusculaires ou spatio-temporelles, variables des précédentes. Il fallait changer d'univers, passer d'un univers solaire aux divers mondes planétaires à un univers aux milliards de formations galactiques, sauter des 6000 ans traditionnels de la *Genèse* aux milliards d'années, puisqu'il y a 4,6 milliards d'années que le système solaire s'est distingué de la matière interstellaire d'une galaxie groupant, dans l'ensemble céleste 150 milliards d'étoiles, qui s'est différenciée elle-même il y a 15 milliards d'années. Malgré cette dé-mesure des espaces et des temps, l'aventure humaine nous porte aujourd'hui à y vouloir effectuer des parcours, aller-retour, et même sans retour avec un aller toujours plus loin dans la Voie lactée et vers les autres galaxies. L'hypothèse reste humaniste en ce sens que nul ne se cache que notre espèce devrait à la fois rester ce qu'elle est pour en rendre compte selon les termes actuels, ou entrer dans un devenir similaire et accéléré du genre de ce qui sépare l'homme de Cro-Magnon de nos premiers astronautes.

Mais c'est aussi le concept d'ordre qu'il fallait remettre en question et pas seulement les dimensionalités de l'espace, l'insertion du temps dans une des dimensions de l'espace-temps etc.

Peut-on commencer à détecter dans ce présent de l'homme si encombré de son passé dans la séquence *Omo*, quelque signe de ce qui serait le futur de l'*homo sapiens sapiens* ? Il est impossible, si on prend en compte les âges de la paléontologie humaine, de prétendre que son développement s'arrête à l'*homo bimillenarius*. Ou bien on n'accorde aucun crédit à cette reconstruction du devenir de notre espèce, auquel cas restons-en à un créneau interprétatif bloqué dans la considération d'un souci qui nous immobilise dans le temps de l'instant des plongées vers l'être-néant, plutôt que de nous ouvrir à nous-même et aux autres : le destin futur de l'humanité ne tient alors qu'à cet enfoncement dans un abîme sans fond. Ou bien on prend en considération ce devenir passé de l'humain, lié à l'ensemble de l'être-là qui l'environne, et il devient légitime de se demander si des signes de son avenir sont perceptibles dans sa constitution morpho-écologique présente.

Pourquoi les transformations que l'on redoute de la part des techno-sciences ne seraient-elles pas accompagnées d'un transformisme affectant l'espèce? Pourquoi cette adaptabilité du genre *Homo* en autant de circonstances dont nous avons mentionné les étapes repérables, floues, mais coulantes, ne se poursuivrait-elle pas?

Déjà les conditions de vie des cosmonautes orbitaux ou extraterrestres, lunaires jusqu'ici, ne sont plus les mêmes que celles que connut l'*homo sapiens sapiens*. Est-ce un nouveau taxon qui va s'amorcer vers l'*homo sidereus*? L'adaptation aux conditions de vol est des plus éprouvantes pour la psychophysiologie des descendants de l'homme de Cro-Magnon. Les épreuves d'entraînement exigent des années d'adaptation végétative, nerveuse, musculaire, motrice, caractérielle, pensante. Les pressions subies à l'accélération de départ ou lors de la décélération d'arrivée réclame une adaptabilité de l'organisme qui raréfie le pourcentage des candidats possibles. La vie en état d'apesanteur rend le corps libéré des lois de la gravitation aussi bien dans sa sustentation que dans ses rapports aux objets et aux autres. Qu'y deviennent les espèces vivantes dans leur subsistance et leur transmissibilité vitale? Les expériences abondent. Concernant l'homme, les publications sont rares et l'on ne sait exactement jusqu'où se poursuivent les expériences génétiques humaines dans l'espace. Est-ce que les descendants des résidents lunaires ou martiens seront mieux adaptés que nous aux conditions ambiantes? Quel sera, à la longue, le « nous » qui en résultera et selon quel langage?

Car le système des signes qui codent et décident les transmissions internautiques transmettent une communication dans un tout autre langage émis ou parlé que dans nos langues grégaires, qui restent utilisées pour la communication médiatique de grand public.

Un projet comme celui d'installer une base d'exploration interplanétaire et extrasolaire sur la face naturelle cachée de la lune, (au lieu d'un coûteux mécano-volant artificiel sur orbite terrestre) n'ira pas sans susciter des modifications éco-comportementales dans un milieu de vie en pesanteur différenciée, en respiration accélérée, en sollicitations nouvelles des fonctions organiques. Ces migrations ne se compteront plus en années, mais en siècles, sinon en millénaires, avec une évolution adaptée de cette espèce migrante d'astroplanétaires détachés de la terre dont le souci ne sera plus d'y revenir, mais d'aller plus loin et de rétablir avec elle des contacts qui reposeront bien des problèmes à supposer que l'espèce humaine qui y aura persévéré dans sa propre vie, reste voisine de la nôtre.

Nous ne faisons qu'entrer dans la recherche des signes en provenance d'éventuels extra-terrestres. Toute communication intersidérale n'en est pour l'heure qu'à l'émission et à la réception de signaux. Le radiotélescope de Nançay dont les programmes ont, entre autres tâches, de discerner des signaux qui pourraient être émis par un émetteur artificiel dans le contexte gigantesque des radio-sources naturelles. La réception des signaux émis par les bruits galactiques et les pulsars s'effectue correctement sur la base des ondes électro-magnétiques qui parcourent ces espaces infinis, y installant autant d'échelons d'un transit auditif saisissables et interprétables qui fragmentent l'infinité de l'univers.

L'émission d'un signal d'appel ou de mise en alerte communicationnelle et celle des signaux transmetteurs des informations qui s'ensuivent doivent être étroitement associés, comme dans la procédure télex, si l'on doit tenir compte qu'en milieu interstellaire l'énergie transmise va mettre des dizaines d'années-lumière avant d'atteindre le réceptionnaire, et que celui qui l'a lancé ne serait plus là depuis des générations quand il recevrait la réponse. Comme on le sait, depuis 1972, plusieurs sondes ont quitté l'orbite solaire avec diverses plaques à bord représentant le couple humain et donnant quelques informations sur sa position galactique; on a lancé en 1974 un message-radio codé portant sur quelques aspects de notre *situs* et de notre culture. Ces signaux sont émis à l'aide d'une symbolique déterminée par les composantes chimiques dominantes dans les milieux où la vie aurait pu se transmettre, de manière à ce que leur technologie puisse rencontrer des porteurs de symbolique capables d'en saisir la nature. Mais on peut souligner que nos actuels systèmes d'information émettent des gammes dont les ondes se répandent très loin dans la galaxie et sont éventuellement repérables.

Si une telle émission-réception devenait réelle, il n'y aurait aucun problème de langage proprement dit: la communication serait d'autant plus aisée que les émetteurs et les récepteurs disposeraient des mêmes modèles et de la même formation techno-scientifique qui aurait rendu possible une telle liaison. En ce sens, un empire de la galaxie n'aurait pas besoin du langage des oiseaux, ou autres migrateurs, mais de celui qui s'établirait à partir des bases cognitives partagées. La bio-astronomie se double d'une homo-cosmonautie dont nous ne pouvons déterminer quel genre d'homme l'accomplira. Mais il n'y a aucune raison pour que l'humanité soit bloquée à son point d'évolution actuelle. Le *Chemin du Vieux-Moulin* est à mi-chemin du trajet qu'elle a parcouru depuis Cro-Magnon, peut-être seulement depuis La Ramée, et de celui qu'elle parcourra dans les trois siècles qui viennent.

Quant à y aller ? La formule d'Einstein a pour conséquence d'interdire toute vitesse supérieure à celle de la lumière. Mais elle permet l'utilisation de vitesses approchantes qui nous mettent à portée de banlieue des autres astres du système solaire et de mordre sur une partie de la galaxie. Il ne faudrait que deux ans pour atteindre notre plus proche étoile, la Proxima du Centaure. Mais il faudrait deux siècles pour atteindre le centre de la Voie Lactée qui se situe à 30.000 années-lumières. Pendant ce temps que les astronautes passeraient vers le cœur de notre galaxie, ceux qui sont restés sur Terre auraient vécu plus de 30.000 ans ! Bien que restreinte par Langevin, la relativité n'en joue pas moins son rôle, décapant pour la philosophie. N'est-ce pas Bergson ?

– III –

Avoir été mis là avec…

Trouve-t-on dans la conception leibnizienne de l'espace et du temps les conditions d'une conceptualisation différente de celle que les *Principia mathematica* imposaient et plus proche de celle par laquelle nous appréhendons notre univers ? Newton fait des mondes un infini absolu dépendant d'un *sensorium Dei* attractif qui l'engendre par création dans un espace et un temps finis.

L'herméneutique sèche de la *Genèse* impose catéchistiquement un choix de ce monde-ci, caractérisé par l'Histoire qui s'y déroulera en Alliances médiatisées entre créatures et créateur, et exclut, même des Limbes, tout autre monde possible ou réel, notamment parce que cette hypothèse supposerait au départ des mondes possibles trahissant une hésitation de la volonté divine, et dans leur décours, plusieurs médiateurs, ce qui revient à la ruine de ce monothéisme qu'au demeurant l'Histoire prouve tous les jours.

L'éxégétique biblique

L'humanité parvint à grand peine à se convaincre de la base copernicienne de l'humanisme non anthropologique. Les violences de la répression biblique, herméneutisée sous la réduction du monde fini aristotélicien, mirent le frein que l'on sait à la diffusion de ce nouveau système qui ne faisait plus de la création de la Terre le centre autour duquel l'univers se mouvait.

Notre nouveau millénaire s'écartèle face à ce qui devient son lot : l'insignifiant. Nous voici comme exclus du système de tels signes assurés et rassurants. La raison perd de sa superbe sans renoncer à ses prétentions. Durant les deux derniers millénaires, la raison avait dû affirmer des droits contestés par la magie véhiculaire d'un LIVRE où tout était révélé de ce qu'il convenait de savoir, tout autre système de signes étant banni. La production livresque des siècles de Gutenberg s'est scellée sous le signe d'une BIBLE considéré comme hors des siècles parce que véhiculant une Parole à laquelle était accordée une origine sacrale. Paradoxalement, l'humanité s'est retrouvée dé-Livrée, de par les excès même des lectures incontrôlables, ambiguës, antagonistes et mortifères du Livre. Ayant perdu, par l'effondrement des puissances temporelles des communautés religieuses, la clé des significations imposées, elle n'a plus à faire qu'à de l'insignifiant. Elle doit aujourd'hui, au travers des continents et des hémisphères terrestres, faire face aux déviations de l'intolérance irrévélée ou inspirée par super-révélation régionale et active, ressuscitant l'exclusive et les bûchers par les promesses d'un au-delà contre lequel toute raison s'efface en l'homme.

L'humanité se doit plus que jamais de redonner sens aux signes parmi lesquels elle souhaite persévérer. Mais, face aux savoirs qui concernent les signes révélés, et à leurs sciences adjuvantes, les signes qui lui parviennent sont si originalement détonants qu'elle ne trouve plus aucune de ses clés coutumières pour en rendre compte. Les montées concurrentes de méditations mythologiques dantesques ou d'engagements fictifs à propos de la « *species technica* » ont en commun de faire table rase de nos méditations philosophiques et de nos visées techno-scientifiques. Les questions se poseraient désormais à partir d'autre part que du « je » ou du « être avec… », pas plus en conséquence de la recrudescence du « ça », pas moins qu'en tenant compte du « on » et sans doute en invoquant quelque « Seyn ».

Le propre de l'homme n'est pas moins malmené dans la compréhension biblique de l'histoire. Si *existiturire hic et nunc* il y a, un tel *devoir être à exister* ne peut être puisé que dans la virtualité de possibles qui ont tendance à être sans être le tout de l'être, ni l'être du tout. Ou bien ces possibles sont dynamisés par quelque puissance dont ils relèvent, ou bien ces possibles ne sont que des simulacres qu'une stricte objection bergsonienne dissipera.

Mais on peut aussi n'être convoqué qu'à assister à la naissance des êtres à partir d'un être qui n'est en rien hanté de possibles, mais qui réalise tout ce qu'il veut dans l'être ici et maintenant, selon un ordre-commandement qu'il se donne et donne à l'être-commandé. Reste à savoir si cet ordre-commandement est contemporain, précédent ou successif à un ordre-ordonnancement auquel la moindre des révélations se doit de le lier. Cet ordre-commandement est-il étranger au langage et, s'il répond à un Signe, quelle est la lisibilité de ce signe? Dans la perspective du proféré prophétique, la création des êtres du monde résulte d'un exprimé divin qui relève plus de l'énonciation ordonnée que de la prononciation échevelée. Si c'est le proféré biblique qu'on prend comme référence, on le trouve sous forme proclamatoire répétée : Elohim dit…. Le fait surgit immédiatement du dit. Or le dit ne se manifeste pas dans l'extériorité des êtres n'importe comment : il suit un calendrier qui crée lui-même à chaque nouveau dire, après chaque nouveau *fiat* générique. Aucun détail ne concerne les êtres singuliers d'un *hic et nunc* qui ne sont pas encore ici ni maintenant. L'Histoire annoncera le déroulement qui fait apparaître des individus, humains essentiellement, dont la singularisation est en provenance de la création continuelle qu'Elohim en fait, aussi bien contre que selon son gré. Ce qui a fait dire que Dieu faisait le mal. Nul ne peut apprendre des deux premiers chapitres de la *Genèse* comment sa singularité s'y est pré-inscrite : déjà beau qu'une providence soit affirmée qui se comporte plus comme un destin que comme une liberté.

L'ineffable : sous le signe YHWH

Il est donc arrivé à l'humanisme d'être rendu entièrement orphelin de l'émission et de l'expression de ses propres signes. La trame conservatrice d'un insignifiable s'est tissée avec Denys l'Aréopagite et bien d'autres, jusqu'à Dom Deschamps qui en établit les dernières conséquences grammatologiques d'où prend naissance sa pleine lumière, *supra*-encyclopédique, de Tout et du Tout ! Bien d'autres déroulèrent sur le vieux fonds grec qui en ignore le devenir, sauf le tragique humain émanant de ses relations génétiques complexuelles, des *logoi* élohimo-centriques à structure relativement anthropomorphisée, desservant la hiérarchie civilo-ecclésiastique de la société médiévale en s'y asservissant !

La Parole restait rude et combien en furent la victime qui se refusaient soit à honorer le signe YHWH, soit à se soumettre aux édits élohimistes accommodés des décisions juives, chrétiennes, coraniques ou autres. Évidemment un tel insignifiable, dont seuls les interprètes consacrés ont le fin mot, interdit tout humanisme en l'écrasant sous son ignorance et lui désigne impérativement les voies à suivre. Au nom de cette Parole, Vanini et Bruno furent brûlés pour en avoir relativisé l'origine absolue à laquelle elle réfère l'initié, et Spinoza banni.

La tendance philosophique du XVIIe siècle commence à reposer dans cette réflexion sur « la conformité de la raison et de la foi » qu'exposent les analyses de la *Préface* de la *Théodicée* et qu'illustrent les commentaires de Descartes, de Spinoza, de Malebranche et de Leibniz sur la *Genèse*. Je n'y reviens que pour mémoire. Mais la mémoire n'est pas inutile quand il s'agit d'éviter au principe de raison en général d'être considéré comme l'initiateur de la déperdition de l'être et, entre autres, de l'humanisme sinon de l'humanité. Si les commentaires de Descartes et de Malebranche restent très en-deçà des avancées de Richard Simon, ceux de Spinoza les excèdent et ceux de Leibniz les orientent différemment.

Dans le contexte culturel du XVIIe siècle la source d'inspiration biblique ne devient pas seulement spongieuse parce que chacun prétend en rétablir la lettre. L'intérêt porté aux langues anciennes des *Septantes*, (-200), à la « vérité hébraïque » de S. Jérôme (+400), aux traductions en langues vernaculaires sollicitées par les cultures renaissantes et modernes, exigeait que l'on fît un effort vers l'en-deçà en recherchant la textualité d'origine : de là, l'attribution des écrits prophétiques à des mains différentes. En ce dernier domaine, Richard Simon ouvre, dans l'Oratoire parisien, un centre d'études que Malebranche fréquente, non sans renoncer à y faire carrière (1665-1670) et tout en restant aussi prudent que Descartes sur « la conformité » des sciences modernes avec les versets bibliques d'autorité des nouvelles pensées au sujet de l'origine des éléments et des lois physiques, des transformations des espèces vivantes, de l'évolution de l'univers ou de la concréation des âmes avec les corps. La création malebranchiste d'un concept de *science humaine* témoigne du besoin d'ouvrir un champ propre à ce qui ne serait plus la réception autoritaire du révélé, pas plus qu'il n'exercerait une attraction réductrice de tout savoir aux nouvelles sciences exactes : d'où son hypothèse d'un Adam édénique, maître de ses plaisirs, aux performances inquiètes de l'homme d'après la chute.

De plus le repérage exégétique de trois sources signataires de la *Genèse* se précise et, si les philosophes catholiques restent sur une prudente réserve en acceptant le texte de la vulgate latine romaine, les disputes hébraïques que subit Spinoza ou les discussions œcuméniques auxquelles participe Leibniz s'enflent des querelles attributives entre versets d'inspiration Élohimistes (-600, peut-être du temps de la captivité juive à Babylone), Iahvistes (-900, peut-être du temps de Salomon), et Chronicistes, plus consentants à la donation des propres d'un Iahvé-Shaddaï (-400, du temps du *Deutéronome* dont les auteurs disposent encore de sources archivées anciennes). Le premier récit de la *Genèse* I-II, porte sur la création actuée par Elohim, qui devient Iahvé-Elohim dès II, 4. Elohim précise qu'il est apparu à ses prophètes « comme El-Shaddaï », mais que « par ce nom de Iahvé, il n'a pas été connu d'eux » (*Exode* VI, 3). L'une et l'autre de ces sources sont marquées de fortes influences langagières et mythiques babyloniennes, assyriennes, sumériennes où l'hébreu n'interviendra que vers -800. En quoi diffèrent-elles philosophiquement ?

La création par Elohim s'effectue selon un ordre cosmologique progressant dichotomiquement selon les sept jours de la semaine et postulant une disposition chronologique raisonnée et suivie des étapes de la création et de la génération. Après une création primordiale des cieux et de la terre qui est hors jours puisque la terre est déserte et vide (le *tohu-bohu*) et les cieux ténébreux, se succèdent durant six jours la séparation des ténèbres et de la lumière, du firmament et des eaux, des mers et de la terre, du soleil et de la lune, des animaux terrestres et volants, de l'homme « créé mâle et femelle ». Soulignons dès maintenant qu'à partir du troisième jour se succèdent les créations d'espèces différentes dont chaque individu possède « une semence selon son espèce » (« *Germinet herbam...* »); il en va de même pour les animaux vivants du cinquième jour créés « selon leur espèce »; l'homme, créé homme et femme, tient en cette nature double la transmission de l'espèce : « fructifiez... ». La finalité anthropocentriste, finalisée *a parte post*, de cette disposition élohimiste est proclamée par I, 26, lors d'un sixième jour qui dote l'homme d'une « autorité » rétrospective sur les autres espèces, appuyée sur l'assurance qu'il a été fait « à l'image de Dieu ». Le septième jour Elohim se reposa, la création de l'*homo* ayant achevé la genèse, par cette inclusion de l'image du créateur dans la création.

Il en va tout autrement dès l'affirmation de la tradition israëlite de l'hébreu Iahvé, YHWH. Les deux écrits créationnels se succèdent sans avertissement, le plus ancien de textualité étant le second. Selon *Genèse* II, Iahvé crée selon un principe anthropique fort, proclamé sans recours à des jours dichotomisés. C'est pour l'homme que commence la genèse : elle n'est donc pas faite pour lui ni vers lui, mais à partir de lui et comme allant hors de lui. Les deux premiers jours précédents y sont colmatés selon une antithèse d'apparition de l'univers dans un contexte où « il n'y avait pas d'homme pour cultiver le sol ». Iahvé a créé l'homme d'une poussière provenant du sol (*âdâm*) primordial et lui insuffla dans les narines une haleine de vie qui lui fit une âme vivante. Iahvé planta un jardin d'Eden où l'homme fut placé qui précéda et permit la germination d'une nourriture dont est exclu l'arbre de vie implanté au milieu de ce jardin. Un cours d'eau en sort qui se divise en quatre fleuves selon la carte du monde géographique mésopotamien ambiant. L'homme apprend qu'il ne doit pas se laisser tenter par la science du bien et du mal. Iahvé s'aperçoit alors que l'homme est seul : il doit chercher pour l'homme une compagne qui lui ressemble, crée les autres espèces vivantes, mais « ne trouve pas une aide qui ressemble à l'homme » : il prit donc une côte à Adam afin d'en faire celle qu'il lui offrit pour femme. Tous deux étaient nus et n'en éprouvaient aucune honte... Cet état d'innocence originelle et d'une humanité pré-adamite pacifiée dans le bien, cet Adam d'avant le péché sur lequel Malebranche fonde les sciences humaines, et Rousseau son état primitif, qui deviendra l'état non encore advenu d'après les lois de Dom Deschamps et l'extinction des « demi-lumières », n'apparaît que dans cette seconde version créationnelle, faisant verser la *Genèse* dans le contexte d'un éthico-savoir. Puis la *Genèse* III continue en entrant dans le vif du bien et du mal d'un éthico-savoir et en faisant intervenir un serpent parlant apparemment le même langage que celui par lequel l'homme l'avait appelé.

Qu'en était-il de l'origine des signes? Selon le texte élohimiste, à dix reprises le créateur « dit » afin que quelque chose existe, « appelle » la lumière jour et les ténèbres nuit, le firmament cieux, le gazon gazon, ce qui vole volatile, et l'homme homme etc. Un calendrier devait exister déjà puisque ce texte affirme qu'Elohim crée les astres des cieux « pour qu'ils servent de signes pour les saisons, pour les jours et pour les années ». Du langage signifiant divin sortent les formes primordiales qui différencient la création : le langage proféré par l'homme n'est nullement le créateur de la réalité multiforme de la nature.

Il en va tout autrement dans l'autre texte : c'est seulement après l'interdiction de manger du fruit défendu qu'intervient la mention du langage, comme si, avant la chute, il eût été possible à la pensée humaine de s'excercer sans signes. Iahvé amène vers l'homme les vivants « pour voir comment il les appellerait et pour que tout animal vivant ait pour nom celui dont l'homme l'appellerait. L'homme appela donc de leurs noms tous les bestiaux... » (II, 19-20). C'est également l'homme qui dit : « Celle-ci on l'appellera Femme parce c'est d'un Homme qu'elle a été prise ». Si, dans la première version, l'homme avait appelé Dieu Elohim, dans la seconde il ne l'appelait plus et invoquait le signe YHWH, autorisé tout au plus à en énoncer la parole Iahvé. Par contre, s'il était lui-même nommé « homme » dans la première version, dans la seconde, étant nommé homme, c'est de lui que dépend la dénomination de tous les êtres que Dieu aura seul le pouvoir de faire être.

L'auto-glorification de l'homme, qu'elle reposât sur une logique scalaire à dichotomie progressive ou bien globalisée descendante, était revêtue d'un caractère sacré. Les révélations de la *Torah* lui confèrent une dignité générique portant le sceau divin. Ce n'est pas que deux genres, dont l'un importateur des noms, ne se dessinent dans cette unicité créatorielle, mais elles sont aussitôt classées en bonne et mauvaise, ce qui déjà exclut de l'humanité tout ce qui porterait la marque serpentine. On pourrait estimer que l'anthropomorphisme ne saurait ternir ce signe invoqué par des sociétés humaines de haute culture et qui ne présente aucun reflet dans les conduites animalières, sinon par cette finalisation des espèces aboutissant à une suprématie humaine sur la nature, l'espèce humaine étant elle-même subordonnée au service du divin. En fait ce service du divin est à son tour copieusement anthropologisé et c'est à qui renchérira sur l'inaltérable pureté des mérites et des intentions, toujours fort altérée, surtout par le rapport à soi. Le durcissement se produit dès que les religions, en affirmant leur pouvoir sur la temporalité, développent une puissance ecclésiastique, puissamment monothéiste, à monarchie hiérarchisante absolutiste, assimilant la foi à l'adhésion à un état délégué du pouvoir central. Non seulement le propre de l'homme s'est réduit au genre du sixième jour, mais il a été sous-divisé en autant d'exclusions pratiques par la réduction du concept d'homme à quelque maître au détriment du serviteur, au national face à l'étranger, à l'homme et non à la femme, à l'enfant réduit au dépassement de son « âge de raison », au civilisé face au primitif etc.

Le proféré de l'être-là avec...

La pensée au XVIIe siècle s'exerce pour une part dominante sous le proféré, appuyée sur la connivence des pouvoirs civils et ecclésiastiques, entre l'un et l'autre des deux Testaments bibliques. Le reste, dit libertin, devant circuler sous forme allégorique, dans des fictions ou sous le manteau. Lors de l'émission originaire de leurs signes rationnels, les métaphysiques subissent les contraintes révélées d'une châsse biblique opérationnelle au détriment des montants et des parois de laquelle elles commencent à exercer une puissante contre-pression. Leur parole signifiante gravite autour d'une orbite révélée sous le signe proféré, imprononçable, et de plus non-énonçable qui s'écrit YHWH (et qui cependant se prononce, s'écrit et s'énonce: Iahvé). Les signes de la révélation qui émanent de l'insignifiable doivent-ils abolir toute tentative de signifier rationnellement ou raisonnablement, c'est-à-dire de résoudre la secrète relation de l'insignifiable avec l'être-là... en le déclarant insignifiant? De cette imposition de signes sibyllins impératifs mais non déclaratifs que l'*homo* ne peut suivre que muet et aveugle, devons-nous en ignorer l'impact sur la chaire et la pensée humaines? Devons-nous faire, quand nous commentons ces philosophies, comme si cet impact n'existait pas et comme si elles étaient déjà le plein reflet de ce que nous sommes devenus trois siècles plus tard? Cette désynchronisation entre miroir et modèle n'est à l'avantage ni de nos savoirs sur cette période des grands systèmes philosophiques, ni au bénéfice de l'effort que, continuellement, doit effectuer la raison pour évincer la profération sinon l'imprécation.

Nous venons de distinguer, dans la prolation, le prononcé qui exprime la spontanéité et la simplicité de l'être-là avec... de l'énoncé qui, par le discours, substitue au contact direct de l'avec... avec la chose, une parenté langagière analogique complexe qui est plus qu'un miroir mental du monde, un modèle de ce que nous le faisons être pour lui-même, aussi bien que pour nous. Toute énonciation est une construction qui postule ses clés conventionnelles aussi bien que l'institution de l'être-là prononcé annonce son jaillissement naturel à l'interprétation d'une autre présence abrupte. Par le prononcé, l'être avec... communique le ressenti; par l'énoncé, il le fait coulisser de soi vers une zone de participation réciproque qui l'en dépossède sans pour autant le rendre vécu. Un miroir plan ou aussi peu déformant que possible rendrait l'empathie maîtresse pâteuse du monde de l'avec... Instituer ensemble n'est pas constituer avec... Si modèle il y a, dépossession du naturel il y aura. L'énonciation dépossède la prononciation : l'être avec... possédé exorcise la possession par le discours énonciatif.

Un discours énonciatif peut être tel qu'il reprenne possession de ce qu'il était censé déposséder en rejetant tout lien naturel de l'avec... pour lui substituer quelque lien surnaturel. Ce fut peut-être là la première démarche proférante que suivit l'*homo*. Toujours est-il que nous retrouverons les hominidés aux prises avec des cultes originaires, ce qui ne saurait vouloir dire, à partir de quelques foyers sahariens ou grottes cantabriques, que tous les hommes relevant des taxons de l'*homo* auraient été soumis à quelque proféré. Si rituel il y avait, ceux-là du moins qui en suivaient les exercices, obéissaient à une prolation proférante, consacrant par un impératif l'être avec... dans un devenir d'être sous... Il m'est accordé, par une loi du 17 mai 1819 (ce devait être au temps où Maine de Biran s'essayait à justifier la censure de la presse en la subordonnant aux pouvoirs) qu'il convient de distinguer « les paroles proférées de celles qui sont prononcées » ; proférer, c'est porter en avant quelque témoignage à haute et intelligible voix. On peut certes proférer des cris relevant du prononcé, mais cela n'a rien d'une comparution de justice élevant la voix sous couvert de serment. La prolation a une plus paisible élocution grammaticale, plus neutre. Si je puis intervenir sur un tel point : il s'agit grammaticalement du même acte verbal, mais je considérerai que *pro-ferre* est un infinitif plus présent que ne l'est la participation passéiste de *pro-latum*.

La pratique approfondie de l'histoire de la philosophie, de sa différenciation quotidienne d'avec la philosophie de l'histoire, de son originalité de science humaine soutenue par des techno-sciences adjuvantes, dans le champ étendu des pensées et des activités philosophiques de tous siècles, conduit à une saine méfiance envers le pseudo-concept de « *philosophia perennis* ». Lancer au-dessus des siècles un viaduc conceptuel d'un tel niveau d'abstraction revient à canoniser temporellement l'analogie en ce qu'elle a de plus superficiellement assembleur avant de la déifier dans le rapport qu'elle soutiendrait avec une pensée et un acte divins. Une telle philosophie supraséculaire ne peut s'établir que par la négation de toutes les philosophies de tous les siècles : elle relève des croyances, sinon des superstitions, non de la pensée maîtrisée. Il ne saurait s'agir ici de proposer de tels amalgames qui n'ont de sens que par rapport à quelque philosophie religieuse de l'histoire. Trop d'« idées » reçues ou réductrices viennent à l'encontre d'une analyse de terrain suffisamment approfondie et étendue pour ne pas supporter des abstractions plus innommables que ce qu'elles veulent signifier.

Mes travaux concernant les œuvres des philosophes du XVIIe siècle exigeaient une compréhension de l'histoire qui passait alors immanquablement par le filtrage des lectures et de l'herméneutique bibliques, même en climat libertin. Pour rendre intelligible cette compréhension, il était indispensable d'acquérir quelque notion en la matière et selon quelque système interprétatif de ce signe insignifiable, au demeurant varié et variable. Surtout si l'on prenait en compte des auteurs catholiques relevant d'ordres, de congrégations ou de sociétés différentes en leurs statuts et constituant autant de sectes actives et acariâtres; pour peu qu'on y joigne des auteurs relevant du protestantisme, on retombait dans les mêmes différents sectaires aussi contredisants et agités; rien n'était calme du côté des traditions judaïques, aussi agressives qu'au temps des *Juges* (voir Spinoza); quant à la composante « mahométane », objet d'une exécration quasi-diabolisée, nul ne s'aventurait dans les dédales qu'on pouvait, depuis longtemps et pour longtemps, y apercevoir. Les autres « religions », sauf peut-être celles que Malebranche et Leibniz prêtaient aux Chinois, n'intervenaient qu'au titre d'accompagnement rhétorique. Par son expansion éditoriale post-gutenbergienne, le LIVRE restait dominateur. En s'éloignant de la manutention autoritaire des lévites de scriptorium, peu d'accord entre eux, il tombait entre toutes les mains, n'importe qui le feuilletant au gré de son inspiration et de son penchant à quelque inerrance, ce qui entraînait autant d'errances. J'avais fiché, en étudiant Malebranche, une bonne trentaine de thèses concernant la grâce, toutes simultanées, chacune étant également soutenue comme étant la seule qui répondît à la foi jurée. Quelle diversité de la foi ! Quelle souplesse du serment ! On peut dire aujourd'hui, face à l'âge dit « moyen », qu'il n'en allait guère autrement d'un scriptorium à l'autre, d'un maître à un docteur, se réclamât-il d'une Église et, plutôt, d'une chapelle. L'ecclésiasticité, pas plus que l'affirmation d'orthodoxie ou de catholicité, n'ont jamais entraîné une unicité des explicitations concernant le θεος qui fût telle qu'autrement que *grosso modo*, on aurait pu la dire universellement reconnue.

Toutefois, ce dont la recevabilité était patente en première lecture ou devenait explicable par l'herméneutique des religions afférentes, faisait vigoureusement problème au regard des connaissances et des techniques qui se développaient sur d'autres bases que d'autorité religieuse. *La plus grande originalité de l'époque moderne fut de commencer à concevoir qu'une certaine distance se creusait entre ce révélé et les résultats auxquels conduisaient les nouveaux apprentissages techno-scientifiques qui renforçaient l'humanisme dans sa différence spécifique.*

Originalité, car cette comparative ne s'était nullement imposée dans la tradition hellénique et latine pour l'excellente raison que l'Ancien Testament y reste ignoré et que le Nouveau n'a pas encore annoncé ses évangiles. Ce n'est qu'à partir de Proclus, Plotin, que des rapprochements s'effectuent entre platonisme, aristotélisme et *Genèse* accentuant le partage entre tradition augustinienne et scolastique thomiste. Elle ne s'impose plus à partir du XIXe siècle, et, à part les séminaires chrétiens, les instituts rabbiniques ou les medersa, l'enseignement dispensé a entièrement rompu avec la référence biblique, sans que, pour autant, les réminiscences, souvent actives et perturbatrices, ne tentent d'en modifier le décours.

La plus grande, car la tournure philosophique des œuvres qui avaient la hardiesse de se livrer à cette comparative s'en trouvait profondément remodelée par l'obligation qui lui était faite de raisonner sur du révélé et, en conséquence de découper analytiquement et dubitativement un savoir globalement et autoritairement transmis.

Signe et expression

Le plus saignant exemple des démêlés entre philosophie et orthodoxie religieuse est celui de Spinoza. Spinoza réserve le terme de « signe » à la connaissance du premier genre, sur laquelle repose son *Traité théologico-politique* : et la *Logique de Port-Royal* ne dédaigne pas d'accorder à « signe » ce vecteur de sens exclamatoire et subordonnant. Dans les deux cas, on ne peut dire qu'il s'agisse là de signes d'idées puisque l'idée n'est pas encore atteinte et qu'on reste au niveau du transmissible sensoriel et imaginaire, d'une volonté de puissance et non d'instauration de la vérité.

Comme disait Gilles Deleuze, la révélation n'est pas l'expression : le propre-commandement n'est pas l'attribut-commencement (*Spinoza et le problème de l'expression*). L'expression retirée d'un signe est une amorce de superstition : l'expression déposée sous le signe YHWH mystifie plus qu'elle ne permet d'accéder à la mysticité. Le signe-commandement ordonne impérativement, il ne fait rien connaître infinitivement : le référent en est un des propres de Dieu, qu'on peut démultiplier en autant de perfections infinies que l'*homo* s'attribue de perfections finies, alors qu'il n'y a que deux attributs qui soient source de la connaissance du second genre, comme l'*Ethica* aura le privilège de l'établir. Le *TTP* remarque justement que les prophètes ont l'imagination forte, mais qu'ils ont l'entendement faible : ils ont de qui tenir puisque Dieu même « dit ». Or il ne dit pas comment cela se fait, il crée (« *fiat* ») sous le signe de la semaine, il permet et interdit sous le signe de la pomme. Sous le règne de ce genre de signes, nous ne sommes pas en régime de connaissance, mais d'opinion, de foi, de crédulité, d'asservissement.

Depuis nos premières années d'enseignement en commun nous étions restés liés et avions parallèlement poursuivi la rédaction de nos petits *Bergson*. Je n'en étais pas aux dépouillements informatiques de l'*Ethica* quand parut *L'expression*, mais nous avons pu comparer plus tard nos remarques sur le rôle des *Lemmes* dans l'architectonique géométrique, au cours d'un colloque du CNRS auquel il m'avait fait l'amitié de participer. Par la suite, je lui fis part de deux réserves au sujet de L'expression.

La première concernait la comparaison des emplois qu'en firent Leibniz et Spinoza. J'étais pour ma part assuré qu'on pouvait mettre toutes les remarques qu'il avait faite à ce sujet dans son livre sous cette différenciation majeure que rabâche Leibniz entre *implicare* et *involvere*, alors que la confusion sur ce point reste totale pour Spinoza. Pour qu'elle lui devînt philosophiquement intégrable, il aurait fallu qu'il eût une théorie de la multiplicité des substances, aussi absolues et ineffables hors propres et attributs, que l'était celle, unique, de son Dieu. Or ce n'était pas la substance du *TTP* qui pouvait en jouer le rôle, étant donné qu'il n'en existait que du seul Jahvé, lequel n'avait jamais livré son code secret, sinon par les propres du Dieu-Shaddaï. Les attributs, ignorés de la connaissance du premier genre, ne concernent en rien l'essence divine, mais seulement la manière dont elle se donne intelligiblement à l'être pensant. Restait la connaissance du troisième genre : mais il eût alors fallu tirer l'interprétation du singulier qui se donne à connaître en la substance unique dans le sens de l'*involvere* leibnizien, à quoi rien ne prédisposait l'*Ethica*.

Ma seconde réserve portait en conséquence sur la relation que j'estimais par trop discrète ou pas assez creusée entre le signifiant du *TTP* et l'ultra-signifiant du *Livre* V, Prop. 21 *sq.* de l'*Ethica*. Dans l'un et l'autre cas, ne voilà-t-il pas que Jahvé se donne à connaître par l'incarnation du Christ, ce qui risquait d'équivaloir à la promesse messianique faite à l'humanité d'un partage de la sagesse divine dont tout à la fin de l'*Ethica* I, nous est refusé, qu'il s'agisse de la puissance, de la volonté ou de l'entendement, et bien entendu, dans l'Appendice, de la finalité. Ce que je regrettais surtout, c'était que le condensé de la note (p. 270, Aubier, 1969) n'eût pas donné lieu à un plus ample développement, ce que j'aurais fort envie de faire si je voulais transformer ma trilogie des œuvres du XVIIe siècle en tétralogie, avec quelque livre sur *Judéité et christianisme chez Spinoza*. Durant les quarante ans de mon équipe de recherche sur le XVIIe siècle, j'ai entendu bien des explications concernant le *rherem* dont la synagogue frappa le jeune philosophe. Mais la plus expresse, la plus évidente, n'est pas souvent venue au-devant de la scène. Vraisemblablement parce que l'histoire de la philosophie, bataillant alors entre existence et structure, passe par une phase où les systématiques d'entendement ignorent, négligent ou évincent toute remarque sur ce qui n'est pas nature simple de pensée ou d'étendue, au détriment de celle du sentiment.

Je dirais d'abord quelle lecture faire du *TTP* pour en faire ressortir un sens philosophique qui ne fût pas réduit au seul Signe prédominant du commandement d'un peuple élu mais servile auquel est proférée sa conduite, même quand elle s'exerce au détriment des indications du signe reconnu, par exemple au bénéfice du signe BAAL. Les insuffisances des propres divins, depuis toujours dénoncés au nom de la nescience, n'était pas pour autant des faux, mais des impropres puisqu'il ne faisaient que traduire les impératifs d'une nature naturante faisant apparaître aux êtres de la nature naturée quel genre d'avoir auquel ils pouvaient prétendre et quel type de devoir ils avaient à accomplir. Mais les notions communes n'y sont aperçues que sous l'angle d'une « foi universelle ». G. Deleuze avait tout à fait raison d'insister sur les « indications précieuses » que fournissait le *TTP* au sujet de ces notions communes qui deviendront le nerf du second genre de connaissance, traductible en termes de liaisons rationnelles, entièrement éclairées et éclairantes. Si Passion, Réssurection, Apostolat font partie de l'armature du premier genre des signes, le Christ est ce Signe privilégié par qui tous les autres signes arrivent en modifiant entièrement et le genre de connaissance et le rapport du récipiendaire des signes au signifiant. Sur ce point, tout est à reprendre et à comparer aux dernières propositions de l'*Ethica*.

Je condenserai d'un mot, bien hâtif: le *TTP*, qui n'a pas, avant les travaux cartésiens, une idée claire des notions communes qui vont être illuminées sous les attributs de pensée et d'étendue, saute directement du premier genre de connaissance au troisième genre. Spinoza a perçu ce qui convenait à une sagesse entièrement clarifiée et distincte de l'individuel avant de s'apercevoir qu'il lui fallait, pour y parvenir, passer par l'initiation du second genre aux attributs cartésiens. Ce faisant, il a effectué le saut d'un Signe à l'autre Signe, sans pouvoir instaurer de consécution, sinon par une exclusion, qui ne doit rien à un enchaînement sous attributs de lumière.

Spinoza est assurément celui qui concède le moins aux compromissions que la philosophie se permet quand il s'agit des accords de la raison avec des données révélées. Spinoza partage largement les thèses minimalistes dont nous allons parler puisque l'ensemble de l'Ancien Testament n'est composé que pour édicter le devenir historique des rapports du peuple hébreux avec la Loi imposée d'autorité par Iahvé comme relevant de la révélation. Les livres de la Bible sont adaptés à la survie de l'État et de l'Élection des Hébreux, à « la félicité temporelle des corps et la tranquillité de l'État », et non pas à la vérité claire et distincte que réclame la philosophie, la seule qui conduise à la béatitude des individus. « L'Écriture ne nous fait pas connaître les choses par leurs causes prochaines, mais les raconte seulement dans un ordre tel et avec des phrases telles qu'elles puissent exciter le plus possible les hommes et surtout les peuples à la dévotion. Pour cette raison, elle parle très improprement de Dieu et des choses, je veux dire, qu'elle s'applique non pas à convaincre la raison, mais à affecter et occuper le plus possible la fantaisie et l'imagination » (chap. VII, des miracles). Ajoutons que le miracle est le Signe d'une volonté particulière de Dieu, et qu'il suffit au prophète de l'avoir proféré, car telle est l'essence du prophétique, proféré. Sans doute ce surplomb d'un insignifiant sur ce qui n'avait à être qu'un peuple vivant sous... a-t-il présidé à la concentration définitive du LIVRE à travers la littéralité duquel apparaissent depuis les premières compilations de ces textes des variantes, des versions successives, des transplantations. Y furent joints des textes composés à de longs écarts diachroniques et conduits à se juxtaposer dans une synchronie d'accumulation respectueuse de la lettre passée mais dépassée.

Le conflit entre les deux Testaments ne résout pas la question philosophique de la possibilité d'accès à une lumière énoncée au lieu d'une diction proférée. Elle est certes lumière, mais lumière révélée grâce à cette longue référence au Christ envoyé pour enseigner la loi d'amour universelle et non de consensus au groupe. Cette manifestation fondamentale d'une tolérance sous la lumière naturelle concerne tous les individus et exclut la crainte, permettant l'accès à une béatitude sans laquelle on ne saurait interpréter valablement le troisième genre de connaissance de l'*Ethica* V. La « liberté de philosopher » ne peut s'interposer sans détruire la piété aussi bien que la paix de l'État : les signes révélés sont chargés d'une tel potentiel imaginaire qu'ils ne peuvent contribuer à une politique où la raison puisse sauvegarder cette liberté de philosopher. En plus de la parole, il faut au prophète un signe : procédure dont n'a nul besoin la connaissance naturelle qui n'a pas à recourir à des signes de ce genre car « de nature, elle enveloppe sa certitude », « une certitude inhérente » comprise par idée claire et distincte (chap. II) : « cette certitude prophétique n'est pas une certitude mathématique, mais seulement une certitude morale ».

À propos de ce dont nous allons discuter, le *Traité théologico-politique* argumente à partir de la lexicologie fluente des prophètes rapportée dans les versets bibliques. Le même signe (le vent de Dieu dans *Genèse* I, 2) est un des syntagmes qui fonctionnent pour désigner par un langage impropre et obscur « l'Esprit de Dieu », esprit parolier et imagé, vague et inconstant qui outrepasse les cadres de l'entendement et entraîne l'usage prophétique de paraboles, d'énigmes, sources de superstitions. Adam et Ève ignoraient que Dieu fut omniprésent et omniscient puisqu'ils se sont conduits comme s'il n'était pas dans le jardin et comme s'il n'avait rien vu du détournement de la pomme. Jéhova-Iahvé n'est-il pas un nom qui exprime en hébreu la pérennité des trois extases temporelles, était-étant-devant être, qui exprime son apparence dans cette seconde version de la création ? Pour ce qui est de sa nature, elle ne peut s'exprimer que par le tétragramme qui ne comporte aucune image possible, corporelle ou de fantaisie. Contrairement à ce qu'Euclide a écrit, ce n'est que par la prophétie qu'on peut critiquer la prophétie parce que sa provenance outrepasse la compréhension humaine, mais n'excède pas les contradictions que l'herméneutique y rencontre. Par contre, la question des miracles permet d'opposer à la prophétie la lumière naturelle et de mettre les techno-siences en œuvre pour l'interpréter. En effet la méthode pour interpréter l'Écriture doit en établir une connaissance historique critique avant d'en déduire pour notre propre compréhension quelle est la pensée de ses auteurs, car nous ne possédons plus les récits originaux auxquels il est fait allusion, ni les circonstances de ces écrits. Cette connaissance historique porte, selon le chapitre VII, sur la nature et les propriétés de la langue des auteurs qui l'ont écrite, notamment de la langue hébraïque originelle sur « le dire » de laquelle nous n'avons plus ni dictionnaire, ni grammaire, ni rhétorique; sur les significations multiples des mots, des conjonctions, des adverbes, des temps des verbes, l'absence de lettres signifiant les voyelles et la ponctuation; sur le regroupement des énonciations en des chefs principaux qui fait éclater ambiguïtés, obscurités et contradictions du sens avant toute recherche de vérité; sur la confrontation avec d'autres témoignages concernant les circonstances de la transmission de ces textes et leur réception; sur la cohérence des récits les uns avec les autres, des prophètes avec les historiens, des mots utilisés dans les différentes langues,

Si la lumière naturelle est à la fois si nécessaire et si insuffisante, ne faut-il pas faire appel à une lumière surnaturelle ? Maïmonide n'allait-il pas jusqu'à prétendre que l'Ecriture admet plusieurs sens et même des sens opposés dont nous ne pouvons savoir quel est le véritable. Selon cette méthode de l'inutile herméneutique, nous serions en droit d'estimer que le monde a existé de toute éternité et que Dieu est corporel, si le sens des textes bibliques ne devait se tirer que de la révélation et être tranché par une lumière surnaturelle.

Après l'exposé de cette méthode critique des textes révélés, le chapitre VIII montre, pour les deux exemples que nous prenons comme repères, que le *Pentateuque* et les *Rois* ne sont pas « authentiques » et qu'ils ont été écrits par plusieurs auteurs. Il n'est que trop de preuves qui montrent que ce n'est pas Moïse qui a écrit le *Pentateuque* et qui parle si peu à la première personne. Spinoza conjecturait Esdras qui n'aurait fait autre chose que de collationner des textes empruntés à d'autres écrivains.

Conformité et signes

Si Spinoza conclut sur « la séparation de la foi d'avec la philosophie » (chap. XIV) et sur la réciproque non-servitude de l'une à l'autre, Leibniz commence par affirmer leur conformité. Son annotation du *Traité théologico-politique* témoigne de la plus haute attention et constitue l'un des manuscrits de lecture leibniziens des plus abondants, sinon le plus long, et des plus fouillés. La datation de ce manuscrit restait incertaine. La paléographie ni la graphologie ne donnent de renseignement sur les filigranes ni sur les modalités graphiques, sinon qu'il s'agit là d'un papier utilisé et écrit durant la période parisienne. La prudence éditoriale (A VI, III, p. 248-274) a retenu comme date ultime de composition la fin du séjour parisien (hiver 1675-automne 1676?) avec un point d'interrogation dû à six remarques énoncées dans l'*Überlieferung:* Leibniz put avoir connaissance de la publication anonyme du *Traité* dès que Thomasius en eût parlé en mai 1670; en avril 1671, il apprend le nom de l'auteur; il écrit qu'il n'en partage pas les critiques herméneutiques bibliques; toutefois il cherche à entrer en contact avec Spinoza pour des questions d'optique; il discute avec Franz van den Ende, disciple de Spinoza, à Paris, en 1674. L'argument qui semble l'emporter pour cette proposition de datation concerne le passage des notes de lecture du chap. XIV, où Leibniz fait preuve d'une connaissance de la métaphysique de Spinoza qui a pu lui être apportée lors des contacts avec Tschirnhaus au printemps 1676 (« *durch Tschirnhaus vermittelt wurden* »). Mais une formule dubitative laisse ouverte la question d'une antériorité remontant à 1670 : « *Es konnte auch noch nicht ermittelt werden...* ».

Sans quitter la modalité dubitative, j'étais en droit de pencher plutôt pour une date antérieure, remontant vraisemblablement au passage de Leibniz à l'Ouest, à la Cour de Mayence où il disposait de bibliothèques de culture occidentale dont on ignorait bien des données à Iéna et à Leipzig. Et ceci pour maintes raisons. L'argument d'un apport métaphysique qui serait dû à Tschirnhaus n'est pas recevable parce que les notes sur le chap. XIV *recopient exactement la lettre du texte du TTP* avec leur numération de I à VII; de plus, il ne s'agit pas là de « métaphysique » recevable à partir de la lumière naturelle, mais d'une énumération des « dogmes de la foi » qui concernent effectivement l'obédience divine dans les questions de l'amour et de la vénération, sans qu'il y soit question de substance ni de modes. Si on veut invoquer la métaphysique, le *TTP* comporte expressément une bonne dizaine de copieux passages dans lesquels se trouve non moins que l'amorce des thèses principales de l'*Ethica*, notamment celles qui concernent l'immanence et la finalité. Or Leibniz ne prête aucune attention durant sa transcription à ces propositions métaphysiques : il ne s'attend pas à trouver dans cet ouvrage anonyme quoi que ce soit de valide du côté de la construction rationnelle, puisque ce n'est pas ce qui fait l'objet de l'ouvrage. Néanmoins, ces preuves d'un avancement considérable des réflexions métaphysiques de Spinoza sont patentes dans le *TTP* et proviennent du *Koorte Verhandeling*. On est donc encore à une date lointaine des écrits de correspondants qui vont apprendre à Leibniz les idées philosophiques de Spinoza et plus encore de la parution de l'*Ethica*. Donc, pour des raisons de contenu métaphysique négligé par Leibniz, j'estimais que cette lecture datait plutôt de Mayence que du début de la période parisienne. D'autant plus que, les connaissances graphiques de cette période progressant, on pouvait y apparenter ce manuscrit plutôt qu'à la fin du séjour parisien où le traitement graphique du latin prend une autre tournure.

Cette attitude dubitative allait devenir une certitude historique avec la découverte par Ursula Goldenbaum de l'exemplaire du *TTP* ayant appartenu à la *Bibliotheca Boineburgensis* et porteur d'indéniables *marginalia* leibniziens. Cette excellente chercheuse a établi après maintes péripéties, que l'exemplaire était entré dans la bibliothèque de Boineburg dès l'été 1670 et que, d'autre part, Leibniz en possédait un dans sa bibliothèque personnelle, non retrouvé. D'autre part la graphie de ces *marginalia* est de même mouture que celle du commentaire. Enfin ces remarques marginales et les passages soulignés confirment que la lecture de Leibniz n'est pas intéressée, comme le sera celle de l'*Ethica*, par les avancées métaphysiques parsemés dans cet ouvrage. Je retiendrai volontiers avec Ursula Goldenbaum et les auteurs de *A* VI, III, qui en sont également convaincus, que cette lecture date, créneau large, de 1670-1671.

Je conçois certes que ces remarques ne proviennent que de la déformation d'un historien de la philosophie et qu'elles sont de nul intérêt pour l'enseignant de «La Philosophie»; sauf s'il s'agit là au contraire d'une information portant sur un contact précoce de deux philosophes qui entrent dans une connaissance livresque telle que devront s'ensuivre des échanges directs épistolaires et personnels. Ce qui voudrait peut-être dire qu'aux marges des contacts externes entre philosophes se produisent autant de connivences que de différences dans l'estimation et la construction de leurs architectoniques qui s'en approfondissent, sans parler de leurs systèmes qui vont s'entre-répondre.

Autre tort que l'on reprochera à un historien de la philosophie: s'intéresser à des textes hors circuit scolaire et, pis encore, hors édition et encore en manuscrit dans des fonds non édités. Au moment précis où il investit « monade, » Leibniz rédige l'herméneutique de la *Genèse* suggérée par Van Helmont où il est fortement question de ce qu'expriment les premiers mots de «*Bereschnit bara Eloim*». Le *Mem* signifie création et expansion, le *O* ce qui est ouvert etc.... Vous vous doutez bien que c'est là une question que je pose. Je la pose, sans chercher un seul instant une solution expresse qui à ma connaissance n'existe pas, pour préciser une nouvelle fois cet au-delà de l'étymologique qui intéresse fortement Leibniz, qui le conduit à user des travaux des phonéticiens aussi bien que des recherches concernant la langue adamique ou cette autre qui la vaut bien, selon lui, la teutonique. Il nous manque encore 17 ans de correspondances sur le langage et les langues pour compléter la *Reihe* I, il nous manque aussi, des éditions charpentées des *collectanea philologica*.

Dans *Thoughts of Genesis*, Van Helmont démontait la phonétique lourde de son *Alphabet on Nature*, leur écriture en hébreu, leur prononciation phonétique, leur sonorité. Aelohim signifie créateur en ses éléments constituants : *aleph* (*shape and sound*) infinité et multitude ; *lamed* (*tall letter*) *virtus and power* ; *he* (aspirante) respiration, vie, fructification ; *mem* naissance et multiplication (*Mem* denote *a Mother, the Womb, and the multiplicity of Births*).

Or le texte dans lequel Leibniz aborde de front la *Genèse* n'est pas encore publié *in extenso* et les discussions concernant l'authenticité leibnizienne d'un texte imprimé sous le nom de F. M. Van Helmont auraient pu se poursuivre *sine die*. Je me suis expliqué sur l'authenticité de ce manuscrit (LH I, V, 2, g) datant de l'été-automne 1696, sur l'attribution de cet écrit à Leibniz puisqu'il est de sa graphie et ressortit à sa paléographie banale. Il est exclu par les remarques personnelles de Leibniz que ce soit là un manuscrit de commande, ce qui serait unique dans sa conduite scripturaire. La question est seulement de savoir ce qu'il y concède aux entretiens qu'il avait alors avec Van Helmont sur de tels versets révélés : si la différence avait été telle qu'elle fût sensible, Leibniz ne se serait pas retenu de le mentionner au passage.

Or ce commentaire repose sur le recours au langage lourd tel qu'il ressort des *NE* III, I. La prononciation qui en est suivie est celle du texte hébreu : l'herméneutique biblique phonétique qui en résulte a cette profonde originalité d'être référée non pas à la signification des mots mais à leur sensorialité, à leur impact sensoriel en linguistique des sons entre émission phonique et réception auditive : là se propage un sens. Car en herméneutique des significations on ne trouve aucune originalité dans la succession de ces six jours durant lesquels l'univers est créé : ces herméneutes ne repèrent ni la raison ni la sagesse qu'il importe de découvrir et surajoutent à ce qui est prononcé l'arbitraire de leurs énoncés. La clé qu'expose Leibniz convient adéquatement à un exposé génétique originel. De plus, les voyelles et consonnes qui interviennent dans le manuscrit sont en écriture hébraïque, que maîtrise suffisamment Leibniz (comme dans sa lecture très antérieure du *TTP* de Spinoza) : nous en ferons venir l'équivalent de français courant en caractères CHICAGO MAJUSCULES pour en faciliter l'accès. Tenons-nous en aux trois premiers mots de la *Genèse* I, 1 : BERÉSHÎTH BARA ELOHIM. Je rassemble ici les remarques se rapportant à ces trois mots dans la suite du document parce que cet exemple de la symbolique phonétique des sons éclaire de manière suivie le parallèle entre prononciation et signification vocalique.

Qu'en est-il de BERÉSHÎTH ? BE (*in*) ROSH (capiite), (au commencement) ? *B* est l'élément premier du parler enfantin exhalé par l'entr'ouvertue des lèvres, alors que *R* n'est pas prononcé par les enfants, mais seulement par les adolescents quand ils deviennent adultes et qu'ils ont besoin d'un mouvement de la langue singulier, puissant et vibrant; ainsi la phonétique de B(A)ERÉSHÎTH « signifie » qu'il y a un progrès de la chose prononcée, un progrès qui est propre et valide procédant du principe des choses à la génération. Le *Alef* (*A* de *BE*) est mille, l'infini, à savoir une multitude infinie de semences, et un principe de production. ECSH est le feu et ISCH est l'homme : l'un et l'autre indiquent une « force actrice ». Le *Thau* (*t*) est l'exécution, le faire de ce est. On remarquera d'entrée cette constance est (*est*) qui désigne une existence mais qui ne signifie pas autre chose que ce que la sonorité des voyelles et des consonnes rend existentiellement présent : cette remarque vaut pour le brouillon de Leibniz, car le texte imprimé de Van Helmont, qui maintient certains *est*, immisce plus de « significat » que n'en inscrit la rédaction *princeps*. Le commentaire de TOHU-BOHU apportera cette complémentarité phonétique : le *T* et le *B* composent ce mot à l'inverse de la séquence du *B* et du *T* qui interviennent dans BERÉSHÎTH : alors que le mouvement phonétique de ce premier mot de la *Genèse* procède de *B*, tête, début, source pour aboutir à *T*, fin, exécution, TOHU-BOHU procède à l'inverse, évoquant l'exécution avant la source dans le cadre de sa propre élaboration (*O*) qui ne va pas plus loin que la mort et l'extinction que « signifie » le *U* terminal, son mince et bas, comme expirant; la complémentarité des deux termes est explicitée dans l'imprimé : cette inversion « désigne le cercle de la nature qui se met en orbe et ainsi du principe on tend à la fin et de la fin on revient au principe ».

BARA ne fait que résonner phonétiquement comme BERÉSHÎTH : ce mot répète les mêmes lettres *B*, *A*, *R*, redoublant ce qu'indique « au commencement ».

AELOHIM commence par un *A* qui est 1000 infini par l'ouverture de la bouche. *I* est la lettre la plus haute qu'on écrive et a besoin de l'élévation de la langue quand on la prononce : elle n'est pas facile à prononcer par les enfants parce qu'elle a besoin de la force de la langue : elle est la plus élevée des vertus éminentes. *EL* est cette vertu, cette force qui suit d'une élévation de la langue et qui a coutume de terminer le nom des anges : Michael, Gabriel. *O* est le son le plus haut, la vie exhalée. *HE* est la respiration, le souffle, la vie, la végétation, la fécondité. *I* est la vie forte, le membre, un son aigu. *M* « signifie » la pluralité et *IM* est le nombre pluriel, parce que *HIM* abaisse le son et retient la semence, afin que la mère conçoive et multiplie.

L'archéologie biblique

La *Bible* démythifiée était-elle pour autant démystifiée ? Il est probable que nul ne pourra empêcher l'humanité croyante de prendre à la lettre la *Torah* et d'en faire la base d'une triple, sinon sextuple, expression monothéiste, malgré les incompatibilités flagrantes entre ses versions de la *Genèse* et entre les trois religions qui en dérivent, sources de conflits ouverts permanents. Internes, ces incompatibilés furent à la source de trois schismes : celui de Byzance avec une dérivation se voulant « orthodoxe » face à Rome, celui d'Augsburg avec une opposition « protestante », elle-même dualisable entre luthérianisme et calvinisme, celui d'un « islamisme » pur et dur dérivant à l'intérieur et hors du coranisme de mosquée. Externes, ces six orientations fortement marquées parsèment l'histoire de leurs violences antagonistes, exacerbées par la certitude que possède chacun d'être inspiré d'une foi inébranlable aux énoncés proches de l'infaillibilité. Je prendrai un exemple d'actualité dans lequel une science adjuvante comme l'archéologie est plus aisée à invoquer que celle qui concerne les textes de la *Genèse*.

En avril 1965 se tinrent à Jérusalem les *Entretiens*, alors annuels, commandités par l'Institut International de Philosophie. La parution de l'« Édition du Centenaire » des *Œuvres* de Bergson m'avait peut-être valu de pouvoir y figurer (Duméry H. en était alors l'animateur). Mes relations avec l'I.I.P. en avaient certainement bénéficié puisque cet « Institut » dont c'était, avec quelques publications bilingues, l'une des activités, se considérait comme relevant de l'héritage direct de l'action et des intentions de Bergson au moment où il présidait aux destinées, sous parrainage de la S.D.N., de la Commission Internationale de Coopération intellectuelle (C.I.C.I.). Écourté par la maladie montante, ce temps de présidence avait permis à Bergson d'assembler autour de lui et dans ce contexte wilsonien qui prolongeaient ses missions de 1917-1918 en Amérique, des philosophes et des scientifiques mondiaux de la plus haute renommée, dont Einstein et autres avec lesquels il venait de batailler autour de son ouvrage mettant en question l'interprétation de la relativité. J'en ai réuni le détail dans les *Mélanges* et, dans les *Correspondances*, j'y suis revenu en faisant connaître nombre de ses lettres relatives à ces problèmes. Il résulte des ultimes papiers qui subsistent que ses efforts auprès des autorités françaises pour en obtenir l'emplacement et le financement furent diversement appréciés, mais reçurent en fin de compte la bienveillante attention du Président Millerand, de la Chambre d'Édouard Herriot et d'un Sénat qui prit son temps pour faire connaître une indifférence qui cachait mal une hostilité de fond résultant de la considération de ce que « cela va coûter ». Aussi l'I.I.P. ne pouvait-elle prétendre représenter que partiellement un projet bergsonien qui, d'universellement documentaire, n'avait pu retenir que la série, bien venue, de sa *Bibliographie de la philosophie* (Vrin) qui d'interdisciplinaire au moment des grandioses projets belges, n'était plus que philosophique. Il se trouvait de plus qu'au défaut d'un financement sur quelque ligne de budget de l'État, l'I.I.P. ne disposait guère, au lieu des bâtiments envisagés par Bergson, que d'un circonstantiel hébergement dans quelque université ou rectorat, et que de crédits de plus en plus chichement alloués par le C.N.R.S., qui lui octroyait en plus quelques postes administratifs durement acquis et conservés, autant disputés qu'enviés.

Mais, dans ces immédiates après-guerres, la volonté d'assembler trois ou quatre des philosophes estimés des plus importants en diverses nations était fort louable et soutenable. Dès 1922, Bergson s'était heurté, notamment à propos des réserves d'Einstein, à une triple résistance émanant des anciens «alliés» qui ne souhaitaient pas que des représentants de l'Allemagne y fussent admis, d'autant plus, ajoutait Einstein pour justifier son premier acte de refus, qu'en le choisissant, lui, c'était un citoyen également suisse que l'on désignait qui, enfin, allait susciter des réticences parce qu'il était juif. Bergson finit par le persuader.

En 1945, la situation était devenue entièrement différente: si on trouvait encore des représentants internationaux hostiles à l'Allemagne, c'était sous son appellation «nationale-socialiste»; la Suisse, qui n'allait pas sans être contestée sur le point de la «neutralité» observée entre 1940 et 1945, offrait un terrain à cette émanation de la S.D.N. dans le cadre de l'O.N.U., enfin la question allemande se résolvait du même coup que la question juive, puisque des Allemands, aussi bien que des juifs d'autres nations, avaient eu à subir le sort que l'on sait. Bref l'I.I.P. restait puissamment soutenue par les philosophes juifs de chaque nation et, si Gadamer y fut admis, il ne fut jamais question d'y inviter Heidegger. Mais l'I.I.P., en ce qui concerne la francophonie, comptait à la rencontre qui se tenait cette année-là à Jérusalem, aussi bien Aubenque que le P. Breton, Brunner que Ph. Devaux, D'Ormesson, Dufrenne et Duméry qu'Hyppolite et Jolivet, que Marrou, Ricœur ou Wahl. En fait, les personnalités dominantes étaient Klibanski et Perelman, à qui leurs performances langagières et leur amplitude philosophique permettaient d'œuvrer en tout terrain. Il allait de soi que l'Université hébraïque, organisatrice, fût largement représentée; il n'y avait guère de Tel-Aviv qu'Horowitz, mais on n'en était qu'à l'aurore de cette Université. Martin Buber, invité, n'y fût pas présent: plusieurs d'entre nous émirent le désir d'aller le saluer, pour apprendre qu'il était interdit de contacts en raison de sa «maladie». D'ailleurs, ces jours-là précisément, la zone frontalière qui permettait de gagner le Moyen-Orient au sortir de la porte de Gethsemaneh venait d'être fermée, nous coupant du Mont des Oliviers; ceux qui voulaient en profiter pour faire un tour vers Beyrouth, Damas ou Ammam furent priés d'aller passer par l'Egypte. Un «tour» restreint fut organisé sous la responsabilité et avec les commentaires des Perelman: on ne pouvait rêver de recevoir une meilleure initiation à Israël. Des musées ou synagogues aux kibboutz (notamment celui que pilotait Shimon Peresh qui nous reçut pour discuter tranquillement) de Tel-Aviv à

Massada (sans arrêt à Beerscheba où prenait forme la bombe atomique israëlienne : ne pas photographier, ce qui fit doucement sourire qui relevait du C.N.R.S.).

Le sujet de ces *Entretiens* portait sur *La compréhension de l'Histoire* (publication par l'Académie des Sciences et Humanités, Jérusalem, 1968) : thème aussi bien choisi pour cet endroit du monde qu'illustré par les quelques notes, bibliques ou historiques, que je viens de relater.

Concernant l'*Ancien Testament* la critique biblique fait intervenir sur la compréhension de la Parole révélée trois disciplines relevant des « sciences humaines ». Les difficultés proviennent de l'entre accord de leurs résultats avec le texte adopté, en écartant cette position du maximalisme qui en postule l'herméneutique convergente et cohérente. Une cascade de problématiques découle de cette triple exigence, souvent contradictoires, toujours ambigües, si bien qu'il est fort difficile de parler aujourd'hui d'un accord entre la raison et la foi, en admettant que la foi à elle seule soit œcuménique, ce qui est loin d'être le cas. De premières apories ressortissent aux appréciations divergentes qui émanent de la critique littérale textuelle, car les discordances en sont aussi fréquentes que les concordances, aussi bien entre versions hébraïques que dans les versions des Septantes, que dans les problèmes issus du passage aux multiples langues vernaculaires mondiales. Un petit traité de Malebranche, dit du « philosophe chinois », accompagnait la somme des remarques leibniziennes à cet égard. Au scripturaire était consacré un véritable laboratoire installé au Carmel français qui dominait la corniche d'Haïfa, et qui prenait tout son sens pour qui s'investissait dans la paléographie philosophique du XVIIe siècle. La critique littérale du texte n'était-elle pas de l'invention de Richard Simon dont le jeune Malebranche reçut les leçons ? Nos langues vernaculaires, que venait de puissamment illustrer Le Maitre de Sacy dans le contexte port-royaliste que partage alors le futur philosophe, équivalaient à présenter une *Bible* singularisée par sa localisation, « de Mons », « de 1667 » : un livre désigné par ses qualificatifs spatio-temporel pouvant de moins en moins s'égaler au LIVRE. La critique textuelle portait déjà un coup sérieux à l'unicité et à l'uniformité de la « Parole » : la révélation était à interpréter à partir des langues originelles, et si possible originales, dans lesquelles elle s'était exprimée, plutôt que dans la latinité qu'en imposait la catholicité. Une large partie des schismes réprouvés de Constantinople et d'Augsburg était à porter au compte de cette volonté critique, opposée à une volonté maximaliste de l'époque concernant la lettre d'autorité de la Vulgate latinisée autant que romanisée. Les signes l'emportaient sur La Parole. La Parole éparpillée, la révélation en devenait d'autant plus fragilisée d'un contexte langagier à l'autre, d'une conscience à l'autre, dans la même structure de conscience. Les signes s'effritaient et leur correspondance d'un contexte langagier à l'autre, allait créer plus que des ambiguïtés : des antinomies incomblables. Par tant, la restitution du sens et sa compréhension étaient tirées selon tous ces vecteurs de sens que sont les mots. Ces signes devenaient d'autant plus dénués de sens que leur comparative aboutissait à l'insurmontable. On se mettait à créer un schisme sur l'interprétation d'une préposition, une nouvelle secte à propos d'une question de virgule. Nous n'aborderons pas ici la problématique interne à l'établissement des variantes recueillies dans les versions diverses des versets dont nous allons avoir à connaître, de leur présence, de leur absence, de la forme de leur énonciation, de leurs emplacements, selon les sources littérales les plus spécialisées, dans les langues originaires les plus variées. Disons que les versets hébreux mis en place à partir de -500 conservent une homogénéité tout-à-fait valide et que les sources auxquelles ont puisé les rédacteurs deutéronomiques, compilateurs de l'ensemble du Livre et auteurs des apports textuels concernant ses plus récentes périodes : la « compréhension » qu'ils nous transmettent de l'histoire qu'ils recueillent et rendent publique reste considérée comme une illustration et défense de la gloire du signe radical YHWH. Même les plus maximalistes, si on peut dire, y décèlent des « exagérations » ou du moins des « problèmes » du genre de celui des deux révélations de la *Genèse*. Tout le monde en convient, mais au nom de la propre compréhension de l'histoire à laquelle chacun procède : si bien que la réception faite à la littéralité de l'œuvre, même sans faire intervenir aucune « critique », peut aller de la relecture de simple soumission, que manifeste en leur genre la psalmodie et les signes gestuels qui relèvent du culte hébraïque, au refus pur et simple d'admettre une telle « propagande » fidéiste, dite irrationnelle. En fait, la rédaction définitive (vers -500) en est parfaitement rationalisée, même si c'est au travers du créationnel, du miraculeux ou de l'eschatologique que procède l'établissement de ce texte. Le débat qui va suivre se déroulera en conséquence sous cette problématique : les effets historiques et archéologiques de la littéralité textuelle vont-ils, ou non, dans le « sens » du texte établi et considéré comme admissible. Autrement dit, la compréhension de l'histoire sous laquelle procèdent les rédacteurs deuténonomiques reçoit-elle des disciplines historiques et archéologiques une approbation, des réserves, une négation ?

La seconde difficulté surgit de la convergence du texte restitué avec les données historiques soit auto-énoncées, soit en provenance des cultures environnantes progressivement accessibles. La spécification des sources administratives internes ou des dépôts légaux des édits religieux ou civils relève de problèmes propres à l'établissement d'une texture qui progresse sur soi au cours de cinq siècles (-900 à -500). Enfin, les développements considérables de l'archéologie moyen-orientale et mésopotamienne dans le domaine des écrits historiques, provoquaient depuis deux siècles de fort remous comparatifs, influant fortement sur la compréhension de l'histoire en général, les révélations d'Assur et des tablettes cunéiformes fournissaient nombre de textes que la Bible réutilisait, ne serait-ce que l'exemple d'un récit du déluge qui datait des premières écritures recensées. Nous n'aborderons pas plus, sauf mention incidente, la confrontation avec les autres sources relevant de l'histoire du premier millénaire avant notre ère, en entendant par histoire les sources provenant de la lettre de signes écrits, quel que soit le matériau qui les supporte. Mais on peut se douter que si les savoirs proprement historiques relatifs à la textualité biblique étaient poussés toujours plus loin, synchroniquement sortaient des frontières égyptiennes, des rives de l'Euphrate et des recherches libanaises et syriennes autant d'éléments comparatifs apportant, chacun dans son contexte culturel, autant de faits datés ou d'entrecroisements datables que d'enseignements sur l'Israël et le Juda bibliques. Cet entrecroisement des sources écrites pose certes la question, non rédibitoire, de l'absence de sources en écriture hébraïque, ce qui rend d'autant plus nécessaire l'étude biblique : tout se passe comme si les sources écrites auxquelles se réfèrent les scribes de -500, de leur « Livre de la loi » à la compulsion détaillée des archives royales de la période salomonique, n'avait pas d'autre répondant. Ainsi, nous en savons plus sur cette période par des sources historiques venant de cultures avoisinantes que par cette unique source historique qu'est à lui-même l'Ancien Testament. On admettait certes (et il est vraisemblable que, sous l'énoncé biblique telle fut l'intention historique des scribes du Deutéronome) que le royaume de David-Salomon avait été d'autant plus idéalisé que les impératifs iahvéiques avaient été molestés et ignorés, ce qui encourageait à dresser, face à la situation de pleine décadence que connaissaient les rédacteurs deutéronomiques la mémoire d'un temps où..., vers lequel refluait tout un imaginaire réduit en miettes et disséminé. L'avenir irénique promis par le respect administratif des décisions du Palais et l'œcuménisme émanant de la Parole du Temple, sous une Alliance respectant les ordres de Iahvé inscrits sur les tables de la loi moïsiaque de la *Torah*, était sans cesse remis en question, à travers tous les *Juges*, aussi bien par les responsables d'un pouvoir civil, toujours octroyé puis retiré avant même d'être exécuté, que par des lévites dont les prétentions ecclésiastiques sur ce pouvoir ne pouvaient qu'exacerber les puissances en présence. Ces données textuelles sont vraisemblablement en provenance de documents traditionnels dont bénéficient encore les scribes deutéronomiques, témoignages non confirmés historiquement ni archéologiquement, mais cohérents et constants, qui certes, recourrent l'un à l'autre, mais se recoupent et eurent vraisemblablement une origine paléographique commune (archives royales, documents administratifs conservés en -500).

Si cette source proprement historique ne subsiste que sous la forme canonique transcrite dans le *Deutéronome*, si rien ne s'en récupère qui en justifie l'établissement, c'est-à-dire si la critique biblique ne peut, sur ce point, compter sur un apport historique externe à la critique des similitudes et des différences entre les citations évoquées, l'archéologie est la bienvenue pour offrir ses services à la confirmation des versets retenus.

Palais et écuries

Le point que je voudrais aborder est intimement lié à cet épisode vécu de l'errance philosophique. Dans le cadre des détentes qui rendent supportables ces longues heures où le philosopher s'énonce, surtout quand il tourne autour de l'inénonçable, figurait, lors de ces Entretiens de Jérusalem, une conférence de Yigael Yadin sur les recherches du Centre d'Archéologie qu'il dirigeait alors. Yadin avait eu l'obligeance de quitter pour nous les fouilles de Massada, auxquelles nous rendîmes visite après avoir gravi l'extrémité sud de la falaise abrupte qui surplombe la Mer Morte de plus de 500 mètres. Quelques années auparavant, il avait contribué, à l'extrémité nord de cette chaîne rocailleuse, aux fouilles de Quomrâm. Il nous entraînerait trop loin d'évoquer ici les polémiques autour de ces autres manuscrits dits « esséniens » retrouvés dans d'autres sites surplombant la Mer Morte, qui confortent tout en la perturbant la littéralité immuable de la Parole par autant de versions jusqu'ici non envisagées par la critique littérale.

Engagé résolument dans une voie maximaliste raisonnée, sinon rationnelle, Yadin admet, selon le révélé biblique, qu'il y eût un roi Salomon, descendant d'Abraham via Jessé et David ; pour ce qui est de sa richesse, il admet qu'elle est plus grande que celle de tous les rois de la terre qui veulent en être reçus ; il en est de même pour la sagesse, peut-être moins évidente que la richesse sur le terrain archéologique, perceptible cependant par les effets de l'aisance et de la paix, de la guerre et des restrictions. De la richesse, qu'il soit gendre de Pharaon en témoigne, et la visite de la reine de Saba en est l'illustration fabuleuse (1, *Rois*, X). Qu'il ait été sage, nul n'en doute puisque les « jugements de Salomon », passés en proverbes, valent pour Parole et pour Signe de la Justice. Au compte de cette sagesse appuyée sur la richesse, on peut joindre l'attribution d'une administration préfectorale détaillée de l'Israël monarchique, et même la sagesse au sens de science, puisque Salomon en possède tous les principes et applications, du matériel au vivant, de la physique du créé au droit des individus ou des peuples. Une politique étrangère s'ensuit qui vaut à Jérusalem de bénéficier de copieux échanges avec le roi de Tyr, Hiram, qui lui livre des cèdres du Liban et des architectes pour édifier ses bâtiments, en échange de vivres et au bénéfice d'un transport maritime par radeaux. Après le déroulement catastrophique de chaque épisode des *Juges*, la monarchie David-Salomon ouvre une ère de fécondité et de calme, de sagesse et de justice. Tous ces détails du texte biblique, liés à la succession d'événements présentés comme journalistiquement vécus, brosse effectivement un tableau à la compréhension duquel l'histoire ne demande qu'à souscrire et que l'archéologie s'apprête à confirmer. Les renvois d'un domaine à l'autre commençaient à s'entrecroiser et les conclusions fermes devenaient délicates à énoncer face à ce triple criblage. Le *Deutéronome* devenait-il la compilation savante et orientée de l'insoluble conflit entre les deux signes incompatibles de YHWH et de BAAL au gré des antagonismes entre l'ancien Israël et une primitive Judée?

La lecture d'un livre récent fournit l'occasion de rendre compte du volet largement ouvert pour l'établissement d'une «compréhension de l'histoire». Il s'agit non moins que de *La Bible dévoilée* (Finkelstein I. et Silbermann N. A., Paris, Fayard, 2002). J'aurais traduit, pour épouser la lettre de l'édition américaine : « La Bible déterrée » (*The Bible Unearthed*). Car ce titre eût exprimé rigoureusement la perspective adoptée par ces auteurs archéologues de haute qualification internationale selon le sous-titre de l'ouvrage : *Les Nouvelles révélations de l'archéologie*. Vu la tonalité générale de l'écrit, je n'aurais pas hésité à proposer un titre plus cru : « La Bible sortie de terre », ce qui exprime au mieux la méthode suivie. Par rapport à l'approche du texte «révélé» ou «prophétisé», ou seulement historicisé, la compréhension en passe, en termes de rationalité, sous les fourches caudines des savoirs archéologiques les plus pointus. Ce n'est pas que Yadin eût ignoré les applications des techno-sciences à l'archéologie, loin de là : mais sans cesse réinstruite à la lumière de savoirs innovants et de techniques renouvelées, en cinquante années, un bond s'est accompli. Il est dans le ton actuel de traiter une telle position de minimaliste, en ce qu'elle se permet, sans mettre en cause la question de foi, d'aborder les versets salomoniques en fonction de ce qu'en démontre l'archéologie qui, en l'occurrence ne démonte pas, mais remonte. La compréhension de l'histoire évidemment thuriféraire en ce qui concerne les rédactions volontaristes, bien que résultant d'une « inspiration », de ces textes en crible les signes à partir d'une autre approche énonciative : le risque encouru est que ce qui relevait du cri, plutôt d'adoration, dont s'ensuivait l'orientation inspirée de la rédaction, se mette à relever de la légende, c'est-dire d'un type de reconstitution dont il importe avant tout de ressaisir la procédure. Mais cette saisie ne peut être validement effectuée qu'à partir du terrain : on procède donc de la lecture des signes présents dans les couches géologiques et archéologiques en progressant vers un savoir rendu possible, et plutôt appuyé sur le principe de nécessité que sur une Parole divine répercutée en signes humains. Quarante ans après avoir entendu Yadin à son *floruit*, je retrouvai ses positions dépecées par un nouvel investissement tiré de la même discipline archéologique en laquelle il était souverain. Sa position, dite aujourd'hui maximaliste, ne manquait certes pas de mettre l'archéologie au service de l'histoire et de la lettre biblique, mais cette lettre restait le signe directeur du sens de la compréhension de l'histoire. Si des incompatibilités se révélaient entre faits rapportés et séquences bibliques, la compréhension du sens donné au verset devait l'emporter sur la compréhension du sens conclu par l'histoire ou par l'archéologie. La compréhension historique se développe sur un fond comparatif surprenant : d'autres terroirs environnants de même époque, nous parviennent, sous autant de ruines prestigieuses visibles et fouillées, des enseignements extrêmement précis, des pyramides et des temples égytiens au Parthénon ou aux temples delphiques, des sites lybiens, syriens, assyriens ou mésopotamiens prestigieux qui furent même « déplacés » à Berlin, à Londres ou à Paris. L'accompagnement environnemental est tel qu'on peut procéder, à partir des données archéologiques, à de multiples et précises restitutions grâce aux procédés issus des techno-sciences. Quand des textes hiéroglyphiques, ou cunéiformes, en font partie, leur déchiffrage confirme ou infirme les données de terrain pour en constituer de véritables faits permettant la compréhension de l'histoire par la constitution de séquences événementielles exprimant autant d'enchaînements leibniziens porteurs de l'une ou l'autre raison, géométrique et/ou historique. Cournot en faisait la base de son étiologie historique en poussant en ce sens le *prs*.

Si on ne retrouve rien sur place, à Jérusalem, de la splendeur des édifices bâtis par Salomon, après toutes les fouilles qui y furent faites, est-ce parce qu'on ne peut plus rien espérer trouver en raison des superstructures qui furent implantées sous la grandeur romaine d'Hérode sur ce monticule ? Pourquoi alors retrouve-t-on maints vestiges des époques antérieures datant du bronze moyen et de celles, ultérieures, qui datent de l'âge du Fer II ?

Le conflit interprétatif entre minimalistes et maximalistes en vint à son comble avec l'avancement des travaux archéologiques. Puisque Yadin recueillait en priorité la lettre salomonique, il ne pouvait que se trouver en face d'une aporie qui, en 1960, restait patente aussi bien pour lui que pour les autres. Quoiqu'on pût tenter pour justifier la lettre de la Bible par les fouilles sous Jérusalem, poursuivies avant comme après Yadin, rien ne sortait de terre qui pût soutenir la prétention deutéronomique. Pourtant il devrait rester, selon les données bibliques, de quoi moudre pour l'archéologie, car, durant une longue génération (40 ans) Salomon avait régné à Jérusalem en puissance comme en réalisations (–972-932). Il est en effet répété à travers les *Rois* I, III, que, la construction du Temple de Jérusalem (VI) avait exigé sept années de travaux ; celle du Palais, côté réception et côté privé, avait demandé treize ans (VII, véritable plan descriptif). Digne œuvre d'un fils de David, de plus gendre d'un Pharaon, le caractère somptueux de ce site d'une superficie et d'un luxe considérables, accumulait sur des pierres massives de huit à dix coudées, l'airain et l'or du roi. Temple et Palais étaient de plus installés sur une plate-forme surélevée à cette occasion et cernées de hautes murailles d'enceinte. La population de Juda était si nombreuse qu'elle ne pouvait y être décomptée. Bref, « le roi Salomon surpassa en richesse et en sagesse tous les rois de la terre. Tous les rois de la terre voulaient être reçus par Salomon pour profiter de la sagesse que Dieu lui avait mis au cœur ». Les fouilles n'ont pas manqué, y compris souvent en offensant au respect dû à ce site « sacré », surtout en ce qui touche à la colline où s'érigeait le Temple. Depuis 1850 jusque vers 1970, et sporadiquement après, elles se sont attachées à la mise en accord des textes de la Bible avec les études de terrain. Résultats ingrats. Pas une trace d'or fondu ni d'airain calciné, pas un seul de ces blocs gigantesques extrait des collines ou des zones marbrières pour construire et ornementer Temple et Palais. Pourtant, l'univers méditerranéen ne manque pas de sites mégalithiques dont Mycènes offre, inébranlablement, un saisissant exemple encore hors de terre. Et pourtant Mycènes réside sur une route toujours fréquentée et la colline de l'oppidum d'Agamemnon est recouverte de cultures superposées, mais détectable. De 1970 à 1980, les vestiges datant de l'âge du bronze et du fer ancien ont été particulièrement recherchés autour de « la cité de David », au sud de la colline du Temple, sur une éminence en crête fort étroite (Shiloh Y., Ussishkin D.). Hélas ! « l'exploration du terrain de la Jérusalem biblique n'a apporté aucune preuve significative d'occupation au Xe siècle », « aucune trace monumentale », « pas le moindre tesson » (il est question, bien entendu, du Xe siècle).

L'idée de Yadin, vers cette année 1965, fut d'envisager autrement la solution : s'il n'y avait rien d'archéologiquement exploitable à Jérusalem, peut-être avait-on trace autre part de la richesse et de la sagesse de Salomon. Il ne s'agissait donc pas de renoncer à l'archéologie, ce qu'eût conclu un pur fidéiste, mais de tenter un détournement interprétatif sur le terrain même de ce dont on pouvait avoir archéologiquement connaissance. Ces passages salomoniques de la Bible ne pouvait-ils pas servir à l'interprétation d'autres données archéologisables dont la compréhension restait en suspens ? Yadin commençait alors à faire connaître et allait publier ses résultats sur les fouilles concernant « les palais de Salomon », aussi bien à Meggido qu'à Hasor et à Gézér.

Nous fûmes invités à passer du Temple et du Palais aux écuries et aux chars, selon les termes de la Bible ! Un verset des *Rois* I, V, 6, annonce sans précision de lieu que Salomon avait « quatre mille écuries de chevaux pour ses chars et douze mille chevaux de selle ». Le verset des *Rois* I, IX, 15, fait savoir que « ceci fut l'occasion de la corvée que leva le roi Salomon pour bâtir la Maison de Iahvé et son palais, ainsi que le Millo (terre-plein de la haute ville ancienne) et la muraille (de Jérusalem), Hasor, Meggido et Gézér ». S'ensuit *Rois* I, X, 26, qui énonce : « Salomon rassembla des chars et des cavaliers, il eût ainsi 1400 chars et douze mille cavaliers, qu'il installa dans les villes pour les chars et auprès du roi, à Jérusalem ». Redoublant le premier verset, *Chroniques* II, I, 14 mentionne 400 chars et 12.000 cavaliers ; IX, 25, rapporte que « Salomon avait quatre mille écuries pour chevaux et chars, douze mille cavaliers, qu'il installa dans des villes pour les chars et auprès du roi à Jérusalem ». On peut voir par ce trivial exemple en quoi la critique littérale est nécessaire. Sans mettre en cause l'inspiration, il est bien difficile à la fois de constater ces écarts et d'admettre l'inerrance, sinon comme de foi. Quoiqu'il en soit du nombre de chevaux et de chars, le nombre des écuries ne pouvait être qu'élevé et leurs implantations au sol considérables. De plus, ces textes sont du moins homogènes en ce qu'ils réitèrent et leur répartition dans le royaume et leur implantation partielle à Jérusalem, ce qui confirme qu'il y en avait autre part dans des quartiers militaires d'importance. Cet autre part semble fléché, au niveau de la cohérence et de la continuité textuelle, quoiqu'il en soit de son hétérogénéité et de ses irrégularités. L'intra-confirmation de l'existence de ces autres cités salomoniques est attestée par leur citation en d'autres occurrences bibliques. Prenons l'exemple de Meggido : *Rois* I, IV, 12, en fait une des douze préfectures d'Israël qui doivent ravitailler le roi et sa maison : le préposé (*nissâb*) pour Meggido est un dénommé Baana, fils d'Akhiloud, qui reçoit aussi l'administration de plusieurs autres sites. Les connaissances archéologiques expresses de Yadin permettaient à son inventivité de faire rebondir la question : on allait déterrer Jérusalem sous Meggido et le Palais de Salomon grâce aux écuries.

L'oppidum de Meggido

En procédant par les analogies et les racines onomastiques entre appellations bibliques et toponymie actuelle, on parvint à dessiner, à la fin du XIXe siècle, une carte géographique presque complète des noms de villes cités dans la Bible, dont Meggido. Cette antique cité cananéenne se développa sous l'influence égytienne des Ramsès, avec de riches preuves archéologiques, jusqu'à la décadence pharaonique accomplie en -1100, sous la pression d'invasions encore mal déterminées de « peuples de la mer ». À mi-chemin entre le Mont Carmel et le Mont-Tabor, Meggido (Har-Maggedon en hébreu ; Tel Moutesellim en arabe ; Mageddo pour la vulgate francisée) occupe le sommet d'un petit mont que domine une antique forteresse, rendue bibliquement célèbre par sa place dans les rapports tumultueux de Iahvé avec Israël et avec Juda quand ces deux peuples abandonnent son « Alliance » pour s'adonner au culte de Baal. Les strates archéologiques de cet antique oppidum concernent toutes les époques, du néolithique à -400 : sumérienne, cananéenne, pharaonique, mais aussi salomonique... Selon le texte biblique, ce fut une forteresse pour char et chevaux, relais entre Jérusalem, Naplouse, la Galilée et le Liban. Avant la période des rois, Josué, dans le cadre de la forte organisation qu'il implante administrativement après sa conquête de ces terres d'Israël (vers -1200), en aurait eu la primeur en nommant déjà des « rois » sur ce site (*Josué*, XII, 21). Ce lot passait ensuite à Manassé, fils aîné de Josué, qui ne vint pas entièrement à bout des cananéens qui continuèrent à cohabiter avec les judéens, en éprouvant des problèmes de répartition des eaux dans la plaine d'Esdrelon (*Josué*, XVII, 11 ; *Juges*, I, 27 ; V, 19 ; *Chroniques* I, VII, 29). Après la période des rois, c'est là que s'enfuit le roi de Juda, Ochosias (-843 à -842, ou vers -842), pour y mourir après avoir été frappé sur son char par Jéhu (II, *Rois* II, IX, 27). Son fils Joas deviendra roi de Juda (-836 à 798 ou -834 à -896) : nous en viendrons un jour à Athalie, qui, entre son fils Ochosias et son petit fils Joas, usurpe le trône (-842 à -836). On en arrivera à Josias (-639 ou -640 à -609 ou -611à -595), partisan de Babylone, mis à mort par les archers du Pharaon Néchao II (-609 à 594) dans la plaine sous Meggido, puis déposé par ses serviteurs à Meggido avant d'être enseveli à Jérusalem (*Rois* II, XXIII, 30 ; *Chroniques* II, XXXV, 22-24) et que ne s'en lamente le prophète (*Zacharie*, XII, 11), avant de se réjouir (XLVI, 2 *sq.*) de la victoire finale de Nabuchodonosor sur les Ûgyptiens.

En ces années -600, Israël et Juda étaient bien loin des fastes du Temple et du Palais de Salomon : il faut dire que Baal s'était puissamment manifesté dans tous ces livres deutéronomiques. Ainsi avait parlé Iahvé qui fait payer à son peuple les maux qu'il ne peut empêcher Baal de faire commettre. Ne disons rien du polythéisme présent dans toute la Bible, malgré les tentatives d'un Dieu unique dont la toute-puissance est contestée par un Arihman recentré sur Israël, qui, depuis le serpent de la *Genèse* jusqu'au Malin des inquisiteurs, parasite les rapports entre les volontés de Iahvé et de son peuple. Il devenait donc urgent que l'on pût recourir à des preuves discriminatoires tirées d'autre part que des études linguistiques. La paléo-archéologie allait venir au secours de la paléographie en passe de devenir labyrinthique après les découvertes de Quomrâm. Au moins là, on disposerait de preuves matérielles évidentes, de faits constitués qui apporteraient aux textes une grille de correspondance translucide.

C'est à la suite de telles considérations que Yadin pouvait se tourner vers les résultats obtenus par les fouilles américaines qui, de 1920 à 1930, avaient révélé dans la couche du Fer I, au niveau IV (salomonique) retourné sur la totalité du site, des vestiges enfin dignes de Salomon ! Effectivement, on mettait à jour une ville composée de larges avenues perpendiculaires. Un édifice impressionant de plus de 50 mètres de long composé d'épais piliers mégalithiques bien alignés qui supportaient encore des éléments de toiture, sortait de terre. Il était précédé d'un monumental portique. La disposition du bâtiment était telle qu'on l'identifia comme écurie voulue et édifiée par Salomon, puisque les cinq salles exhumées sont à leur tour subdivisées par trois petites allées bordées de huit cloisons basses permettant d'insérer dix animaux par rangées, ce qui portait la capacité de ces écuries à cent stalles où des auges à grain en pierre se trouvaient encore disposées. Le faste de la porte d'entrée en rehaussait la richesse et la puissance : une disposition dite « en triple tenaille », d'une largeur de 15 mètres et d'une profondeur de 20, disposait trois murs autour de l'allée centrale, à l'arrière de ce qui pouvait être considéré comme l'amorce du mur d'enceinte

D'autant plus qu'il était manifeste que la Bible était retrouvée puisqu'il était apparent que ce n'étaient pas des indigènes, mais des maçons phéniciens qui avaient assemblé et maçonné cette construction. Cette trouvaille au Niveau IV du Fer I, relevait de plus d'une période compatible avec les dates attribuées au règne de Salomon. Il allait donc de soi que le rapporteur de ces travaux (Guy P. L. O.) se demande qui, à cette époque et selon les procédures inventoriées, avait pu inspirer l'ouvrage, puis qu'il se tournait vers les textes bibliques que nous avons rappelé, avec, pour notice explicative : « car on est frappé par le nombre de fois où chars et chevaux sont mentionnés ». Toutefois, en restant dans la critique vétéro-testamentaire, on peut légitimement se demander si cette douzaine d'occurrences concernant Meggido ne dérive pas d'une seule, ou peut-être de deux, dont la source serait à rechercher historiquement dans les archives du Palais. Mais le problème n'est pas là.

Car Yadin, fouillant Hasor (au nord de Meggido et du lac de Galilée), découvrait dans des couches de même époque une autre porte à triple tenaille dont le plan et les dimensions étaient similaires à celle de Meggido. Sur une crête également, cette cité comporte une quarantaine d'hectares anciennement habités ; d'où l'hypothèse, tournée en certitude par référence maximaliste à la Bible : voici donc la preuve d'une extension luxuriante du royaume de Salomon.

Il restait un pas à faire si l'on veut bien se rapporter aux citations bibliques : en direction de Gézér. Par rapport à Meggido, Gézér est du côté opposé, sur la route entre Jérusalem et Tel-Aviv, si bien qu'en invoquant ces trois sites, le *Deutérome* ne pouvait faire mieux pour jalonner, du nord au sud l'ampleur des implantations de Salomon, même si manquait archéologiquement le chaînon central de Jérusalem. À la lecture des rapports de la fouille anglaise des années 1900 (Macalister R.A.S.), Yadin découvrit le plan d'une porte datée de -200, qui se superpose aux deux précédentes ! Un tel plan ne pouvait qu'être celui que l'ingénieur en chef de l'équipement avait expédié aux préfets salomoniques. Ce qui nous intéresse du point de vue épistémologique, c'est l'expression de la position maximaliste qu'exprime Yadin, réitérée dans ses propos de 1965 : « L'histoire de l'archéologie n'offre pas d'autres exemples où un passage de la Bible nous aura aussi bien aidés à identifier et à dater les structures des tells les plus importants de la Terre sainte que *Rois* I, IX, 15 ». Bref ce verset biblique devient, maximalistement et unionistement interprété : Megiddo, Hasor, Gézér, même stratigraphie, même porte à triple tenaille, ce qui « nous conforte dans la certitude que notre identification de la cité de Salomon était la bonne ». Ainsi les découvertes archéologiques étaient intégralement subsumées sous un verset biblique qui non seulement leur répondait, mais qui les appelait. La confirmation et la justification en compréhension historique provenait, en dernière instance, du révélé.

Toutefois l'oppidum de Meggido était loin d'avoir épuisé tous ses secrets. Peu avant 1965, Yadim repartit sur ses fouilles pour affiner l'étude du positionnement des trois portes selon leurs connexions de terrain. Or un palais de 600 mètres carrés fut alors exhumé, vers le nord du site, sous ces « écuries ». On y retrouva de gros blocs de pierre appareillée, possédant une vaste salle de réception entourée de plus petites pièces faisant pendant à celui qui était déjà repéré sur le côté sud de l'oppidum, là aussi sous des « écuries ». Ce « palais » est également doté d'une entrée monumentale et s'apparente aux constructions datant de l'âge de Fer du nord de la Syrie. Rien de mieux que le verset *Rois* I, IV, 12, pour faire fonctionner la certification biblique, puisqu'on sait qu'il y eût un préfet à Meggido, dont on connaît de plus l'identité ! On ira même jusqu'à en conclure que la description biblique du Palais de Jérusalem devait correspondre exactement aux vestiges archéologiques de Meggido !

Comme les écuries relevaient d'une couche archéologique supérieure à celle qui contenait les ruines du palais qui, plutôt que des écuries, devenait attribué à Salomon, force était de les considérer comme de construction postérieure et non plus salomonienne. Il suffisait de passer d'un verset à l'autre : si Salomon héritait du Palais, les écuries revenaient au roi Achab (-873 à -853), détenteur de la partie nord d'Israël. La comparative historique ne venait-elle pas d'assurer que, lors de la bataille de Qarqar contre Salmanasar III (-853) (*Rois* I, XXII), Achab disposait, selon une inscription non plus biblique mais assyrienne, de 2.000 chars et de 10.000 soldats. La *Bible* n'est pas en reste pour vanter sa capitale : du moins a-t-on récupéré à Samarie les restes d'un palais aux décorations en ivoire sculpté : rien d'étonnant à ce qu'il disposât de vastes écuries et à ce que le palais de Meggido, s'il fut son œuvre, atteignit l'ampleur qu'on lui a retrouvée. Or Iahvé avait laissé se développer le destin d'Achab des *Rois* I, XVI à XXI, « qui fit ce qui est mal aux yeux de Iahvé plus que tous ceux qui furent avant lui... Il marcha dans les péchés de Jéroboam... Il prit pour femme Jézabel... il alla servir le Baal et se prosterna devant lui. Il dressa un autel pour le Baal, dans la Maison du Baal qu'il avait bâtie à Samarie... ». Dieu tolérant? En tout cas Dieu vengeur. Lourde ascendance pour l'hérédité d'Athalie !

Nous allons parler aussi des richesses et de la sagesse de Salomon, mais rien ne dit qu'il eût l'esprit de prophétie. En quoi la prophétie intervient-elle dans *Rois* I, VII, 23, les mesures du Temple en ayant été connues par Salomon en usant de signes mathématiques qui étaient à sa portée, partagés par les ouvriers qui savaient que le rapport tiré au cordeau entre le cercle et son diamètre était de 3 à 1 : ne s'agit-il pas là d'un verset purement historique? Etait-il besoin de faire appel à une herméneutique d'inerrance en un tel domaine où l'idée claire suffisait? Qu'en était-il de l'esprit prophétique d'un potentat qui se laisse aller à la pire luxure et à la rupture des liens de la Loi?

Salomon ruiné

Ces brillants résultats semblaient relever d'une logique par trop consensuelle de la paléographie scripturaire avec la paléo-archéologie de terrain pour être vrais d'une vérité historique conforme à la lettre critique de la révélation. Certes le livre sur *La Bible dévoilée* se défend de l'accusation de minimalisme biblique radical. Certains exégètes paléo-archéologues ne vont-ils pas jusqu'à prétendre que David et Salomon *n'ont pas réellement existé*, qu'ils n'ont pas plus de validité historique que « la légende du roi Arthur », que ce ne sont que « des icônes auréolées d'un prestige considérable » grâce à leur transmission religieuse séculaire dans les milieux judaïques et chrétiens (Thompson Ch., Lemche N.P., Davies Ph.). L'histoire aboutissant à la monarchie unifiée par David et Salomon, grâce aux contrastes aménagés avec les autres livres de la Bible, résulte d'un « montage idéologique », habilement élaboré dans les cercles sacerdotaux de Jérusalem relevant d'une période plus tardive, post-exilique et même hellénistique. L'imaginaire religieux et romanesque orienté des scribes de la Bible a fait le reste : pélerins, croisés, fabulateurs.

Toutefois cet ouvrage retient du radicalisme minimaliste que la description biblique du règne de Salomon relève de « la peinture d'un passé idéalisé, d'une sorte d'âge d'or, nimbé de gloire ». Comme nous le relevions plus haut en termes de lecture autorisée, le livre des *Rois* concernant Salomon « abonde en détails trop excessifs pour être crédibles ». Cette position minimaliste actualise plutôt la compréhension de l'histoire et des versets biblique : « Le pouvoir de la saga biblique repose sur le fait qu'elle est l'expression cohérente et irrésistible de thèmes éternels et fondamentaux : la libération d'un peuple, la résistance permanente à l'oppression, la quête de l'égalité sociale etc.... Une telle compréhension est fondamentale ». Quand à l'existence des rois fondateurs, elle reste considérée comme attestée, bien que magnifiée, « à peu près » pour les années -1005 -970 (David) et -970 -931 (Salomon), ce qui correspond à la période archéologique du Fer I, -1150 -900.

Faut-il en conclure que la Jérusalem du Xe siècle n'était qu'un village de montagne ? Un tel constat correspondrait entièrement à ce qu'ont révélés des fouilles systématiquement entreprises sur tout le territoire de Juda pour la même période : quelques milliers d'habitants, plus ou moins transhumants, localement implantés plutôt que nomades, répartis par petits groupes, ne manifestant aucun signe de prospérité, égalitaires par la structure de leur habitat, plutôt en toile qu'en dur, sans aucune trace de cette main d'œuvre dont pouvait provenir les artisans des richesses salomoniennes, les administrateurs d'un état étendu de la Méditerranée à l'Euphrate, les troupes de telles armées, les animaux pour assurer leur transport, les moyens de transport etc.... Ce qui pourrait convenir à des bandes organisées, genre Vikings, expliquerait fort bien la destruction et les ruines calcinées des terriroires conquis par David, mais en aucun cas une histoire aussi centralisée, aussi administrée, aussi luxueuse. Adieu or, airain, chars, chevaux, innombrable population, richesses laissant baba la reine de Saba. Ou bien ce peut être parce qu'on a mal cherché, mais alors il faut invalider le constat, auquel doivent consentir les maximalistes, qu'on ne trouve plus rien sur place parce que tout à été bousculé de fond en comble.

Les auteurs de l'ouvrage que nous commentons, plutôt minimalistes et séparatistes entre nord et sud vont s'écrier : « trop beau pour être vrai ! ». En hors d'œuvre, ils avancent des objections relevant de la « logique historique » qui tiennent à certaines de leurs autres positions que nous nous contenterons de rappeler. En général, de l'époque de David-Salomon, on ne retrouve dans toute la région, du sud de la Turquie à l'Égypte et de la Méditerranée à l'Euphrate, aucun vestige monumental considérable, pas une mention dans des textes d'époque ou postérieurs qui feraient allusion à des récits de voyage ou de conquête, aux conférences œcuméniques ou irénistes tenues autour du jurisprudentialiste Salomon : seuls, les textes bibliques se recoupent entre eux comme s'ils avaient fonctionné en vase scripturaire clos. Sur ce point, la réplique des maximalistes va de soi : sous les règnes supposés de David et de Salomon, les grands empires environnants auraient pu nous en transmettre le souvenir par leurs abondantes écritures mais ils étaient en pleine décadence et les témoignages qu'on a retrouvés sur leur propre destin sont à ce moment-là raréfiés : de part et d'autre, on avance l'argument de la pénurie culturelle, soit dans le cadre d'Israël-Juda, soit dans celui des empires voisins décadents. D'autre part, et pour cause, le peuplement des territoires d'Israël et de Judée reste cananéen, sans aucune trace de ville fastueuse, puisque l'habitat répérable, répertorié, fouillé, reste semi-sédentaire, n'occupe que des hameaux dispersés autour d'agglomérations marchandes qui n'ont rien de très prospère. Ce point avait été établi après qu'on eût fait quadriller archéologiquement tout le terrioire israélien actuel pour y relever les sites d'anciennes implantations. Des sondages s'ensuivirent aux emplacements susceptibles de révéler des traces de vie urbaine : si le résultat était quantitativement important, il restait culturellement pauvre. Il en résultait que dans Israël domine au nord une culture cananéenne faite de communautés villageoises vivant en autarcie, en lente progression territoriale des régions côtières et de plaine vers les habitats des hautes terres. Pour ce qui en est de David-Salomon, terre de Juda, isolée par des barrières rocheuses naturelles, elle est en contraste avec les plaines du nord. Les déserts de Judée et du Néguev à l'est et au sud sont peu favorables à la vie pastorale et à des cultures agricoles riches. Le royaume de Juda reste topographiquement isolé selon la paléoarchéologie, avec une population sédentaire minime, sans aucun centre urbain et avec une faible différenciation entre hameaux et villages. Quant à la présence de poteries philistines associées aux conquêtes de David vers l'an -1000, il était devenu possible de rétorquer que l'expansion de ces preuves avait continué à se propager après la mort de David, donc vers la période de vie de Salomon : les progrès des analyses sur ce point permettaient de conclure que ces restes de poterie incluse dans le niveau salomonique dataient d'après la mort de Salomon, du début des années -900.

Mais ce n'était là que raisons extérieures à la question même des apports archéologiques : restait le problème de la datation de ces couches superposées des écuries réattribuées à Achab sur le palais illustrant par ses portes majestueuses la gloire de Salomon ? De nouvelles armes technoscientifiques devenant opérationnelles sur ce plan pacifique (relativement), les techniques de datation au carbone 14 des vestiges appliquées aux éléments controversés appelaient une datation plus tardive que celle de la vie de Salomon : appliquée aux couches superposées, étendue à d'autres sites estimés de même époque et offrant les mêmes caractéristiques, l'enquête concluait, contrairement aux conclusions de Yadin, que ces trouvailles davidiques et salomoniques avaient été anti-datées « d'un bon siècle » : elles relevaient de travaux effectués au début du IXe siècle, soit après -900. Complémentairement, des indications au sujet d'un fort développement des monuments et des styles attribués à l'époque salomonique apparaissaient simultanément dans toute la région, témoignant d'un fort développement de l'état bien après la mort de Salomon : ce qui justifiait la parenté entre les portes à triple clés de Meggido avec d'autres sites contemporains.

Bref ce terroir était « sous-développé », ce qui n'a rien de salomonique. Au lieu de la splendeur David-Salomon, on devait concevoir « une région reculée et sous-développée », à culture « très rustique », « largement rurale », n'ayant laissé aucun signe du fonctionnement de la monarchie bibliquement décrite. Les minimalistes objectent encore que les palais syriens qui auraient inspiré l'art des architectes de Meggido n'avaient fait leur apparition en Syrie, que sous les Omrides, au début IXe siècle, c'est-à-dire plus de 50 ans après la mort de Salomon : son administration n'aurait pu s'en inspirer. Enfin, comment expliquer que Salomon ait pu régner à partir du village qu'est alors la corniche étroite de Jérusalem sur des ensembles urbains aussi importants que ceux qui se trouvent regroupés à Meggido ? La vaste Maison de David structurée par Salomon, n'allait-elle pas, à son tour, entrer dans la voie des mésalliances internes après le schisme entre nord et sud, Israël et Juda, survenu dès la mort de Salomon, annoncé par Iahvé dès l'installation du règne des fondateurs du grand Israël, selon le récit biblique.

Fallait-il aller jusqu'à nier l'existence de rois ayant porté le nom de David et de Salomon ? Si les preuves venant de la proto-archéologie écrite en étaient encore inexistantes en dehors du texte biblique, des maximalistes modérés comme le sont les auteurs de ce livre reconnaissent, au bénéfice des progrès archéologiques, que la stèle en basalte noir découverte à Tel Dan portant mention de « la Maison de David », écrite en araméen de Syrie, fait le récit suivi d'une invasion d'Israël par un monarque araméen que l'on postule (au moment de cette découverte en été 1993) être le roi de Damas, Hazaël. Mais ce fragment brisé et réemployé n'est plus à sa place archéologique originelle, puisqu'il a été sorti de couches de reconstuction tardive. Or Hazaël eut maille à partir, vers l'an 835, avec les royautés nord et sud d'Israël qui subirent une défaite. Si cette date de composition de la stèle est ainsi admise, on peut dire que, un peu plus d'un siècle après le décés de Salomon et un an et demi après la mort de David, la culture araméenne évoque le souvenir, somme toute récent, et de l'existence de David, et des constructions de Salomon et de leur destruction. Les auteurs rappellent un passage du fragment ainsi reconstitué : « J'ai tué Jehoram (Joram), le fils de Ahab (Achab), roi d'Israël, et j'ai tué Ahaz Iahu (Jéhu), le fils de Jehoram, roi de la Maison de David. Et j'ai changé leurs villes en ruines et leur terre en un désert ». De là au moins provient, hors des données bibliques, l'affirmation d'une existence historique de « la Maison de David » : mais cette tablette ne va pas plus loin dans le détail. Que la stèle de Tel Dan ait eu une répercussion bibliographique d'importance, rien de plus évident. Chacun dut faire la révision qui le concernait : les minimalistes dûrent admettre la confirmation archéologique d'une preuve autre que de révélation portant sur l'existence de David, de sa maison et de sa descendance ; les maximalistes qui tenaient là une preuve archéologique et historique de la réalité énoncée par la révélation en devenaient reconnaissants à la poursuite des exhumations archéologiques. Mais ce ne fut pas le seul élément de ce genre. En 1858, on avait découvert au nord de la Mer Morte, un document répertorié, mais délaissé, appelé « inscription de Mésha » : ce dernier régnait sur Moab au neuvième siècle, et comportait une mention qu'on allait se mettre à lire dans le même sens d'une « Maison de David » (Lemaire A.).

Dès lors les perspectives s'inversent : la thèse minimaliste, ne prenant pas la *Bible* pour bible, devait compter sur la seule archéologie pour subvenir aux déficiences des versets révélés et autres sources historiques en l'occurrence. Les écuries salomoniques de Meggido allaient en faire les frais.

S'agissait-il d'écuries? On n'y retrouvait rien qui soit relatif aux chevaux de selle comme de trait, ni aux chars de transport ou de guerre. La ronde interprétative des signes s'affolait à nouveau : signes d'entrepôts pour des jarres en céramiques, dont on avait l'exemple autre part, mangeoires pour des ânes de trait en halte de caravane, baraquements militaires, grandes surfaces commerciales ? Les auteurs que nous commentons s'efforcent d'analyser la terre pour y déceler des traces infinitésimales laissées à l'époque, comme on le fait dans une enquête policière : vu leur destruction, leur réutilisation, il est peu pensable qu'on puisse par là conclure à la présence des chevaux d'époque. De sources assyriennes la prospérité de Jéroboam II tenait à l'exportation de chevaux et l'on trouve dans ces contrées des bâtiments de forme semblable. On en serait à l'étude des tablettes assyriennes publiées par une spécialiste (Dalley St.) qui révèlent nombre de noms de militaires assyriens d'origine israëliennes qui ont conservé une identité nationale, et le roi Sargon II (-721 à -705) s'exprime comme le fait la *Bible* : « Avec deux cents de leurs chars, j'ai formé un bataillon pour mon armée royale ».

Car le leçon porte loin : ce serait sous le règne de Jéroboam II (-780 à -747) qu'on peut trouver cette opulence de l'or et de l'airain, de la fécondité démographique et de la richesse économique, de l'administration civile et militaire, avec autant de relations avec l'étranger : quant aux écuries, elles deviendraient son œuvre. Ironie de l'histoire : c'est à Meggido qu'on a retrouvé une première mention en hébreu, celle d'un sceau royal, orné d'un lion et d'une inscription. Ne serait-ce pas alors cette puissance de Jéroboam II que le deutéronomiste, qui rédige vers -500, aurait projeté sur les règnes bibliquement plus prestigieux de « l'âge d'or » de David-Salomon « dans un bel élan de romantisme et de patriotisme » ?

Mais en -738 la suprématie assyrienne est complète et les anciens alliés considérés comme des serviteurs. L'assyrianisation est prouvée par les plus récentes couches archéologiques de Meggido. Cette terreur assyrienne, qui épargne d'abord Samarie (*Rois* II, XVII, 24), fait de Meggido « un centre administratif régional » pourvu d'un gouverneur et repeuplé de personnes déplacées ; les « écuries » épargnées auraient alors été réhabilitées. À Samarie, finalement conquise et détruite, c'est par contre la population locale qui fut déportée en Assyrie et remplacée par « des populations de pays conquis par mes soins. J'ai nommé un commissaire... je les ai compté parmi les Assyriens ». Ces tablettes assyriennes du règne de Sargon II sont formelles et détaillées quant à la destruction accomplie des deux royaumes d'Israël et des dix tribus de Juda : mais avec ce genre de récits archéologiquement découverts et exploités, on entre dans une compréhension de l'histoire, pour ainsi dire, contemporaine, où la raison poursuit son œuvre indépendamment de toute foi.

Ceux qui ont alors subsisté sur place sont ceux que les Assyriens estiment utiles pour la production d'huile, de chevaux, de savoir-faire. Les scribes du *Deutéronome*, dans leur déréliction, repensent leur précédente histoire en fonction d'une « une explication théologique » puisqu'elle tourne constamment autour de « faire ou ne pas faire ce qui plaît à Iahvé ». Cette tradition judaïque s'impose à Israël et, vers -620, les deutéronomistes commencent à compiler leurs archives, leurs souvenirs et leurs espérances.

Sous Josias en -622, la découverte d'un Livre de la *Loi* dans le Temple de Jérusalem provoque la version originelle du *Deutéronome*, composé au moment du règne de Josias... S'ensuivit une réforme radicale provoquant le jansénisme judaïque : notamment la domination messianique de Juda sur l'ensemble d'Israël. Que deviennent alors les données, apparemment historiques, de ces archives royales, d'où semblent tirées et ces constructions luxueuses du Temple et du Palais et des administrateurs dont on nous nomme jusqu'au nom du concierge ? « On ne saura probablement jamais » quel est le degré de véracité des archives transmises par le texte biblique. Ce minimalisme ne nie pas l'existence historique de David-Salomon, mais révise radicalement notre conception de l'étendue et de la grandeur de leurs régnes : « Jérusalem n'était tout au plus qu'un village typique des hautes terres. C'est tout ce que nous pouvons en dire ».

L'aporétique biblique

Ainsi progresse le savoir dans les sciences humaines : sous la pression des « raisons » avancées pour et contre, le créneau se resserre dans le cadre duquel la validité des assertions devient mieux assurée en ce domaine qui touche au fond des rapports entre raison et foi, aussi bien qu'aux croyances émanant d'autorités variées et souvent peu compatibles avec cette même foi. S'agit-il d'une « Parole » victime des signes implacables du carbone 14 qui la transforme en légende ? Ce serait « la mise en scène idéale d'une inoubliable épopée biblique, celle d'un âge d'or mythique », qui ne fait que « refléter » l'aisance à laquelle est parvenue la Jérusalem, récemment urbanisée au VIIe siècle. « L'objectif des auteurs est d'exprimer des aspirations théologiques, et non de brosser d'authentiques portraits historiques ». C'est sous l'autorité de Josias que cette construction légendaire s'est effectuée, afin de remettre dans la voie énoncée par Iahvé ceux qui s'en était détournés, dont faisait, hélas, partie Salomon avec ses fastes d'or et d'airain, ses femmes et ses concubines, ses relations douteuses avec des reines et rois adorateurs de Baal. Dès lors le fameux passage de *Rois* I, IV, 25, « Juda et Israël habitèrent en sécurité chacun sous sa vigne et sous son figuier depuis Dan jusqu'à Beersheba », ne fait que « résumer ces aspirations d'expansion territoriale, cette nostalgie d'une époque de paix et de prospérité, d'un passé mythique où un roi régnait à Jérusalem sur les territoires de Juda et d'Israël réunis ». Telle est la leçon adressée aux maximalistes « qui prennent pour argent comptant le récit biblique ».

Je n'en viendrai ni à la critique des manuscrits de la Mer Morte, ni aux recherches sur le tombeau de Pierre qui retrouveraient ici les mêmes apories décelables entre nouveau testament, histoire et archéologie souterraine sur le site de Quomràm ou sous la basilique romaine. Un livre n'est pas fait pour la redite de multiples exemples convergents. Les années 1950 connurent d'insolubles conflits exégétiques entre maximalistes pro-esséniens et minimalistes secondarisant ces écrits par rapport à ceux de la Bible. L'herméneutique tétragrammique dotait le texte révélé d'un sens soit hautement ascétique et mystique, relevant de la critique apocalyptique, ou bien ne le considérait que comme une dissidence sectaire, à supposer que ces manuscrits n'eussent pas été fabriqués au Moyen-Âge ! Les années 1960 ont vécu une actualité tourmentée entre maximalistes et minimalistes romains. Ne doit-on reconnaître que la primauté de Pierre et passer sous silence celle de Paul ? Pierre est-il venu à Rome ? Le tombeau de Pierre subsiste-t-il sous le siège des papes ? La preuve qui pouvait légitimement être recherchée archéologiquement fut tentée, elle ne fut pas pontificalement confirmée. Une localisation archéologique ne relève pas des signes de foi, et si même les données de terrain en donnaient l'assurance, il resterait à les interpréter. J'étais alors en complicité informatique, dans le cadre des travaux romains de T. Gregory, avec le P. Busa qui électronisait la *Somme*. Il me procura la faveur de m'enfoncer dans ce site souterrain grandiose. Sous une profondeur équivalente à la hauteur du dome de Michel-Ange, il fallait se glisser, par d'étroits boyaux récemment fouillés, dans les allées de cet ancien cimetière étrusque puis romain, indubitable, sur lequel fut rabattu le sous-sol de la basilique. Mais on changeait de culture, sinon de siècle et d'ère ! Dans tout ce qui fut découvert aux environs de l'emplacement supposé de la tombe de Pïerre, on ne put retenir qu'une inscription archéologiquement indiscutable, mais discutée de toutes parts aussi bien en sa reconstitution qu'en son interprétation.

– IV –

Le statut des signes

Une recherche à prétention philosophique pouvait-elle, dans ces conditions, en revenir à une arcê métaphysique, qui émît la prétention, à partir d'un terme entitatif, de recréer les conditions dans lesquelles une conscience réfléchie pouvait prétendre épouser l'irréfléchi. L'irréfléchi, dès qu'il est question de le réféchir, est expulsé de son essentiel silence et perd sa mutité créatrice. Le réflexif sous les signes duquel il tombe l'extrait de son impartageable présence puisqu'il ne peut que se le *re*-présenter dans le disparate de l'absence langagière. Nul n'ignore aujourd'hui les difficultés d'accès qui environnent les signes métaphysiques par lesquels on tente d'expliciter les indices annonciateurs de la réalité humaine : « néant », « être », « il y a », « là », « le-là », « ça est là », « avec » etc. La phénoménologie du prépositionnel a pris le pas sur les ontologies entitatives. Au point que les apories sur lesquelles on butte proviennent plus de la nescience dont on ne peut qu'environner « être », plus encore avec la majuscule « Être » et non pas moins quand on coordonne être à néant, que de l'emprise, jugée excessive, des techno-sciences sur le statut ontique de l'*homo*. La « modernité » passant pour la cause d'effets peu souhaitables que l'on constate dans la cœxistence au sein de la réalité humaine mondiale, en quoi et jusqu'à quel point en est-elle responsable? Ne présente-t-elle pas au contraire en son sein même des avancées peut-être plus en pointe que celles dont se gausse la post-modernité? Encore faudrait-il en repérer les gîtes, les expressions et surtout en envisager les applications humanistes. C'est dans l'existence qu'il fallait ressaisir les signes.

Avant d'en venir là, il faut trancher la question posée par ce fait même qu'un langage à forte connotation philosophique s'énonce et que, à supposer que l'« *esse est percipi* » y soit formellement concerné, l'ouverture sur le « *percipiens* » ne soit pas aussitôt reclôturée par une mise du pensant sous tutelle entitative substantialiste. Historiquement dit : pourquoi Leibniz, depuis la période parisienne et durant la constante affirmation de la branche « idéalistique » de son architectonique disjonctive n'a-t-il pas cessé de raisonner de la vérité du phénoménal, malgré les automates systémiques à vocation communicationnelle qu'il a fait fonctionner sur le mode réalistique. La seconde branche de ce dilemne disjonctif consistait en effet à déployer les phénomènes à partir d'une substantialité fondatrice (*forma substantialis, entelecheia, monade, vinculum substantiale*). Aussi, quand il a dépouillé en 1710 le *Treatise* de Berkeley a-t-il affirmé sa différence : certes, idéalistiquement, l'espace et le temps sont des ordres du simultané et du successif selon lesquels se donne dans la réalité humaine intramondaine le *percipi* au *percipiens* : mais, réalistiquement et contre Berkeley, « *quid substantiatum ?* » Quel est l'exister même du *cogitans* et quel est, corrélativement, le statut de l'étant des *cogitata* ?

Si la cosmophysique mathématisée newtonienne ne s'applique pas au-delà du tourbillon solaire, Descartes ne se privait pas de postuler l'existence d'une multitudes d'autres tourbillons, qui ne pouvaient être positionnés que hors des orbites planéaires, ni de cautionner une expansion de l'univers au-delà du monde repérable par notre observation et notre expérimentation. Les 200 occurrences de *vortex* dans les *Principia* témoignent de l'importance du concept dans la vision cartésienne du monde exposée dans la *Pars III* avec les figures bien connues des combinaisons vorticales. Les deux parties principales du monde visible, le système soleil-planètes et l'ensemble des étoiles fixes correspondent à un nombre indéfini de tourbillons, l'un pour le système solaire, les autres pour une indéfinité d'autres systèmes dont chaque étoile fixe est le centre. Or ces tourbillons stellaires existent « en nombre indéfini ». Par rapport à notre tourbillon solaire et à l'observateur terrestre, ces étoiles fixes diffèrent en grandeur, en brillance et par leur distance du système solaire qui est « plus éloignée jusqu'à une distance indéfinie », si bien que le Soleil ou Saturne sont extrêmement proches de nous en comparaison de l'éloignement des fixes. Cet éloignement fait qu'elles répugnent à l'observation possible des années 1640. Il ne faut pas les concevoir, contrairement à l'observation, comme reposant sur une même sphère, mais au contraire, comme réparties à des distances qui les rendent très éloignées les unes des autres ainsi que leurs tourbillons ambiants. Ces tourbillons conservent entre eux les distances relatives égales que nous observons dans le ciel des fixes, mais ils sont en fluctuation mouvante les uns par rapport aux autres. La circulation tourbillonnaire est similaire à celle qui affecte le tourbillon solaire où gravitent nos planètes : elle se poursuit dans un milieu qui n'est pas entièrement vide, contrairement à la théorie de Newton et conformément à celle de Leibniz, mais dont les parties fluides sont très agitées. Si ces tourbillons sont homogènes et durables, ils vieillissent quand les étoiles se recouvrent, comme le soleil, de matière croûteuse qui en réduit la portée lumineuse. Deux effets s'ensuivent, ou bien le tourbillon implose et les autres, selon leurs forces propres, se regroupent autour de lui; ou bien l'étoile se décompose par tache et émigre dans un tourbillon voisin où elle devient comète ou planète. Il en va de même des taches solaires qui émettent des parties corpusculaires qui vont « vers les centres des tourbillons d'alentour », alors que d'autres, plus fines « peuvent passer de tous côtés vers le Ciel ou bien être repoussées vers le Soleil ».

Leibniz ne s'étant apparemment pas aventuré dans l'espace interstellaire a considéré comme admissible cette théorie cartésienne, au point de faire de cette matière fluidique solaire et céleste le principe microphysique de sa critique du *cosmos* newtonien. Il disposait par là largement, et par bien d'autres ouvrages d'astronomes, d'enseignements sur la manière de concevoir des modèles cosmiques compatibles avec la *Dynamica* aussi bien qu'avec la *Monadologie*.

J'en évoque seulement deux échos. Le premier concerne l'expansion de l'univers autrement qu'en termes fictifs de possibles : « Quand je parle de ce monde, j'entends tout l'univers des créatures matérielles et immatérielles prises ensemble, depuis le commencement des choses », car « absolument parlant, il paraît que Dieu peut faire l'univers matériel fini en extension, mais le contraire paraît plus conforme à sa sagesse » (V, § 30); que la matière n'ait pas de bornes ne signifie pas qu'elle est nécessaire, ni qu'elle a été de toute éternité : mais elle est l'effet du choix de Dieu qui l'a mieux trouvée ainsi par application du *prs* (mais non pas parce que cela lui plaisait). Le second se rapporte inversement à cette sous-division actuelle, c'est-à-dire réelle et opérationnelle, des corpuscules à l'infini qui est au cœur de la condamnation des théories atomistes aux éléments précomposés et indécomposables, mais aussi des éléments durs cartésiens, malebranchiens ou spinoziens. Clarke s'entend rappeler l'inexistence dans la nature « de portions parfaitement solides, toutes d'une pièce, sans aucune variété ou mouvement particulier dans leurs parties… Chaque portion de matière est actuellement sous-divisée en parties différemment mues, et pas une ne ressemble entièrement à l'autre » (V, § 22).

Bergson ne fut-il pas, avec *Durée et simultanéité*, victime de ce qu'il déplore : un durcissement de l'adoucissement de la durée face à l'espace-temps.

Ce qui n'a pas encore été observé commande ce qui va devoir l'être et ce qui entre sous l'observation expérimentale entraîne et une nouvelle estimation de l'infinité et de nouvelles particules élémentaires. À quel élément s'arrêtera la physique nucléaire? Notre situation dans cet ensemble de particules peut-être définie comme étant celle d'une vitesse faible comparée à la vitesse de la lumière. La compatibilité avec le champ newtonien était entière tant que cette vitesse restait inférieure à celle de la lumière et nous pouvions à la rigueur extrapoler nos intuitions cognitives courantes dans le champ physique newtonien de l'attraction-gravitation en termes d'espace et de temps analytico-géométrique. Mais dès que la vitesse des phénomènes considérés devient proche de celle de la lumière, l'estimation des phénomènes devient non intuitive, et ressortit d'un espace-temps que seuls maîtrîsent les calculs de la relativité restreinte. Quand c'est la gravitation qui devient trop intense, l'observateur doit être considéré comme étant lui-même en déplacement et, à son tour, la relativité restreinte doit laisser place à la relativité générale. Enfin quand c'est la taille des particules qui devient inférieure à celle de l'atome, on ne peut plus parler qu'en termes d'ondes-particules qui cœxistent en se supprimant et dont seule la théorie de la mécanique quantique peut rendre compte en termes d'équations aux dérivées partielles. Je ne doute pas que, de là, on ne puisse retrouver quelque cas particulier comme celui du *cosmos* newtonien, avec ses éléments et ses lois, mais l'histoire prouve que ce n'est pas en compliquant Newton mais en le dépassant que les progrès de la physique mathématique ont été possibles. On peut certes compliquer une théorie en développant ses extrapolations moins complexes, mais on ne peut la prendre comme base de départ pour l'englober elle-même dans la considération du plus complexe. On doit donc prendre garde philosophiquement à cette dérive de l'espace et du temps hors de nos cadres *a priori* de la sensibilité et même hors du cadre analogique d'un « *sensorium Dei* ».

De cet ensemble mouvant à grande vitesse épistémologique des théories mathématico-physiques est-il possible d'envisager un englobant cognitif à partir duquel chacune de ces directions interprétatives cosmiques pourrait être rendue déductible? Une telle théorie du Tout devrait alors répondre à la fois aux questions concernant la gravitation, l'électricité, le magnétisme et la thermodynamique. Il semble admis qu'Einstein ait passé ses vingt dernières années à rechercher en vain comment une telle quadrature pouvait devenir algorithmiquement compossible.

La tentative bergsonienne de sauver une durée intuitive indépendante du temps cosmique ainsi recyclé dans des structures de plus en plus complexes d'espaces qui ont non seulement une dimension temporelle, mais de plus 5 ou 11 dimensions selon des théories et qui de plus subissent des effets de courbure, interdisent de recourir aux intuitions de la géométrie plane et aux coordonnées de rapport espace-temps de la mécanique newtonienne. Si Bergson n'a pas insisté pour rééditer *Durée et simultanéité*, c'est que les objections, dont il eut quelque peine à se convaincre, émanaient non moins que de ses discussions et de ses correspondances avec Einstein ou Lorentz qui avaient quelque raison de l'en dissuader, comme je l'ai exposé dans le tome *Correspondances* de Bergson, PUF.

Ce que veut sauvegarder Bergson est évidemment la distinction qu'il n'a cessé de remodeler dans ses œuvres successives entre la durée intuitivement vécue et une temporalité alignée sur l'espace considéré, non pas comme relevant de l'intuition de l'étendue, mais comme descendant d'une applicabilité ancillaire des sciences sur ce qui aurait été propre au domaine de la philosophie.

Les savoirs et les actions provoquées par les techno-sciences ne sauraient donc être indifférents à notre *praxis* quotidienne, pas plus qu'à notre éthico-savoir. Il en résulte que notre savoir et notre action éthico-morale en sont profondément modifiées. L'humanisme du XVIIe siècle devenait un humanisme de la pluralité des mondes, l'humanisme du XXIe siècle devient celui d'une infinité de mondes infinis. Tout se passe comme si la formule que Malebranche réservait à Dieu pour en distinguer l'essence de la pluralité des mondes de l'infiniment grand et de l'infiniment petit physique ou biologique, « l'infini infiniment infini », devenait applicable à la conception d'un univers considéré comme Le Tout de cette infinité de mondes infiniment infinis. Sur la notion même de l'infini, la rationalité a considérablement gagné. Elle n'a plus tendance à s'en effrayer en craignant de s'y perdre, mais elle y dresse autant de paliers et de passerelles qu'il lui convient pour y progresser, soit intellectuellement par ses conceptions nouvelles, soit concrètement en réalisant ses ambitions astronautiques.

D'une méthode l'autre

L'existiturience des propres de l'*homo* est telle que les possibilités qui s'y trouvent impliquées, ne sont accessibles que par le biais d'un partage, sans cesse reconduit, qui engendre autant de taxons différentiels du développement de ce genre. Méthodologiquement, nous n'avons pu progresser que par franges et par fronces en effectuant une approche différentielle qui maintient chacune à sa place, mais les intègre toutes dans autant de profils en divergence sous de puissants symboles, qu'on se trouve dans l'humanisme du quotidien, dans celui des sciences moléculaires de la vie ou dans celui des démêlés bibliques. Dans ce cas, la vaste catégorie des hominidés se détache à l'intérieur d'une ensemble d'animaux à performances signalisatrice entre lesquels des classes doivent être distinguées et les voisinages retenus. On comprend le ressort de cet incessant partage des propres quand on apprend que, par exemple, sur le point du conditionnement cérébral, les chimpanzés doivent être classés sous le genre *Homo* et se rapprochent de l'homme de Cro-Magnon parce ce que la différence de leur matériel génétique n'est que de 1,6 % au terme d'une disparité amorcée voici 5 ou 6 Ma, de moins de 2 % avec les gorilles et les orangs-outans. Un ancêtre commun les a précédé et ils n'ont cessé de cœxister dans la réalité du monde.

À quel signe l'homme reconnaît-il ce qui lui est propre ? La complexité de la question vient de son dédoublement : qu'est-ce que nous délimitons quand nous parlons de l'humanité dans son ensemble ? À quoi nous restreignons-nous quand nous parlons de l'homme-que-nous-sommes ? La complexité redouble quand on admet que les facteurs de la catastrophe conduisant à une espèce humaine restent caractérisables à partir de son auto-reconnaissance dans l'histoire universelle où elle cherche à se situer, spécifiquement aussi bien que singulièrement, grâce à la saisie d'une durée intérieure, au bâti des concepts et des jugements ; le tout étant devenu exprimable dans un langage non seulemnt prononciateur, mais énonciateur, auto-compris et transmis dans une auto-hétéro-compréhension.

La difficulté du sujet tient à la vétusté des approches par « facultés » qui ont réduit à trois ou quatre les performances humaines : dès lors l'appréciation interprétative, du fait de ce système de référence corseté, ne permet pas une comparative adaptée à l'ampleur de cette question du propre de l'homme. Mieux vaut parler de « frange » bergsonienne ou de « fronce » à la Thom. On exprime du moins par là que de tels propres possibles ne sont pas isolables, ce qui entraîne effectivement dans certains ouvrages qui en traitent maintes redites du fait que la même documentation est sollicitable selon des horizons divers. Ces propres, s'ils ne sont pas hermétiquement attribués, apparaissent plutôt comme relevant d'un système de signes appropriés non concentrique, exprimable par des réseaux de remarques dont les franges ou fronces sont en superposition. Ce qui veut dire qu'au total tout y est dans tout : mais alors quel est ce tout dont la parcellisation reste imbornable ?

Les résultats obtenus en primatologie comparée reposent sur l'évaluation des conduites de nos cousins les plus proches : chimpanzés, bonobos, gorilles. Ce n'est que depuis 10 Ma que cette différenciation interne aux monidiés se poursuit, une goutte dans l'océan des âges cosmiques. Ce qui veut dire que non seulement les conduites humanoïdes sont testées face à la conduite humaine, mais que, entre hominidés, on s'est mis à différencier fortement les espèces. Il est loisible de le faire sans évoquer un seul instant la question des origines absolues : on se satisfait, comme en tout cadre de principe nécessaire ou probabiliste, d'annoncer des origines relatives et relationnelles de ces espèces entre elles.

Le modèle « cladistique » et la « systématique phylogénétique » s'adjoignent avec succès les données de l'anthropologie moléculaire : relations de parenté entre lignées indépendamment de tout modèle évolutif, différenciation entre espèces simultanées, comparative intergroupe : quels hominidés font preuve de telles et telles conduites ? La classification progresse selon deux types de vecteur qui rendent compte de la phylogénie. L'un, qui est modélisé sur les classifications traditionnelles en voie de perpétuel reéajustement, qui se développe selon des schémas en stratigraphie, en faisceau, en fourchette, en bouquet, en parallèles séquentielles etc.... dont la science des graphes ne saurait manquer d'alimenter les dispositions. La cladistique repose en ce domaine sur le transformisme de souches hétérogènes prises pour point de départ. L'autre qui s'intéresse plutôt au nœud originel homogène d'où démarrent ces branches d'arbres en posant la question du manchon d'être qui en alimente l'évolution, disons depuis le premier Adam et, si possible, dans son antériorité mitochondriale.

On pratiquerait en somme un occasionalisme dont l'Académicien des sciences Malebranche avait proposé la généralisation au bio-humain par cette fresque des espèces (*Entretien* VIII) qu'il convient de relire. Une drôle d'idée, disais-je à propos de Leibniz, dont la puissance interprétative est volontiers admirée en son hypothèse psychoparalléliste non causale (occasionnaliste) lorsqu'on l'applique en éthologie ou en neurophysiologie expérimentale, où elle reste pleinement opérationnelle.

Si les techno-sciences de nos jours reconnaissent volontiers leur dette envers le créateur du calcul binaire et de bien d'autres avancées mathématiques dont les applications cybernétiques modèlent le rendement des engins-calculateurs qui arment intellectuellement aussi bien les sciences exactes, dont la rigueur est redevable au *pn*, que les sciences humaines traversées des probabilités du *prs*, l'avancée dans les sciences de la vie ne reste pas seulement tributaire de l'hypothèse paralléliste psychosomatique : la redevance doit porter bien plus loin.

Car de sa « *tabula non rasa* », il semble qu'on fasse fi, alors qu'on réintroduit à grands fracas ses hypothèses invoquant l'innéité onto-génétique. Qu'est-ce donc que le « *nisi intellectus ipse* », comment interpréter l'hypothèse d'un « *intellectus* » qui précède, conditionne et finalise l'activité réceptrice condensée par Locke dans son « *nihil est in intellectu quod non prius fuerit in sensu* » ? Il est évident que ces données contemporaines provoquent une double interrogation. La première porte sur la nature de cette innéité qui se trouve à l'œuvre dans le combinat psycho-physiologiste que nous venons d'évoquer. La seconde sur l'interprétation qu'on peut avoir de cet « *intellectus ipse* » hautement revendiqué par les *Nouveaux Essais*.

Il faudrait avant tout s'entendre au sujet de ce propre leibnizien que Kant a dénommé « intellectualisme », en l'opposant à l'attidude « sensualiste » de Locke. Précisément, dans ses répliques à Locke, Leibniz distingue entre « la vérité des choses sensibles qui ne consiste que dans la liaison des phénomènes » (*NE* IV, 2, 2, § 14). Grâce à cette liaison, la réalité des choses sensibles est distinguée des songes. Mais il faut introduire conjointement une distinction antécédente : celle qui assure du sensible comme tel et qui le différencie de l'imaginaire des songes aussi bien que de la rationalité de ces vérités nécessaires qui s'instruisent entre les idées.

Le sensible qui n'est pas encore relation réalisante n'ouvre qu'au « préjugé » dans le contexte cartésien, car cette liaison des phénomènes, qui dépend du « jugé » est relié par les principes de la raison. Pour autant n'y a-t-il aucun principe de la sensibilité relevant d'un jugement naturel dépendant de l'institution de la nature que du construit intellectuel sur lequel tout jugement proprement dit est constitué ? On finit par s'interroger sur « la nature de notre existence » dont les sens traduisent l'institution naturelle sans médiation de jugement, portât-il sur des phénomènes. Aussi Leibniz estime-t-il que Locke « a raison de dire qu'il y a de la différence pour l'ordinaire entre les sentiments et les imaginations » (§ 14). La liaison des phénomènes garantit certes « les vérités de fait à l'égard des choses sensibles hors de nous », mais « la vérité des choses » sent les choses sensibles dans l'immédiateté d'une plus grande vivacité que ne l'est, sauf exception, celle qui accompagne les songes. Après tout, le criterion de la liaison des phénomènes peut à son tour être insuffisant dans l'hypothèse métaphysique « d'un songe suivi et durable comme la vie d'un homme », témoin ces sujets à qui l'on faisait voir sous narcotique les femmes nues du paradis de Mahomet afin de justifier leur croyance.

N'oublions pas que les *Meditationes de veritate* (1684) spécifiaient leur programme en découpant à la fois des degrés psychologiques et des degrés logiques : au niveau sensible correspond la connaissance claire mais confuse. Le « sentiment » qui exprime cette prise de conscience de l'existence de choses hors de nous est certes au plus bas étage de la gradation, mais il est indispensable à la progression du reste de l'échelle logique et psychologique. Il en ira de même pour la chaîne des substances de la cladistique dichotomique continûment graduelle de la métaphysique monadologique. Aussi Leibniz peut-il entériner le passage de Locke (§ 14) où il est arrêté que la connaissance sensible établit l'existence des êtres particuliers hors de nous, au-delà de la simple probabilité. Ce degré d'évidence nous élève au-dessus du doute par la vivacité propre du plaisir, de la douleur, de la joie, de la misère.

Il n'est pas question de sous-estimer l'intérêt ni la portée des « idées » grâce auxquelles se construit « la vérité des choses sensibles » qui n'apparaît que quand s'établit la liaison entre les phénomènes sur lesquels elle porte. La cognitivité leibnizienne repose sur cette revendication logique générale de « l'enchaînement ». Mais il s'agit de profiler cette connaissance par liaison inter-phénoménale *sur un fonds qu'elle ne cesse de postuler* pour que son positionnement réalistique appliquée à l'*infima specie* devienne envisageable : cette phénoménalité relationnelle porte sur un substrat irrationalisable en termes d'enchaînement. Ce sont bien là des « idées », mais des « idées des qualités sensibles… couleurs, saveurs, goûts, sons, senteurs, qui hors liaison, ne sont que des fantômes »(*NE* IV, 4, § 1 ;

6, § 7). Les *NE* insistent longuement sur cette *réalistique fantômatique de la phénoménalité sensible* : ces « phantômes sensitifs », « ces phantômes confus », « ce phantôme de transparence », « ce transparent artificiel », comme l'est celui de la roue du moulin qui tourne dont ne voit plus les pales et dont la notion distincte n'apparaît que lorsque la liaison propre à la rotation trouve dans le repos son explicitation mécanique et analytique du mouvement. Ce terme de « fantôme » est plus exact que celui de « qualité » ou d'« idée » : car nous n'en apercevons qu'une analyse imparfaite et nous n'y remarquons aucune connaissance d'enchaînement. Ce qui devient méthodiquement intéressant, tient dans la référence de ce fantômatique à un système d'enchaînement plus large et plus lâche que celui de la liaison du phénoménal par les techno-sciences. Car il reste à rendre compte du parallélisme entre le fantôme sensoriel confus-diffus et la liaison inter-phénoménale : seule l'hypothèse d'une harmonie préétablie généralisée permet de rendre raisonnablement compte de cette co-présence de la matière sensorielle et de la forme entéléchique. Si l'« idée sensitive » fonde la vérité de son phénomène dans les sciences claires et distinctes, elle reçoit son *exister* fantômatique d'une connaissance claire mais confuse et obscure.

Le statut du vivant humain se complique en raison de sa perfection propre d'« animal raisonnable ». L'hypothèse subsidiaire du parallélisme somato-psychique, qui repose sur une variante de l'hypothèse générale concernant la coprésence diachronique et synchronique d'un matériau et d'une forme dans le vivant raisonnable, est volontiers recueillie comme conséquente et admissible aujourd'hui par les pionniers de la neurologie cérébrale et de l'anthropologie de terrain. Car la cladistique leibnizienne vient à la fois s'épanouir et s'échouer sur ces réalités fantômatiques qui nous révèlent l'exister avec… différentiel sans que nous ayons la capacité d'y appliquer un déterminant qui en intègre les compossibilités dans une fonction. Reconnaître ce statut du sensible justifie dès lors philosophiquement l'hypothèse majeure de l'harmonie préétablie universelle, dont nos actuels anthropologues saluent la remise en condition valide pour leurs propres explications. Leur problématique se heurte constamment à cet *infima specie* face à laquelle ils se trouvent quand il font surgir de terre un fossile humain, quand ils prennent pour objet d'étude un homininé, quand il s'intéressent à l'apparition de l'*homo sapiens*. À partir de quel « *in-fima* » pourra-t-on avancer quelque con-firmation ? Toute classification postule une mise en groupe pluriel de ce qui était un seul.

Or l'hypothèse d'un tel parallélisme postule un axiome de la « concréation » que Leibniz n'ignore pas et qui nuance singulièrement tout ce que l'on peut interpréter comme relevant du platonisme de l'auteur des *NE* : « nos idées seraient enfin innées, ou au moins concréées, ou bien il faudrait faire les âmes éternelles» (*NE* I, 1, § 5). Ces restrictions sont d'importance. Une innéité due à l'éternité des âmes implique à la fois la dualité exclusive des corps et de ces âmes et rend impossible toute explication aussi bien par la causalité entre les deux que par leur parallélisme. Or la concréation désigne au contraire une création étagée des corps et des âmes qui peut alors être soit *ab origine*, soit *in transitu*. Si elle est *ab origine*, on ne peut expliquer pourquoi elle tarde tant à se développer dans l'humanité et qu'il faille attendre sept ans pour chaque humain avant qu'il atteigne l'âge d'en disposer. Par contre la concréation supporte que l'apparition de l'âme végétative et de l'âme animale soit antérieure au développement de l'âme humaine que la concréation fait apparaître au temps où la confirmation végéto-animale de l'individu présente des marques suffisantes pour en pratiquer le fonctionnement. Nous allons vérifier cette large propension du leibnizianisme à rompre avec un fixisme de l'idée innée pour accorder à cette innéité des marques temporelles relative au développement des organes de son corps.

Certes la détermination de l'espèce dans les classifications de figures géométriques comporte nombre d'individus semblables : mais plus leurs figures et leurs formules se compliquent moins ces figures comptent d'individus semblables : si tous les cercles sont d'une même espèce, une ovale à trois foyers a un nombre de genres ou d'espèces « infiniment infini ». Il n'en va pas de même pour des « individus physiques » dont relèvent en ce sens « les corps organiques » : chaque monade composante aussi bien que la monade dominante sont des vivants dont la similitude spécifique est établie selon une « génération humaine ».

L'hypothèse générale (« mon hypothèse est plus qu'une hypothèse ») qui commande cette monadologie repose dans cette idée de « système » que Leibniz traduit par son occasionnalisme *généralisé*, donc ne concédant plus aucune des régions du savoir à l'explication par les causes secondes efficientes, en harmonie universelle préétablie. Il s'agit de trouver pour les classifications « un système tolérable et commode » permettant de faire en sorte que « plus on approfondira la génération des espèces, et plus on suivra dans les arrangements les conditions qui y sont requises, plus on approchera de l'ordre naturel ».

Toujours est-il que les *NE* abordent de front la question des espèces logiques en se demandant comment signifier les substances, c'est-à-dire des monades qui ne sont plus seulement nues (et il n'en est pas), mais « habillées », et, comme on va le voir jusqu'à se revêtir d'un manteau d'Arlequin. La détermination de l'espèce consiste à découper lexicalement l'habit de la monade. La procédure dichotomique selon laquelle se développe l'ensemble de la *Monadologie* (poématisable) donne le descriptif des chaînons selon une arlequinade en voie de complication dans les performances : celles qui sont d'un degré supérieur continuent à porter les couleurs de celles qui les précèdent (*natura non fecit saltus*). Il n'y a de saut dans l'itinéraire monadique que quand on se met à distribuer des attributs à « ce qu'on appelle Dieu », aucun de ces attributs n'étant du niveau fini des attributs intramondains, ce qui revient à déterminer le signe Dieu comme étant un être sans spécification, et chacun de ces attributs *impliquant* une infinité absolument infinie, ce qui en fait un genre absolu, non pas extra-mondain, mais supramondain par le signe duquel on ne peut rien *expliquer* à des êtres finis sur leur singulière finité aussi bien que finitude. D'où, pour l'être de la nature qui se trouve au milieu de la chaîne, l'obligation d'en passer par les principes qui fonctionnent à son niveau en se jouant et des enveloppements antécédents de la monade et de ses développements futuristes.

À partir de cet observatoire médian, la monade centrale humaine prend la maîtrise de ses dérivations et s'y reconnaît en les référant aux deux principes qui en sont constitutifs afin d'y classer les individus qui entrent dans son orbite. Mais où que ce soit qu'on pousse les « dernières espèces logiques », aucune ne parviendra à désigner l'*infima species* qu'est l'individu. Ainsi la table de Porphyre procure une entrée suffisante pour ce qui est de la mise en place de la « sorte » d'individu dont il s'agit, mais elle est totalement inapte, et il faudrait l'inverser, pour épuiser l'énonciation des attributs de cette substance-là. Deux individus réels complets identiques attenteraient à cet autre principe rationnel, qui oblitère les indiscernables.

L'exister avec... leibnizien, est donc très loin de conspirer avec la dérélection, le souci ou l'angoisse; il est au contraire en possession d'une plénitude inquiète qui, au milieu de la chaîne des êtres, lui accorde d'en expliquer et d'en comprendre les deux versants, hormis le *supramundanum*.

Leibniz ne peut donc que faire sienne la déclaration de Locke (*NE* III, 6, 12) selon laquelle il n'y a pas de vide dans les « variétés » corporelles ou spirituelles du monde. La descente vers les variétés se fait par « de fort petits degrés » en « suite continue » : « il y a des poissons qui ont des ailes... des oiseaux qui habitent dans l'eau... des amphibies... des veaux marins... des marsouins (porcs de mer)... entre animaux et végétaux... il y a des bêtes qui semblent avoir autant de connaissance et de raison que quelques animaux qu'on appelle hommes ». À l'inverse, « il y a beaucoup plus d'espèces de créatures au-dessus de nous qu'il y en a au-dessous... ». Locke ne vient-il pas « de dire les choses mieux que je n'aurais espéré le faire » ? Théophile ajoute cependant « quelque chose d'approchant » : n'y aurait-il pas des espèces possibles qui n'existent pas, car elles ne sont pas « compossibles », ce qui ouvre l'espèce à une virtualisation qu'elle semble avoir en propre. Il n'est pas seulement approchant d'en venir au compossible et de quitter par là l'ancrage lockien dans le naturel réalistique : il s'agit d'autre chose, de distançant, qui va être relié au « système » de la parfaite harmonie à laquelle sont référables ces « créatures mitoyennes » énumérées par Locke.

Je retiendrai seulement de la pratique du ni... ni... la position du marqueur « race » qui joue un rôle considérable dans la définition leibnizienne du règne humain. *GP* en comporte 32 occurrences, dont 25 dans les *NE* avec de fortes rafales dans *NE* III, 6, § 23, § 36; IV, 6, § 4. Toute approche de l'humanisme qui ne commence pas par une réflexion sur ce qu'inclut ou ce qu'exclut ce propre risque d'en durcir la position en un sens qui porte plutôt aux exclusions qu'aux intégrations. *La position leibnizienne est celle d'un humanisme tolérant et ouvert.* La race est un marqueur qui aide à caractériser la qualité d'une espèce ou d'une variété comme en témoignent certains emplois leibniziens quand il réclame à ses correspondants des graines de mûrier ou des vers à soie « de bonne race ». Une valorisation de ce genre peut-elle se rencontrer à propos du genre humain ? On peut avancer que oui dans l'emploi de certaines expressions emphatiques qui appliquent le terme race aux grandes familles qui assurent la conduite des sociétés hiérarchisées de l'époque : un évêque est dit « de la race de Witiking », un prince est dit « de la race des Guelfes ». Selon un usage plus emblématique, l'humanité est de bonne race en ce sens que « nous sommes du genre ou de la race de Dieu qui est la fontaine des esprits », car nous sommes « faits à son image et quasi de sa race ou comme enfants de la maison »(IV, p. 461); notre race est celle « qui demande des signes » à son créateur (*GP* VII, p. 105), ce qui est une autre approche de la raison par le langage. Le signe capital que le créateur a accordé à l'espèce humaine relève de la raison langagière propre à une âme humaine. L'âme humaine rationnelle est le caractère majeur qui permet de différencier la race humaine : la « définition » de la race homme comporte la raison, et elle seule. En conséquence, tout ce qui peut être allégué comme propre de l'homme ne saurait l'emporter sur ce caractère de rationalité.

Est-ce « la variété de conformation », « la figure » ou « la génération » qui conduisent à décider de cette spéciation ? La race humaine ne saurait se réduire ni à la figure ni à la configuration. Ce caractère rationnel, que ne saurait perdre l'espèce humaine n'est pas toujours aperceptible et de nombreux exemples en donnent la preuve dans les *NE*. L'homme sylvestre velu, l'enfant élevé parmi les loups ou les ours pourraient être confondus avec l'orang-outan, ce singe dont l'extérieur est « fort approchant de celui de l'homme, tel que celui dont parle Tulpius (*Observationes medicae*, 1652) pour l'avoir vu, et tel que celui dont un savant médecin a publié l'anatomie (E. Tyson, *Orang-outang, sive homo sylvestris*, 1699) ». Il suffit de le laisser poursuivre son développement pour constater qu'il avancera dans la pratique du langage et des conduites de raison. L'enfant monstrueux qui parvient à avoir de la raison, « l'imbécille » qui manque totalement de l'usage de sa raison, l'« innocent » qui vit jusqu'à 40 ans sans donner le moindre signe de raison. « Le poil d'un magot n'est pas ce qui le fait exclure », pas plus que l' homme des bois velu (*NE* III, 6, § 22-24), pas plus qu'une espèce où l'homme serait imberbe et la femme barbue, pas plus que celles qui ont des queues velues si elles ont l'usage de la parole et de la raison.

Inversement le propre de la race peut être démenti par la figure : le visage d'un enfant qui est dissemblable de ceux du père et de la mère. La problématique très actuelle de la chaîne des hominoïdes que j'ai mentionnée s'amorce : comment « discerner ceux de la race d'Adam de ceux qui pourraient descendre d'un roi ou patriarche de quelque canton de singes d'Afrique » (§ 27) ? Les différences « de conformation », « si elles ne vont pas trop loin », ne peuvent être considérées comme un critère assuré de l'absence de raison. Le mélange des figures ou des configurations ne correspond pas à une marque du mélange des races : l'enfant infirme et handicapé dans le fœtus par l'imagination de la mère, les *mola* etc. On tourne en rond en voulant déterminer ce qui marque le plus la race : le mâle ou la femelle, ou l'un et l'autre, ou ni l'un ni l'autre ? Il y avait de quoi s'interroger sur la configuration de la race humaine quand on consulte les illustrations terratologiques de Licetus relevant comme réellement observés des multitudes de monstres : un corps de pourceau à tête humaine etc. Son livre *De monstrorum natura* de l'édition de 1699 est plein de gravures remarquables composant une sorte de *De Arte naturae combinatoria* de formes vivantes bien connues partiellement ajustées à d'autres, des compossibles de monstruosité. Nos films d'épouvante sont amusements au regard de ces bestiaires parahominiens, naturels et proliférants, que Leibniz ne pouvait considérer que positivement puisqu'ils faisaient partie d'un réel qui enrichissait la gamme des compossibles existentiels, exigeant encore plus de lignées et de taxons que nos paléo-anthropologues n'en conçoivent. Il estimait au demeurant qu'il fallait laisser aux monstres parahumains la chance de se développer, alors que d'ordinaire on les supprimait avant de connaître la suite de leur développement.

La problématique très actuelle de la chaîne des hominoïdes que j'ai mentionnée s'amorce : comment « discerner ceux de la race d'Adam de ceux qui pourraient descendre d'un roi ou patriarche de quelque canton de singes d'Afrique » (§ 27) ? La localisation spatio-temporelle sur ce globe n'est en rien déterminante de la race humaine, ce qui étouffait *ab ovo* le conflit actuel entre les spécialistes européanistes de nos jours qui s'opposent aux africanistes, aux asiatistes ou australistes au sujet de la première implantation de l'*homo* de préférence *sapiens*. La propension nous porte certes à admettre que « nous sommes » les seuls animaux raisonnables de ce globe. Ce « nous » pourrait être inquiétant s'il signifiait, comme s'en plaignent souvent les anthropo-paléontologues d'aujourd'hui qu'il réfère exclusivement à l'Européen de la République des Lettres du XVIIe siècle, ou bien s'il restreignait la possession de l'âme raisonnable à « la race d'Adam », la seule que Jésus-Christ serait venu sauver. Mais qui était venu sauver « les Australiens » que le siècle découvrait ? Le mélange des races ne constitue en rien un obstacle à la possession de la raison humaine. Si la race demeure et ne change pas en passant dans une autre espèce, il suffira d'introduire au sein de cette complexité d'autres marques extrinsèques et intrinsèques afin de l'y encadrer dans sa collection.

À quelle espèce rapporter « les animaux mêlés », les « *mola* », le rejeton de femmes engrossées par des magots, les mulets descendant d'un âne et d'une cavalle, des jumarts produit par l'accouplement d'un taureau et d'une jument, cet animal engendré d'un chat et d'un rat. Leibniz enregistre ces exemples exposés par Locke qu'il connaît aussi d'autre part et répète que nos « marques » ne sont que conjecturales et présomptives. Car « on n'a pas encore assez de connaissance des effets des mélanges des animaux, et on détruit souvent les monstres au lieu de les élever ». La race est métisée; la génération prétendûment stérile à partir d'eux est féconde dans certains cas ; la figure peut être monstrueuse sans que l'esprit le soit.

Or de ces « mélanges », surtout dans le domaine des plantes hybrides par la bouture, « les changements des espèces, et même les changements dans une même espèce réussissent souvent avec beaucoup de succès ». « Peut-être que dans quelque temps ou dans quelque lieu de l'univers » les espèces des animaux sont, ou étaient, ou seront plus sujet à changer qu'elles ne font présentement parmi nous (§ 23).

Leibniz outrepasse cependant l'observation réalistique pour faire déborder sa cladistique, non plus sur l'empiricité du ni… ni…, mais sur l'imaginaire du plus… plus… L'*homo hanoverensis* est-il assuré de sa stabilité rationnelle et corporelle ? La futurologie leibnizienne s'accommode fort bien de remarques de ce genre : « nous ne savons pas jusqu'où nos connaissances et nos organes peuvent être portés dans toute cette éternité qui nous attend ». Remarque tout à fait recevable puisque nous pouvons juger que connaissances et organes humains se sont considérablement modifiés en trois siècles et que ce peu de 100.000 ans suffit pour entraîner des modifications crâniennes et comportementales dans l'espèce humaine. On en conviendra aisément pour ce qui est de nos savoirs, mais on restera sceptique sur nos organes : pourtant la statistique du corps humain enregistre des différences de taille, grandeur et grosseur, des différences de longévité, des taux de naissance et de mortalité etc. des deux éléments du couple humain. La « tendresse » déborde-t-elle hors des cartes de l'excellent roman de la *Clélie* quand elle se veut mondiale, la haine s'amoindritelle tant qu'elle reste sous l'impulsion exterminatrice des religions? Les nouvelles possibilités explosent dans cette bibliographie romanesque que se plaisent à rapporter les écrits leibniziens, ne serait-ce que pour *NE*, IV, § 1 : le *Scandiano* de l'Arioste, l'*Amadis des Gaules*, et autres vieux romans, les *Histoires* de Lucien, les voyages de Cyrano de Bergerac, les grotesques des peintres dont ne manquaient les exemples ni dans les compositions rococo de son temps, ni dans ses visites aux peintures antiques romaines. On peut certes imaginer d'autres « animaux raisonnables » que « ceux qui nous sont connus », d'une espèce différente de la nôtre : un royaume des oiseaux poétiques ou peut-être que « dans quelque temps ou dans quelques lieux de l'univers… » existent des animaux qui ont quelque chose du chat, du lion, du tigre, du lynx « qui pourraient avoir été d'une même race et pourront être maintenant comme des sous-divisions nouvelles de l'ancienne espèce des chats ».

Puisque la présomption joue un tel rôle dans l'attribution des propres et la classification des espèces, la logique du probable s'impose, avec laquelle on sort de la stricte nécessité qui commande à la conclusion de sûres certitudes pour entrer dans le champ de « la connaissance du vraisemblable ». La recherche des degrés de probabilité devient l'objet d'une science-calcul, mais elle met aussi en œuvre des procédures logiques dichotomiques d'un savoir-approximation qui n'achève jamais l'estimation des vérisimilitudes.

À l'inverse, suffirait-il de la pure raison et du don de la parole pour que l'espèce humaine soit délimitée par le haut? Si les génies, si les anges, disposent de la raison et d'un langage, l'humanité perd son propre qui ne peut être reconquis que par la restitution des propres qui viennent d'être évincés, sans quoi, génies et anges seraient aussi des hommes. La figure, la configuration, la race etc., reprennent leur droit si on dispose les espèces selon un enchaînement de l'ensemble. L'union reprend alors ses droits métaphysiques et le parallélisme psycho-somatique reprend sa validité de plus qu'hypothèse.

Remonter jusqu'où? L'élan cladistique exige qu'on aille jusqu'à l'hypothèse métaphysique, celle de la monade à la substance de laquelle inhèrent aussi bien son passé que son présent et son avenir que son ici et autre part.

On finit cependant par découvrir une hiérarchie entre la raison et la parole; *la parole reste l'ultime signe qui permet à la raison d'affirmer son propre* : « qu'on ne retourne pas aux temps où les bêtes parlaient, car alors nous perdrions notre privilège de la raison en préciput » (§ 27). Car ne voilà-t-il pas que l'affirmation de rationalité par le propre du langage est contestée : « les oiseaux si différents de l'homme s'approchent de lui par la parole, mais si les singes savaient parler comme les perroquets, ils iraient plus loin». Cette allusion au *Discours de la méthode* en modifie d'un «si…» (le possible compossible), les restrictions massives que la déclaration de la primauté du *cogito* imposait aux hypothèses émises sur les *cogitata* du *cogito*. Et si l'on pousse dans le sens inverse l'«*inventione la piu vagua*», on parviendra «aussi à avoir des idées des créatures incomparablement plus grandes qu'on a eues jusqu'ici». Dans ce § 12, la créativité logique l'emporte sur la définition d'autorité: le propre de l'homme consiste certes en une raison douée de deux principes et de plusieurs autres secondaires, mais sa participation par des espèces adjacentes, anciennes ou futuribles introduit ce rectificatif qui fait de *l'approchant* tout autre chose.

Il ne faudrait cependant pas tomber dans le travers de certaines classifications médicales par trop sous-multipliées à partir de pures conjectures, ni s'engager dans la voie de «certains Jurisconsultes de la première race (depuis Irnerius jusqu'à Jason) qui nous accablent par le grand nombre de règles ou bracardiques qu'ils ramassent outre toute mesure, avec leurs exceptions ou fallences, jointes aux ampliations, limitations, restrictions, distinctions, pour ne rien dire des réplications répliquées. Ces sortes de renversements ou périergies sont fort ordinaires aux hommes…» (*GP* VII, p. 179). Leibniz irait-il jusqu'à pousser la cladistique vers la mise en éventail ou en parallèle ou en faisceau de «lignées» humaines différenciées, participant selon des évolutions synchrones à durée inégale, à ce propre de la raison? Car «dans le cas de l'homme nous avons une définition qui est réelle et nominale en même temps».

La recommandation leibnizienne revient à s'arrêter au «bon sens», à ce qui satisfait à la définition par la possession et la pratique des deux principes de la raison. Leibniz ne s'y était pas tellement trompé. Certes il prend souvent comme repère conversationnel ou discursif la définition du propre de l'homme par «la raison». Théoriquement, la raison n'est pas moins un moment de la chaîne des êtres qui n'en est ni le début ni la fin, donc qui n'est pas tributaire d'un anthromorphisme puisqu'il provient d'une simplicité de plus en plus habillée de la monade nue qui prend aussi la forme du génie, de l'ange et des esprits bienheureux, à aucun moment la chaîne de ces formes n'étant désolidarisée de leur matière.

En elle-mêle la raison est duelle: la raison nécessaire est applicable aux formes qui en précède le porteur, mais il faut faire appel à la raison suffisante pour enquêter sur ce qui lui succède dans cette échelle. Alors s'impose une «forte présomption» à titre de «preuve provisionnelle et proportionnelle à nos connaissances»: ainsi «nos marques ne sont que conjecturales». Les passages d'espèce en espèce peuvent être insensibles: combien garder de poil pour être chauve; mais physiquement parlant on ne s'arrête pas à toutes les vérités pour délimiter la liste des espèces : nous n'avons pas à balancer entre un épagneul et un éléphant. On peut même croire aussi sans choquer la raison, que des espèces aient en commun une nature intérieure constante spécifique, qui ne soit plus sous-divisée ainsi « en plusieurs autres telles natures, et par conséquent ne soit plus variée que par ces accidents... ». On peut certes « balancer » dans la séquence des espèces canines, mais entre chiens et éléphants « il n'y pas lieu ». Pas plus entre les animaux « empiriques » et les hommes « rationnels ». Or voilà bien encore un point où l'anthropologie leibnizienne n'a plus rien à voir avec l'anthropologie kantienne : le refus de la spécification par la race. Un voyageur a cru que les nègres, les chinois, les américains « n'étaient pas de même race entre eux ni avec les peuples qui nous ressemblent ». Cet européanisme est strictement condamné : malgré ces signes extérieurs la raison demeure en tous ces hommes et se rencontre en ceux-là : « nous n'avons aucun sujet de juger qu'il y ait parmi les hommes selon la vérité de l'intérieur, une différence spécifique essentielle ».

Transformation et évolution

Nos experts en évolution de l'humanité ont parfaitement repéré l'aide méthodologique que leur apporte l'hypothèse (plus qu'une hypothèse) de l'harmonie préétablie. *Or, leibniziennement, cette harmonie reposait sur d'autres considérations qui méritent d'attirer leur attention.* Il ne s'agit pas, pour le philosophe, de procéder à des analogies transhistoriques sans portée signifiantes, ni d'en rester à des métaphores. La doctrine leibnizienne très travaillée de la « *vis insita* » met en œuvre le lexique corollaire de cet « *involvere* » dont la portée est bien connue des métaphysiciens puisqu'elle est au fondement de la logique de la substance simple monadique en ce qu'elle ne se réduit pas à un simple « *implicare* » : par là, son étude ne relève plus de la logique formelle qui enchaîne ses propositions sous le *pn*, mais d'une logique déontique qui exige l'observance du *prs* dans le champ de composition des sciences « humaines ».

On conçoit avec netteté la position leibnizienne concernant les répartitions classificatrices : comment envisage-t-il la succession interne aux divers chaînons dont nous avons précisé la statique distributive. Nous envisagions la question du vivant dans la synchronie : mais qu'en est-il de sa diachronie ? En quel sens et selon quel processus ces chaînons spécifiques évoluent-ils ? Cet effort cladistique porte en lui un acte d'éclatement, de partage et de rebondi qui écarte à chaque instant de la chaîne tout profil de continuité sans rupture.

Ces remarques sur la génération portent très loin et conduisent Leibniz à faire pour les dogues d'Angleterre ou les chiens de Boulogne des essais classificatoires qui postulent ouvertement *des lignées transformistes remontant au mitochondriaque* (*NE* III, 6, § 38). Peut-être ces chiens descendent-ils d'une « même ou semblable race éloignée qu'on trouverait si on pouvait remonter bien haut ». Leurs ancêtres porteraient encore des indices de similarité, mais « après de grands changements, quelques-uns de la postérité sont devenus fort grands et d'autres fort petits ». Quand je dis mitochondrial, nous y atteignons, au vocabulaire près, dans l'intentionnalité cladistique leibnizienne : « On peut même croire aussi sans choquer la raison qu'ils aient en commun une nature intérieure constante spécifique, qui ne soit plus sous-divisée ainsi, ou qui ne se trouve point ici en plusieurs autres telles natures, et par conséquent ne soit plus variée que par des accidents, quoiqu'il n'y ait rien aussi qui nous fasse juger que cela doit être nécessairement ainsi dans tout ce que nous appelons la plus basse espèce (*speciem infimam*) ».

La question se pose ainsi : Camerarius ou Burckhard conjecturent qu'il y a dans la plante un principe femelle (la graine ou la semence correspondant à l'œuf de la femelle animale) mais aussi une autre semence poudreuse (le pollen) méritant le nom de masculine que le vent ou les insectes font s'envoler vers les graines d'une même plante, ou d'une plante voisine (le chanvre). Leibniz entame une démarche qui n'est que trop commune aux auteurs des ouvrages d'actualité auxquels nous nous référons : « si cela, dis-je, se trouvait vrai », on contrôlerait « la manière de la génération des plantes » et « je ne doute point que les variétés qu'on y remarquerait ne fournissent un fondement à des divisions fort naturelles ». Des « génies supérieurs » pourraient trouver quels sont « les attributs fixes pour chaque espèce communs à tous ses individus et toujours subsistants dans le même vivant organique, quelques altérations ou transformations qui lui puissent arriver ». De plus, il en va de même pour la plus connue des espèces physiques qui est l'humaine, qui a son attribut fixe, la raison « qui convient à chacun des individus inammisiblement, quoiqu'on ne s'en puisse pas toujours apercevoir ».

Toujours est-il que de cet ensemble réfléchi sur la cladistique, Arlequin devient l'illustration fabulatoire; sur le théâtre, on ne peut en finir de dépouiller Arlequin de ses habits. On n'en finirait pas plus dans la science du vivant de dépouiller « ces réplications des corps organiques qui vont à l'infini » (§ 41), ni, métaphysiquement, de déshabiller la monade.

L'organigramme logique de la *Monadologie* assemble dans un bouquet final et poématique toutes les pièces du puzzle leibnizien, reposant sur une disposition dichotomique d'ensemble. La chaîne des êtres qui en résulte ne relève pas d'une représentation linéaire continue, ni droit, ni courbe. La mesure de la chaîne tendue relève de la géométrie plane euclidienne. La mesure de la *catena,* dont l'analyse géométrique cartésienne ne pouvait venir à bout, pas plus que les tentatives galiléennes, ne fut résolue et rendue évidente qu'avec la solution infinitiste que Leibniz fit afficher en 1692 à l'ordre du jour de l'Académie des sciences de Paris et de toutes les Académies de Parme et de Bologne. *Cette résolution du problème de la chaînette, satisfaisante pour la connaissance nécessaire de la courbe en question, ne sert de rien pour exprimer la chaîne des êtres.* Il y fallait donc une progression suivie mais discontinue, plus exactement représentable par un parcours en dent de scie dont les pointes ou les creux se succèdent d'autant plus aléatoirement que l'on ne dispose pour les jalonner que d'une dent de la dernière période du Miocène ou de fragments de mâchoire témoignant du déclin des hominoïdes après le Miocéne s'achevant. Il devenait donc méthodiquement normal que, les témoignages recueillis se multipliant, on pût pousser plus loin la dichotomie des genres de la sous-famille des homininés, contraint alors d'inventer le néologisme d'*Omo* pour désigner le genre où se développent, selon les mêmes heurts de profil, des espèces hominiennes. La question « *de qui* sommes-nous ? » commençait à recevoir une réponse qui enrichissait la conquête du tout humain dans le grand Tout. Si on ne peut dire quel est le plus parent de l'homme, ce qui devient patent, c'est que l'espèce humaine proprement dite (*homo faber, homo sapiens*) partage un destin, antique, actuel et futur, avec ces hominidés dont les plus proches parmi les paninés continuent synchroniquement leur cursus biomental.

Où en serions-nous avec Leibniz, pour cerner dans son contexte ce que nous avons rappelé au sujet de l'Adam et de l'Ève bactériens ? Toutes les monades partagent des déterminations originelles (mitochondriaques) qui font l'objet des 7 premiers articles de la *Monadologie* : simple et sans partie qui entrent dans les composés (§ 1); composé qui est un aggrégat des simples (§ 2); ni étendue ni figure ni divisibilité, « véritables Atomes de la Nature et en un mot les Eléments des choses » (§ 3); pas de dissolution ni de mort naturelle (§ 4); ni commencement ni composition (§ 5); création et annihilation (§ 6); ni altération ni changement venant des autres monades (« les monades n'ont point de fenêtres » (§ 7), proposition qui converge vers l'hypothèse de l'harmonie préétablie. Et voilà en quoi le § 8 répond à la question posée au début de notre réflexion : « Cependant il faut que les Monades aient quelques qualités, autrement ce ne seraient pas même des Êtres ».

J'ai recueilli dans *Malebranche, Académicien des sciences* les avancées des *Entretiens* X-XII qui, en 1688, font le point sur une originalité du vivant singularisant cette « science de l'homme » dont la médecine commence à être l'une des sciences exactes adjuvantes. L'infinité en petitesse, l'infinité quantitative, l'infinité qualitative font de l'univers une « merveille » à condition de ne point omettre l'infinité génétique qui couronne les quatre infinis malebranchiens. Dans cette direction de l'enveloppement des germes, Malebranche innove sur le fragment des deux infinis. On y atteint, bien autrement que nos archéologues au « Temple du vrai Salomon ». La fécondité des êtres vivants et leur magnificence sont inversement proportionnels à leur grandeur. L'emboîtement statique des espèces repose sur la dynamique de « la petitesse incompréhensible » des germes, petitesse appuyée sur les inclusions exemplaires tirées de cette autre science adjuvante : le calcul infinitésimal leibnizien. Les premières semences ou embryons ont inclus le développement de toute la séquence spécifique (le papillon, le ver à soie, le *formica-leo*, le poulet etc....). Quelle était la petitesse infinie de nos corps dans le sperme d'Adam ? S'il faut changer de méthode calculatrice, il faut modifier en conséquence la toise qui devient le diamètre de l'œil du pou. Quelle était « la petitesse effroyable » de ce qui serait notre œil dans le *semen* embryonnaire originel ? Pour assurer la transmissibilité des caractères inséminés dans cette genèse-transformation individuelle et spécifique, il suffit des lois du mouvement, il est vrai révisées à la lumière des critiques physiques anticartésiennes de Leibniz.

Mais en va-t-il de même pour ce qui serait une évolution interspécifique ? Si le verbe transformer et le nominal transformation, singulier et pluriel sont présents dans l'œuvre de Malebranche, on n'y rencontre ni évoluer ni évolution. Il est en effet assuré que Malebranche introduit une seconde différenciation génétique, celle-ci originellement différenciatrice et assumée par l'acte de création, non de conservation (*Entretien* XI, § 9, à propos de « *Germinet terra...* »). Cette création s'effectue hors lois, par le *fiat* créatoriel biblique absolu, que ménageait aussi Descartes dans les *Principes* III, § 45 et IV, § 1. Le commencement n'est pas la reproduction, la naissance n'est pas le développement, la formation n'est pas la conservation, la transformation intra-spécifique n'est pas une évolution interspécifique. Du chaos informe, les lois ne suffisent pas à expliquer la formation différenciatrice des êtres vivants : cette création instantanée divise la matière informe en autant d'espèces qui se transformeront selon les lois du mouvement. Mais cette spéciation est la conséquence de « volontés particulières » créatrices dans le chaos d'une « forme » ou d'une « figure » qui entre en relation finalisée avec la transmission du mouvement qui affectera chaque espèce. Si les corps physiquement considérés sont tous d'une même espèce redevable de son ordre aux lois du mouvement, les corps biologiquement interprétés font intervenir une providence particulière qui assortit tel « moule » à telle transformation mécaniste. sous un ordre-justice généralisé. L'*Entretien* X, § 3, avertissait sur cette restriction que confirme l'architectonique malebranchienne : « C'est beaucoup, que ces lois simples et générales soient suffisantes, pour faire croître insensiblement, et faire paraître dans leur temps tous ces ouvrages admirables, que Dieu a tous formés dans les premiers jours de la création du monde ». Ainsi on peut dire que le transformisme intra-spécifique revendiqué par Malebranche n'atteint pas au concept d'une évolution de toutes les espèces à partir d'un seule, de tous les individus à partir d'un seul.

Je suis revenu sur cette lecture, car elle permet de jauger la différence qui sépare Malebranche de Leibniz sur la question du transformisme intra-spécifique ou d'une évolution inter-spécifique. Si « transformer », « transformation » relèvent du lexique leibnizien usuel, curieusement, les *Nouveaux Essais* n'usent pas plus que Malebranche d'« évoluer » ni d'« évolution ». La mise au rang métaphysique de la théorie des métamorphoses, non des métempsychoses, accompagnait largement les observations et les expériences dont le XVIe et le XVIIe siècle sont friands. Là où fixisme il y a, il ne s'agit plus d'un fixisme immobiliste des espèces. Tant que la *Genèse* régente par les détails de son Sixième jour la disposition créationnelle autoritaire de toute pensée de la vie, force (de loi civile et ecclésiastique) est de s'en tenir au respect de cette révélation. Mais une première brèche est ouverte dans le fixisme si l'on y acclimate des métamorphoses qui expliquent par les lois physiques les transformations intra-spécifiques du vivant. *La philosophie pouvait-elle pousser l'anticipation plus loin et à quelles conditions une doctrine transformiste à verticalité multiple appliquée à un fixisme monocentrique de base pouvait-elle faire place à une doctrine évolutionniste introduisant à la fois un monocentrisme élémentaire généralisé et une verticalité sinon unique, du moins en fourchette ?*

Sous réserve de confirmation quand on aura des index exhaustifs de l'œuvre, je puis avancer dès maintenant que la latinité moderne leibnizienne fait preuve d'une double originalité. À l'égard de la latinité classique, Leibniz inscrit cependant dans son lexique usuel le terme « *evolutio* » que les Latins ne semblent pas avoir pratiqué; ils usent peu d'« *evolvere* » que Leibniz aura rencontré dans les *Géorgiques*, dans les *Métamorphoses* ou dans le *De Natura rerum*. À l'égard de la néolatinité, il se trouve qu'« *evolvere* » ne connaît que 3 occurrences dans l'œuvre de Descartes, aucune dans l'*Ethica*; mais on en compte 22 rien que dans *GP*. Il n'est pas plus question du nominal français « évolution » dans Descartes ou dans Malebranche. Si bien qu'on peut avancer que Leibniz est *un des premiers grands utilisateurs du verbe « évoluer » et (peut-être) le créateur du terme latin nominal « evolutio » dont on recense 6 occurrences dans GP, alors qu'on en compte une en français dans une proposition où ce terme a été utilisé une des toutes premières fois en langue française : « de changements, involutions et évolutions est devenu l'animal présent »* (*GP* III,

p. 579). Il est trop tôt pour fournir des occurrences chiffrées pour l'ensemble de l'œuvre, pour dire si c'est là un *hapax* d'« évolution » et pour étudier quand et comment cette terminologie est entrée en fonction langagière et discursive. Le vaste ensemble informatisé de VI, 4 (1678-1690) en ignore tout, aussi bien que les trois premiers volume de *A*, VI. Un criblage selon les dates est pour l'heure hors de question; une remarque globale est cependant patente : c'est avec l'entrée en fonction de « monade » que les appels à la « *vis insita* » dominent l'œuvre terminale. Cette fonction lexicale fait jouer les oppositionnels « *involvere* » <–> « *evolvere* » dans le champ d'une « *transformatio* » dont il reste à déterminer le territoire d'application et la portée transitive quand son vecteur central est désigné en deux occurrences comme progressant « *per evolutionem naturalem* ».

Quelques-unes de ces occurrences se rapportent à la nomenclature même (« *Lexicon evolvere* ») : la terminologie de la notion d'étendue, celle de la réalité, celle de l'idée qui évolue du confus au distinct; que les termes évoluent, entraîne des ambiguïtés, des contradictions, des erreurs. Le vocabulaire de la « force d'agir » est des plus variables et nous avons établi nos repérages sur la disjonction architectonique à partir de ce que Leibniz exprime au sujet de cette évolution de son lexique métaphysique qui réinvestit successivement « *forma substantialis* » (1678), « *entelecheia* » (1691), « monade » (1696).

Plusieurs de ces occurrences concernent le champ mathématique : la suite des nombres évolue, la variable évolue, la ligne de la cycloïde évolue.

D'autres se réfèrent aux hypothèses métaphysiques : la critique de l'action directe entre les substances a évolué vers l'occasionnalisme mais doit évoluer vers l'harmonie préétablie; les sources et les principes de nos perceptions sensibles évoluent comme les représentations intellectuelles que nous avons; les phénomènes évoluent comme nos sensations.

Il revient à des observations psychologiques de mettre en évidence l'indestructibilité de la « *vis insita* » de la monade : dans le sommeil profond, dans l'apoplexie, dans l'évanouissement, nous sommes privés de tout ce que la perception « *involvit* » de distinct, qui est lié à la mémoire et à l'attention; certes nous conservons une multitude de sensations confuses qui suspendent tout exercice du corps, mais quand les forces reviennent (« *cum tempore massa iterum evolvi* ») la stupeur s'efface au profit des sensations distinctes (*GP* VII, p. 330). Quel bel exemple en avons-nous eu avec le rêve d'Athalie !

Ces observations psychologiques valent pour expérience concrète, introductrice à la doctrine biologique (*ibidem*) où dominent les termes qui habilitent la « *transformatio* » du vivant portée par ce « *virtualiter* » dont nous remarquons que le propre est de permettre les développements exinscrits de ce qui est ininscrit : « *animalia jam ante conceptionem latere in seminibus sub forma animalcularum insensibilium*». Il allait de soi que Leibniz s'engageât dans la voie transformiste intra-spécifique de Malebranche dont il connaît parfaitement les œuvres. La doctrine des animalcules était devenue très courante pour l'observation armée, ou pour quelque pensée désarmante : le silence de ces cirons infinis... Leur mode existentiel est le mode virtuel (« *latere* ») (« *tectum* »), leur lieu de peuplement est le « *semen* », semence végétale, animale, humaine, laquelle fait aussi l'objet de ces investigations. Il en résulte que « la génération animale n'est pas autre chose que l'évolution et l'augmentation (*evolutio et augmentatio*) de cet animalcule ». Il y a seulement transformation, « *sed tantum transformetur* », ce qui veut dire que, « *naturaliter* », ces animalcules n'ont pas de commencement, pas plus qu'ils n'ont de fin (« *non incipit... non desinat...* »). Vient aussitôt le vocabulaire antithétique qui caractérise la mort qui n'est rien autre chose « *quam animalis involutio et diminutio* ». De Volder, Wagner, Bourguet etc.... allaient être assaillis de remarques terminales de ce genre.

Mais « transformation » commence à fonctionner suivant une double sémantique. Le corps de l'homme, qui a suivi son développement selon les lois biologiques du vivant connaît la même transformation que tous les autres êtres de la nature : « *evolvitur* ». Un texte au moins témoigne que, dans le cas de l'âme rationnelle, il n'a accompli, ce faisant, qu'une partie de ce qui permet d'expliquer une telle transformation : « *partim evolvitur* », suivi aussitôt de « *partim transformatur* ». Selon un tel redoublement différenciateur, « *evolvere* » concernerait ce qui fut le changement interne homogène à la séquence végéto-animalière de la composante rationnelle, « *ex praedelineatione* ». Si « *transformare* » est distingué d'« *evolvere* », c'est selon un autre vecteur de sens qui concernerait le changement hétérogène concernant l'apparition opérationnelle, non larvaire, de l'âme humaine qui jusqu'ici était restée latente et virtuelle dans la compositon de l'animalcule. En ce sens, « transformation » emprunte un vecteur nettement transformiste, relevant de la métamorphose au sens plein, d'un changement de degré tel que ce soit une « forme » innovante qui apparaisse avec son propre spécifique rationnel.

Avec Des Bosses, qui cherche à établir un manuel de métaphysique leibnizienne compatible avec l'enseignement aristotélicien exigé par son ordre, la question se complique du fait qu'il faut répondre à ce que peut bien être l'état animalculaire de l'âme rationnelle, propre de l'homme. Passe encore pour les fonctions qui relèvent du vivant végétal ou animal, mais est-ce à un certain moment du développement transformationnel du corps humain et de ses organes, dont on conçoit sans heurt qu'il puisse être dans la lignée transitive des animalcules en voie développement, mais sans heurter, on ne saurait prétendre que l'âme humaine en son épanouissement rationnel en découle. Si adjonction hétérogène d'une âme rationnelle il y a, était-elle déjà créée, est-elle alors créée, comment est-elle unie, par quelle juxtaposition, par quelle cohésion, par quel « *vinculum substantiale* », etc. ?

Leibniz surmonte la difficulté. Si le point de départ n'est pas de pure matière passive, s'il est déjà, comme disait Cajetan, enrobé de « *materia signata* » ; si la matière est « signée », quasiment au sens que nous reconnaissions plus haut à signer-signature, alors un développement comportant l'augmentation d'une faculté signifiante est d'autant plus admissible qu'il n'y a pas, en leibnizianisme, de pensée sans signe, que ce soit le simple signe de la pensée exclamatoire prononciatrice, que ce soit les signes enchevêtrés d'une éventuelle langue-calcul caractéristique à signes arbitraires de la pensée énonciatrice. Sur une telle théorie du langage signifié-signifiant, le profil animalculaire devient ce qui est donné à ses correspondants d'en lire. La rationalité est produite « *sponte* », « *per evolutionem naturalem* », « *ad gradus rationalitatis eveheretur* », « *evolvatur* », « *evolvitur* », avec cet *hapax* de langue française dans *GP* : « par beaucoup de changements, involutions et évolutions, l'animalcule est devenu l'animal rationnel présent ». Cette évolution est rendue possible parce qu'elle était inscrite et enveloppée dans cette matière signée des animalcules qui deviennent des « Atomes métaphysiques ». Aux monades convient, tout autrement que matière ou matériau, ou même que cette « *materia vestita* », ce lexique de la dynamique : « *inesse in actu signato* », « *lateat in actu signato* », « *in actu signato praeexitentes* », « *actuositas primitiva* », « *vis insita* ». *On ne serait donc plus au sein d'un dualisme cartésien ou malebranchien, mais on entrerait dans une doctrine où l'inter-spécifique peut jouer grâce à un monadisme logicisé.*

Ainsi la méthode leibnizienne ne mérite pas seulement attention par son hypothèse générale, mais aussi par les dispositions de détail qui rendent cohérent le parallélisme psychophysique sous l'harmonie préétablie. Cette prédélinéation qui conduit à des mises en fonction successives et hétérogènes du végétatif, de l'animalité, de la rationalité *à partir d'un même animalcule*, postule un schéma du progrès continu qui se différencie en cours de chemin. Non seulement le développement interne au genre, végétal, animal, humain, y évolue selon sa propre délinéation, mais aussi se transforme en un autre genre dès que s'impose une dominante d'un ordre supérieur dans la gradation des complexions successives. On aurait donc là au minimum un évolutionnisme interne homogène à chaque genre, mais aussi un transformisme hétérogène d'un genre moindre à un genre plus performant.

Trouve-t-on trace d'un évolutionnisme généralisé, c'est-à-dire d'une conception des progrès du vivant tel que toutes les sous-espèces des espèces de tous les genres sous toutes les superfamilles puissent dériver de la particule *Alpha* homogène pour engendrer jusqu'aux vivants hétérogènes +*Oméga*[n]? « *Ut navis Thesaei* », en flux perpétuel, telle que ce soit la même « machine naturelle » qui « transforme, augmente, diminue, *involvatur et evolvatur* ».

La *Causa Dei*, qui couronne la *Théodicée*, comporte un § 81 qui avait de quoi remuer le siècle en attendant qu'on dispose des *Nouveaux Essais*. Si protoplastes il y a, il faut savoir que la formation des végétaux et des animaux n'est pas produite « *ex massa quadam confusa* », mais à partir d'un corps latent dans la semence est déjà animée. Dans le protoplaste, les rudiments organiques des vivants et des âmes elles-mêmes sont enfermés « *quae sub tempora omnia evolverentur* ». La différenciation s'opère quand le corps organique se met à revêtir une figure humaine : alors le degré rationnel de l'âme « *eveheretur* ». Ici, Leibniz ne prend pas parti : « je ne définis pas, écrit-il, s'il s'agit là d'une opération ordinaire ou extraordianire de Dieu ». Cette nature protoplastique « *proditura* » est « *signato actu exercitum praeveniente* ». Ce qu'il y a d'assuré dans l'œuvre à partir de 1696, c'est qu'il y a des monades, que le pluriel en est original et que si la monade Dieu, « *supramundana* », est increéée, les monades intramondaines sont créées ou émanées : une problématique de l'évolution généralisée tient à cet *ou*. S'il y a création, rien de décisif ne peut être doctrinalement induit, Dieu ayant pu créer des monades qui se transforment aussi bien qu'une seule monade dont toutes les autres découleraient; mais ce n'est jamais là le sens de « monade dominante » qui est strictement réservé à cette monade aux fonctions supérieures sous laquelle les monades à performances moindres sont rangées par l'acte de l'esprit qui délimite le contour des agrégats et les désignent selon leur *situs* dans les séquences rationnelles. Leibniz aimait à confondre ses correspondants par des prouesses langagières qui touchaient au fond de l'expressionnisme de son monde naturel : « *Inter alia mallem dicere omnem Monadem esse incorporatum, quam monadatum, seu omnem Monadem suum corpus organicum habere, atque ita vivum constituere. Substantiatum ego appello aggregatum ex Monadibus, omne vivum appellari posset Monadatum, quod ab una scilicet Monade dominante vegetatur. Vicissim posset dici omnem Monadem monadare, seu corpus aliquod vivum vegetare, sed non ipsam monadari* » (à Hanschium, 4 septembre 1716; Leibniz est mort le 14 novembre). Par contre, s'il y a émanation, la séquence d'un *fiat* en création continuelle abolit la distance creusée par le *fiat* de l'hétérogène et autorise le découlement des monades à partir d'une monade initiale qui, si l'on admet l'ambigu « *Deus sive Natura* », introduit une homogénéité généralisée du vivant d'où l'hétérogène ne provient plus que *gradu et signato* en conséquence de l'effort cladistique rationnel.

Faire signe

Selon le mythe prométhéen, le larcin du feu permettait la naissance du savoir-faire et du savoir-connaître. Faire signe ne serait que propager le feu dans le champ du devoir exister avec... Nous nous consumons dans cet océan des signes enrobés ou édictés qui nous renvoient à ce qui n'est pas. Faire signe, que sera-ce d'autre que dédoubler son image interne sous l'éclairement projeté dans le miroir de l'avec... vocal ou emblématique ? Il n'est pas besoin d'être grand clerc en philosophie aussi bien qu'en primatologie ou en traumatologie moléculaires pour s'apercevoir qu'avec l'interrogation sur le langage nous entrons dans le vif de ce problème du propre. Admettons que les propres précédemment abordés soient devenus impropres à la lumière de maintes philosophies aussi bien que des dernières études poursuivies sur le terrain ou dans un aménagement zoo-anthropologique ouvert : affirmer que le langage est le propre de l'homme prête immmédiatement à contestation si nous en croyons ce que nous n'avons cesser de côtoyer par l'écoute de l'environnement.

Le signe n'est-il qu'un outil permettant d'autres performances, sans l'outil-objet, mais doué de l'efficacité de faire apparaître sa matérialité pratique dans l'imaginaire mythique ou inventif? Nous avons déjà eu à dire, dans l'observation quotidienne du langage animal, dans nos observations triviales et spontanées, de quelles modulations adapatives et différentielles elles se trouvent affectées et de quelles réponses variées à la voix font preuve ou le chat ou le chien, comme d'ailleurs tous les animaux domestiques et dressés au contact humain. La relation de la chatte et de ses petits s'inscrit dans un système de signaux olfactifs détectables par l'espèce que le léchage répand sur les nouveaux-nés, sur les tétines, sur les poils : mais s'y surajoute le ronronnement. Le bébé singe use de signes vocaux, bien avant de pouvoir être adapté à un langage représentatif. Eux aussi, les primates disposent naturellement de signes émissibles et audibles qui établissent une communication entre congénères ou une différenciation d'autres espèces : les observations de terrain ont énormément progressé sur ce point. De plus, l'apprentissage en laboratoire d'un langage parolier conduit à poser la question : à quel type de langage, vocal ou visuel, sont aptes les primates non humains ? L'enfant exprime par ses mimiques bien des réactions aux senteurs, aux odeurs, aux bruits, aux visions, au goût par ses réactions émotives, premiers soupçons de relations causales. Dans notre exister au monde, sons et tons abondent de partout aussi bien que de nous et pas seulement des poètes. W. James avait rencontré l'adhésion de Bergson après avoir longuement publié sur cette primitivité des émotions pré-signifiantes. Faire signe relève de la torche porteuse de feu dans les relais olympiens : *c'est le langage d'entrance dans le monde des compossibilités de l'exister avec...*

La problématique se complique du fait même que la logique humaine qui réfléchit le langage dans lequel l'homme se mire, le connote par l'appel à différents types de signes oraux ou graphiques. Il s'agit dès lors de mettre en relief l'acte lui-même de la signification, prise au sens général de « signer » : faire signe en est le sens inaugural le plus universel et le moins codé. En résulte la distinction que nous établissons entre les sous-divisions du verbe « signer » : faire signe (quelconque), signaler, signaliser, symboliser, signifier et signer, cette fois en ce sens restreint où l'homme appose une signature à un acte vocal ou graphique qui « donne droit »... Est-ce que toutes les variantes de cette variété signifiante peuvent être mises aussi nettement au compte du propre de l'homme ?

Le conditionnement physiologique du langage exige une aptitude de la voix et de la main pour en effectuer les performances vocales, manuelles ou écrites. Le XVIIe siècle s'attarde à ces exigences, d'autant plus qu'elles relèvent de la phonétique naissante aussi bien que des travaux qui conduisent au langage des sourds-muets. La référence anatomique d'une aire cérébrale du langage intervint de façon décisive dans l'établissement de ce propre : le cerveau de l'homme comporte une aire de Broca au niveau de laquelle se produisent les mots parlés, voisine du cortex moteur. Le chimpanzé a bien un cortex moteur, mais l'aire voisine n'est que de production de sons, de vocalisation, pas de mots parlés. De plus le cerveau humain comporte cette aire de Wernicke où se situe la compréhension des mots écrits et celle des mots parlés. Or le chimpanzé n'en est pas dépourvu car il dispose d'une asymétrie latérale des hémisphères cérébraux, à laquelle on reconnaît la présence d'une aire de Wernicke.

Le post-cartésianisme de Chomsky prend en considération différenciatrice une grammaire universelle qui se module dans l'espèce humaine grâce à un contexte neural spécifique. Il est aujourd'hui largement admis qu'il y ait des bases génétiques de la disposition au langage, des aptitudes héréditaires transmises indépendamment de la maturité même du sujet humain puisque le langage est produit avant que l'enfant n'ait la capacité de le produire. On va même jusqu'à reconnaître des bases socio-culturelles de l'acquisition du langage mais voici que les chimpanzés peuvent en disposer et que leurs aptitudes héréditaires sont reconnues. Quand l'expérimentateur décrit un signe en se mouvant selon une trajectoire en dent de scie sur le terrain, le chimpanzé réorganise l'arrangement des signes selon une trajectoire simplificatrice : il a la capacité d'imaginer une réorientation du signifiant topologique donc d'avoir mémorisé le chemin-source et de projeter un chemin-cible.

Ce n'est pas tellement pour des raisons d'aire cérébrale que les singes, qui sont experts en ce qui concerne le faire signe, n'accèdent pas à des formes plus complexes de la signifiance. La paléo-anthropologie emprunte à la paléo-climatologie des précisions au sujet des variations des conditions climatiques qui ont conduit (il y a 3 Ma) à l'établissement d'une période sèche. La paléologie des fossiles humains conclut, pour une phase de la même période, à l'abaissement du larynx chez les pré-humains, à l'approfondissement du palais, à la verticalité de la symphyse, à l'acquisition d'une « caisse de résonance » entre respiration-expiration, palais, cordes vocales, langue et lèvres, qui dote anatomiquement l'espèce qui en hérite de l'outillage nécessaire pour que l'exercice de la voix soit capable d'émettre des sons sur des tons variés et identifiables. Rien ne saurait étonner le biblique qui intègre des catastrophes naturelles d'Assur comme le déluge, capable de modifier ou de multiplier les espèces. Ce serait par cette divergence anatomique (ce qu'exposaient lucidement Descartes et Cordemoy) que le genre humain se différencierait langagièrement après avoir acquis cet appareil phonétique lui permettant d'accéder à d'autres signifiants que ceux qui relèvent de faire signe. Si faire signe n'est pas le propre de l'homme, il est vraisemblablement celui de l'animalité en général, si toutefois certaines espèces végétales ne font pas signe en attirant ou repoussant des proies ou des prédateurs environnementaux, en changeant de couleur ou de contexture, de procédés de capture ou d'évitement.

Signaler

Avec *signaler*, on adjoint à l'entrance dans l'exister avec… la compossibilité de faire signe *selon un langage synthétique ostensif*: montrer un objet pour le donner à voir. Le premier geste sémiotique du bébé de l'homme consiste à pointer l'index. Cette conduite renvoie à quelque *soi* qui en assume la source, mais il y a surtout un découplage de l'expérience environnementale consistant à désigner quelque chose, relevant du soi ou du presque soi, à l'isoler d'un magma intramondain, à en faire un « abstrait », non pas une abstraction, par défaut sémantique signifiant par appel à un langage analytique. Le désigné reste au niveau du signal d'avant même le « ça » qui met en jeu la sémantisation, ce qui postule une conscience pré-réfléchie du rapport à l'exister avec… : la connexion d'un objet reconnu avec un visage familier, avec une interaction envisagée, avec un acte émergeant qui fait éclater le monde en choses et êtres. L'enfant passe de la pratique du gazouillis au balbutiement et à un langage de plus en plus structuré : puis, entre 20 et 30 mois, il se métamorphose par le langage signifiant à condition qu'un univers intersubjectif l'ait accompagné et favorisé de ses signaux porteurs.

Mais, là encore, entrons-nous dans le propre langagier de l'espèce humaine ? Très sensible aux menaces d'attaque, le vervet des savanes lance un signal d'alarme pour faire partager l'imminence d'un danger à son groupe. Ce signal, de nature acoustique, serait différencié selon l'espèce de l'animal prédateur qui se présente. Quatre sons divers signalent aux congénères la présence soit d'un léopard, soit d'un python, d'un aigle ou d'un babouin. Les membres du groupe réagissent différemment selon le signal émis : se perchent, fuient vers les arbres en regardant à terre, se mettent à couvert quand la menace est aérienne, ou bien réagissent peu. Cette observation est confirmée par l'expérience d'acoustique enregistrée qui diffuse ces même cris d'alarme sans la présence du membre du groupe qui les émet. Les réactions restent semblablement orientées quelque soit l'âge ou l'état d'excitation du singe-émetteur, mais aussi si on fait varier la durée, l'amplitude, l'emplacement de l'émetteur artificiel. Cette réaction se produirait donc aussi bien en l'absence du singe-émetteur, que de l'animal qui provoque le cri d'alarme, que de l'intensité et de la modulation de ce cri. Assisterait-on alors à un début de « sémantisation » animalière correspondant à ce signal d'un cri diversifié qui désigne une espèce indépendamment de la présence de tout individu qui en relève ? Il y aurait ainsi des catégories sémantiques différenciées de « prédateurs confirmés », de « prédateurs potentiels », de « non-prédateurs ». Les erreurs dans les réponses seraient d'autant plus élevées que le prédateur est difficile à percevoir et à identifier : erreurs élevées quand il s'agit de rapaces volants, erreurs moindres pour les mammifères. Les jeunes vervets sont moins experts à cette reconnaissance spécifique d'alarme que les adultes : le validité de leur réponse dépend de leur environnement social, et sans doute de quelque apprentissage, vu l'étroitesse du rapport qu'ils conservent avec leur mère.

Signaliser

La répétition des signaux et le système de signes indicatifs ou impératifs vise la pérennisation répétitive de l'acte de signaler. *Signaliser relève d'un langage déclaratif, analytique et propensif.* La signalisation use de deux recours.

Ou bien elle reste du niveau langagier pré-linguistique, usant de signes engagés relevant plus du cri que du mot, de la modulation que de la syntaxe : montrer le chemin à suivre par des gestes et des cris directionnels, l'intervention d'un choix à faire, un réglage d'intentionnalité motrice à opérer, tambouriner sur des troncs d'arbre ou des souches etc. Ce n'est pas un propre de l'homme car on n'y fait que répéter ce qui est signalé. Comme le relève l'observation de terrain des vervets, le cri d'alarme est suivi, non seulement d'une relation d'écoute bien entendue, mais aussi « comprise », puisque la direction salvatrice semble indiquée pour tout le groupe et transmise avec le renouvellement de ses composantes.

Si les grands singes ne parlent pas par défaut d'instrument phonétique approprié, ils pratiquent d'autres formes d'échange conversationnel, car ils ont des mains pour faire signe et signaliser, tout en s'accompagnant, quand l'échange se fait à vue, de mimiques faciales répertoriables. Ils émettent un ensemble de signaux acquis au sein de protocultures héréditaires. Un langage intra-spécifique est pratiqué par certains groupes de chimpanzés : en tambourinant sur des arbres, ils émettent un langage sonore passant par la main qui ouvre à quelque système naturel de communication manuelle. Une sémantisation pratique est manifestement à l'œuvre dans ces gestuelles et ces vocalisations, provoquant un système « inférentiel » de communication qui transmet un sens que le récepteur doit donner à l'émission reçue. Au demeurant le visage est nettement différencié dans ces groupes qui vont jusqu'à une centaine d'individus et les échanges de mimiques et de gestes interviennent dans la communication non vocale ou accompagnée de sons. Il est vrai que nous ne nous privons pas de gesticulations ni de grimaces quand nous avons à nous faire comprendre hors référence à une langue connue. Les chimpanzés en action de chasse indiquent par gestes et criaillements la direction à prendre : gestes et cris directionnels semblent fixes dans leur adaptation précise. Dans la distribution des reliefs de la chasse la signalisation des besoins, sinon des désirs, se fait démonstrative et insistante : par l'émission et la variété des vocalisations qui expriment en les réitérant demande, supplique, réclamation, signalisant une croisée de désirs préférentiels entre oignons-carottes et bananes-oranges, avec des signaux rouges allant du calme froid au chahut joyeux. Interviennent dans cette signalétique des gestes : attouchements, paumes tendues ouvertes vers le haut; des expressions faciales : le plaisir de la viande consommée, la préférence portée à des morceaux différents, la cervelle savourée par mastication ralentie, l'hédonisme du lèche-plat qui ne laisse rien traîner dans l'os creux ou le crâne dans lesquels il a mélangé viande et boulette. Dans le sommeil paradoxal, les capacités de symbolisation apparaissent : elles nouent des juxtapositions et superpositions entre traces qui postulent une mémorisation avancée et un choix dans les conduites qui découlent de cette comparative que l'on peut hésiter à dire imaginaire. Sous quelle forme ces traces apparaissent-elles à la chatte ? Les symboles qu'elles expriment ne peuvent relever que d'images floues, mais à forte présence activiste. La symbolisation de la proie exprime sa multipolarité dans le jeu de la chatte avec une feuille, une bille, sa propre queue etc. Cette poursuite à vide de toute proie réelle enrichit son expérience pour voir. Mais qu'une main étrangère s'en mêle, dix griffes crochues, oubliées on ne sait où, jaillissent des deux pattes avant pour se saisir de ce retour impromptu d'une proie possible. Telle est de même la signalisation dont nous usons dans nos rapports quotidiens de l'exister avec…, avec l'animalité aussi bien qu'avec l'humanité.

Par contre l'utilisation de signes symboliques dégagés et conventionnels, de poteaux indicateurs conditionnels ou impératifs semble proprement humaine et a pu être interprétée en termes d'ustensilité : mais c'est plus par son reposoir matériel qu'en tant que graphisme informatif, conditionnel ou impératif. Cette signalisation devient déclarative quand elle informe sur la mondanéité pratique ambiante et suggère une réaction partagée : elle relève de l'acte de symboliser. Cette symbolisation est d'ailleurs poussée si loin qu'elle exige qu'on passe par quelque école pour apprendre quels sont les critères de renvoi aux situations réalistiques.

Symboliser

Avec *symboliser*, le langage humain passe du prononciatif et du propensif *à l'énonciatif, au projectif et au prospectif*; il reprend à partir d'un soi spécifique l'organisation du perceptif dynamique dans lequel s'effectue le jugement naturel précédent. Le déphasage en est complet d'avec l'engluement environnemental du faire signe, du signaler et signaliser gestuels. Le symbole se substitue au monde ressenti, remplace cet environnement signifiant par une construction convenue et signifiée, invente un autre monde, virtuel et peuplé de schèmes dynamiques développant des problématiques imposées aux données empiriques de jugement naturel et soumises à l'arbitraire de signes conventionnels. Cette ouverture à un monde transcendant et descendant de l'énonciation remplace et supplante les gestes et les cris dans le champ de la vie quotidienne.

S'il semble que ce soit là un propre de l'homme dont, selon l'ordre de la nature, l'animalité n'est pas en possession, par contre, selon l'ordre de l'apprentissage sous moniteur humain, la gent simiesque devient capable de symboliser en ce sens descendant et transcendant. Le chimpanzé est capable d'utiliser des symboles appris de manière référentielle. Il fait appel à des jetons qui permettent l'accès à telle ou telle nourriture : ces « outils abstraits » sont à leur tour thésaurisés, échangés ou dérobés. Ces systèmes ne fonctionnent qu'entre l'animal et l'expérimentateur : il ne s'appliquent pas à des relations intra-spécifiques. On ramène ces espèces « intelligentes » à nous rendre compte de leur langage par des variantes du nôtre. Dans l'intra-spécificité des chimpanzés, nous avons noté que l'on retrouvait, vocalement émis, nombre de sons qui relèvent de *faire signe* au sens large et même de *signaliser* en désignant d'où vient le danger et où il convient de se rendre. Mais cette gamme ne va guère plus loin que les exemples triviaux que nous avons relevés du pinson à la chatte.

Les performances vocales enseignées par les expérimentateurs restent faibles et interdisent tout apprentissage de signes phonétiques, à part quelque sons répétififs qu'on ne saurait identifier sans grande précaution à des paroles discernées.

Aussi la limite de la différenciation du propre de l'homme avec celui des primates humains a-t-elle été reportée de plus en plus vers les procédures d'abstraction proprement dite, témoignant de la présence d'une « raison » et pas seulement d'un « instinct ». De nouveau la problématique dichotomique composante des compossiblités se transfère dans le champ des conduites abstractives pour tenter de distinguer en quoi la cognition animale est distinguable de la pensée de l'homme. Font-ils preuve de conceptualisation quand ils classent les objets en fonction de caractères communs ou différenciés : classer des diapositives qui comportent ou non une image d'humains selon une catégorie pareil/ différent, discriminer des photographies de fruits ou de feuilles selon une catégorie comestible/ non comestible ? On vient de mettre en évidence des prémices de « raisonnement » comportant des relations d'identité ou de non-identité. Un « raisonnement inférentiel transitif » se manifeste dans le choix de récipients de couleurs différentes comprenant plus ou moins de nourriture et associés aux signes + et -. Les tests sur les opérations de comptage chez les chimpanzés aboutiraient à reconnaître qu'une « phase de comptage symbolique » s'exerce qui est comparable à celle dont l'enfant fait preuve. Un éminent enseignant de thème grec nous apprenait (hors emploi des aoristes déponents passifs) que son chien poussait le syllogisme jusqu'à une quadruple séquence déductive.

Si l'appareil phonétique des primates ne leur facilite pas l'accession à un langage vocalisé et symbolisant, leur apprentissage au maniement du symbole peut être provoqué dans le cadre d'une symbolique gestuelle d'inspiration humaine conventionnelle. L' idée de La Mettrie était de tenter la communication avec la gent animalière par le biais du langage manuel et facial des sourds-muets : l'abbé de l'Epée venait de retirer les humains sourds-muets du sous-monde du non-langage où leur handicap leur coûtait d'être assimilés aux animaux. On était encore dans un contexte où l'atteinte du niveau « humain » chez l'enfant ne lui était accordée qu'à un « âge de raison » correspondant aux possibilités de leur engagement catéchistique. La femme sortait à peine du genre des animaux sans âme et, bien qu'elle fussent influentes par les lits princiers, leur accès aux formations scientifiques était encore considéré comme hors de leur portée. Le projet se formait donc d'aborder la question de l'intelligence des primates en considérant leurs résultats dans l'apprentissage d'une langue codée à la mesure de leurs organes : car leurs mains ont des doigts et ils disposent d'un visage aux traits extrêmement mobiles avec lesquels ils usent naturellement d'un système naturel de communication.

Le langage des sourds-muets américains, l'Ameslan, a été transposé en signes codés qui apparaissent sur un écran après qu'on les ait sollicités grâce au clavier en lexigrammes d'un ordinateur. Washœ, femelle chimpanzé élevée en famille humaine, apprend en quatre ans 132 signes de façon adaptée et opérationnelle: signes abstraits d'objets, d'actions, d'injonctions. Elle dispose d'une grammaire élémentaire dont elle associe deux mots pour en créer un nouveau allant jusqu'à établir des séquences de mots d'allure phrastique. Ces expériences participatrices montrent que ces espèces expriment par cet artifice symbolique pré-langagier besoins, désirs, acquisition de notions de classes et d'espèces, différenciation, combinaison et communication de 500 signes entr'eux et avec l'homme. Ce recours aux lexigrammes conduit à des inférences transitives, à la numération des petites quantités et au comptage symbolique sur des nombres arabes, jusqu'au maniement de connecteurs logiques associatifs (la pomme et une couleur), consécutifs (fruit à outil pour l'atteindre), et même conditionnels (si… alors…). Étant donné la flexibilité, la nouveauté, l'adaptativité de ces conduites, on peut conclure que le niveau d'une catégorisation à l'aide de substituts symboliques est atteint après dressage adéquat.

Si le règne du symbolique est, par ces remarques, retiré au propre de l'homme, nous commençons à nous appercevoir que ce n'est plus en terme de nature et de propres possédés ou non, que la différenciation de l'*homo* s'impose, mais en termes de gradation dont il convient d'estimer le degré sans trop d'anthropomorphisme.

Signifier

Mais atteint-on pour autant au sens plein de « signifier » ? À supposer que des hominidés possèdent de plein exercice les performances acquises par dressage persuasif, il n'en reste pas moins que cette signifiance vécue et exercée n'émerge pas dans l'intercommunication orale et vocale. L'animal peut certes acquérir une prononciation plus syllabique, il ne parvient pas aux énonciations. Or signifier désigne le langage humain d'exercice intercommunicatif cimentant l'échange extériorisé dans le champ de l'exister avec… suivant de longues bandes interprétatives partagées que ce soit par héritage de la langue vernaculaire, que ce soit par conventions innnovantes d'une langue arbitraire.

Le *fiat* humain de l'existiturience qui fait cœxister les propres de l'espèce tient certainement à ce que l'un des taxons de la cladistique des hominidés dérive de sa capacité d'*homo faber*, celle d'*homo signa fabricans* en entendant par là que le comportement des individus relevant de ce taxon passe du symbolique vocatif ou évocatif à une signification représentative relevant d'un art logique d'enchaînements déclaratifs et démonstratifs. Entendons ici par artificiel, abstrait, mais un abstrait qui, après avoir pu faire appel aux symboles provocateurs d'un renvoi à la chose perçue ou mémorisée, s'est mis à fabriquer des phonèmes ou des graphèmes sans relation sensorielle immédiate avec la chose. Le langage lourd s'y est allégé de son comportement iconique perceptif ou mémoriel pour se subtiliser en voyelles et en syllabes découpant le langage logogrammique selon sa propre discursion, et non suivant une iconologie évocatrice.

Le langage n'est conversationnel que parce qu'il repose sur la dynamique communicationnelle de l'exister avec..., ce qui lui permet d'atteindre l'autre dans la cœxistence mais aussi hors présence, à distance et hors synchronie. L'intersubjectivité, consistant à se représenter ce que se représente l'autre, se substituait au collage qui exigeait la présence de la chose pour fonctionner. L'échange s'effectue hors du champ sensorialisé de l'objet médian, par le canal d'une subjectivité déviante de signes en signes morcelés et réunis. Le réseau de la communication passe à l'écart de la chose ou de la relation sensorielle d'échange : le partage devient participation et des arrangements de simulateurs se mettent en place, construisant de plus ou moins longs enchaînements d'information revenant à l'auditif ou au visuel après un détour qui les déshabille de toute audition primitive aussi bien que de leur visualisation originaire : dessins sur le sable, cailloux ou baguettes, entailles ou burinages etc. Nous insisterons sur cette proto-écriture pour tant est que l'ordre du développement phylogénétique ne coïncide pas nécessairement avec l'ordre de l'estimation philosophique concernant la portée de l'art rupestre où apparaissent ces premiers signes en fougères ou en lèvres qui supportent vraisemblablement d'autres intentionnalités informatives et énonciatrices.

Car les 600 pictogrammes sumériens soumettaient à la rigueur de leur confection burinée l'infinité du perceptif et du mémoriel : la cunéisation de la chose marquait l'ascendance et la revanche que le *faber* recommençait à prendre sur le simple *sapiens*. Les 700 hiéroglyphes égyptiens en prenaient le relais évolutif bien avant que l'hébreu ne se manifestât. Pour sa part l'idéographie chinoise répandaient sous des pinceaux experts des milliers de signes propres à cette langue des tons chère à Leibniz. La systématique alphabétique à signes limités porteuse de nos actuelles langues vernaculaires accomplira une nouvelle étape de l'emprise du *faber* sur le *sapiens* en obligeant ce dernier à en venir à ce taxon redoublé de *sapiens sapiens*, dans lequel il se libérait décisivement de la langue des tons et du parler d'un *cogito* lourd à sensorialité immédiate. Il fallait, pour l'évoquer, qu'intervint la puissance prononciatrice leibnizienne. La signification interhumaine reposait désormais sur des significations d'entendement et non plus sur un sens du sensoriel.

Les processus électronico-informatiques de saisie, de stockage, de déploiement, d'enrichissement, de diffusion, reposent sur des systèmes de signes hérités du calcul binaire leibnizien, constituant le réseau langagier sur lequel repose le développement de nos techno-sciences. Voici qui dépasse amplement les performances de l'*homo*, même *sapiens sapiens*, s'il ne fallait qu'il soit là pour en assurer la manœuvre.

Je sais bien que, dans le petit monde philosophique, on n'aime pas entendre parler des formes d'art qui dérivent des applications de l'informatique; mais je voudrais ici poser cette question : la surabondance heuristique de ces procédures ne réveille-t-elle pas ce qui s'était assoupi depuis l'*homo* seulement *sapiens* quand celui-ci se mit, vers l'an -100.000 à couvrir les parois rupestres européennes de ces expressions d'une *aisthêsis* que nous admirons sans en posséder les clés? Là, nous en fabriquons les clés puisque ces œuvres sont le résultat d'un aléatoire codage qui passe par le minimum mathématique d'un point zéro à partir duquel l'information construite compose selon ses propres procédures ce qui va se transmuer en objet d'admiration. La puissance-calcul galvanique aurait-elle des effets galvanisants sur le créatoriel humain? Doit-on en deviner l'ébauche dans la variété combinatoire des grands graphismes linéaires composés de rectangles colorés et des carrelages polychromes de l'art rupestre?

Signer

L'art rupestre dynamise plus une évocation de la vie qu'il ne suggère des rites funéraires. Toutefois la mortalité, sinon la mort, y est schématisée. L'animal a reçu un projectile humain, l'homme étendu a subi le choc animalier. Il faudra Guernica pour qu'on en vienne aux fresques, hors médiévisme, où il ne s'agit pas du même monde interhumain, du don direct de la mort. Peut-être le matériau armé sert-il encore d'enfer, mais surtout, c'est la dynamique du dessin qui emporte l'émotion impartageable parce qu'universelle. À cet instant, remarquait Bataille, l'homme relevait morphologiquement la tête et, eût ajouté Euripide, il se mit à regarder le ciel. Je suis moins sûr aujourd'hui que ce que Bataille ajoutait à propos de l'interdit, solidaire du constat de la mort, fût aussi entièrement propre à l'homme qu'il semblait alors. Que le sentiment de l'interdit eût inspiré Lascaux, c'est acceptable, mais nous avons remarqué que l'animal n'en est pas exempt. Il conviendrait de nuancer: la manifestation *extériorisée* du sentiment de l'interdit a inspiré Lascaux, faire ressortir la mort et l'interdit touchant la sépulture de l'insignifiant par un tel signifié. Du même coup la fabrication de ce signifiant rupestre sort l'*homo* de la facticité fabricatrice pour le faire entrer dans le règne, autant à venir que passé, de l'*homo estheticus*, de l'*homo poieticus* à l'*homo pœticus*. Enrober ce signer-signature sous le manchon d'une intentionnalité magique outilitaire en sa prospective est lui dénier sa signifiance majeure : celle d'un jeu libérateur, d'une « fête » disait Bataille, qui plus qu'ensevelissante révélait à l'*homo ludens* qu'il était fait pour l'activité esthétique autant et plus peut-être que pour celle d'un travail magique de meilleur rendement. Sur cet acte libératoire, nous aurons à revenir, car les signes dont il dote l'insignifiant furent à peine éclos que l'*homo sapiens sapiens* les ensevelit sous sa science et sa sagesse : la raison aurait besoin de moins de rationalité et de plus de festivité. J'avais surtout tendance à interpréter l'assignation de transgression que Bataille accordait au jeu et à la fête à quelque « *ad-signare* » : l'assignation de l'activité de l'*homo estheticus* à une ouverture d'avenir libre de toute clôture sur des tabous, fussent-ils rupestrement exprimés. J'avais pour moi ce dionysiaque qui émanait de l'échange Nietzsche-Wagner… Là, nous étions d'accord.

G. Bataille soutenait volontiers que, bien en-deça du miracle grec, la différenciation de l'animal et de l'homme datait de Lascaux. Je désire ajouter, cinquante ans plus tard, que je reste d'accord avec cette distinction de l'*homo* simplement *faber* à l'*homo faber estheticus*, qui s'est affirmée avec cet art rupestre, au moment où les derniers néanderthaliens s'effacent. *A parte ante*, il apparaît mieux aujourd'hui que l'*homo faber* n'a pas été sans goût et incapable d'œuvres désintéressées : les parures et autres statuettes bien antérieures en témoignent, par lesquelles le soi se reconnaît une apparence et la souligne par cette adjonction de signes œuvrés, comme s'il soignait son reflet compossible dans le liquide oculaire de l'exister avec… *A parte post*, si la différenciation entre néanderthaliens déclinants et *homo sapiens sapiens* repose sur le passage, dans la lignée des homininés, d'un taxon périclitant à communicabilité non représentative à un taxon pratiquant la communication représentative éprouvée et fixée aux parois des grottes, on peut se demander si le langage reposant sur la signification représentative ne témoigne pas, plutôt que d'un acquis, d'un déficit sur l'*homo estheticus* de Cro-Magnon. Nous appréhendons aisément qu'il y a « autre chose » dans ces tableaux rupestres signés d'une main, d'une paume ou d'un doigt qui ne nous parle plus, car nous ne possédons plus la clé de ces signes graphiques. Sauf à en venir au signe défini cette fois-ci comme *signature*.

Il nous a bien fallu convenir que maintes espèces, des plus humbles, étaient capables de performances sensorielles ou communicatives que nous n'égalons pas. N'en va-t-il pas de même pour l'art archaïque rupestre ? Durant les 15.000 ans qui séparent Chauvet de Lascaux, via Altamira, notre génération a vu se développer, au fur et à mesure des découvertes, un art pariétal humain que rien n'égale dans l'antéchronie ni dans la synchronie terrestre. Cet art connaît à la fois des similitudes qui s'étendent à toute l'Europe et des dissemblances qui caractérisent les lieux, les époques, les ethnies, les groupements sociaux, les cultures ambiantes. Leur richesse en signes-signatures est telle que chaque spécialiste s'épuise à en donner des interprétations aussi brillantes que contrastées. Peut-être même y a-t-il, parmi ces signes de haute esthétique, des indices de simplisme représentatif dont nous avons hérités dans nos graphismes langagiers : la tresse en fougère, les deux courts segments parallèles, les guirlandes de points ou de paumes…

Pour n'évoquer que la peinture (on archive aujourd'hui 30 millions de figures signées rupestres), cette activité esthétique représentative des espèces animales que l'on « voit » en vie (rarement des schémas humains et jamais les environnements de la nature ambiante) postule un ensemble de fonctions mentales théoriques et pratiques dans lesquelles nous commençons à découvrir une complexité dont seuls les mixages de nos artistes sur leurs palettes peuvent donner l'idée. L'*homo sapiens estheticus* intègre les capacités passées de l'*homo faber* aussi bien que celles qui s'éveillent dans l'*homo sapiens* et qu'ensommeilleront peut-être certains développements de l'*homo sapiens sapiens*.

Du premier, il tient sa relation au matériau outilisé, du second, son intentionnalité peu déchiffrable pour nous, parce que, devenus *sapiens sapiens*, nous exigeons une compréhension codée qui, si elle gagne en symbolisation et en signification, perd en signaturisation. Les signes pratiques épousent le contour de surfaces rupestres inégales et bosselées sur lesquelles l'image accentue son expression, à l'aide de burins ou de polissoirs, du mixage d'éléments minéralogiques ou végétaux, écrasés, macérés, choisis pour l'effet de leur volume et la portée d'une signification graphique et colorée. L'*homo estheticus* donne sens à l'inutile, même si l'on peut invoquer quelque autre rôle magique ou rituel qui, précisément est la négation d'une outilité fabricatrice qui ne se suffit plus à elle-même.

Du second, il témoigne de signes associatifs à complexité variable d'une représentation mentale, signature coordinatrice manifeste d'une pensée abstraite de canons représentatifs destinés à provoquer un effet extériorisant et communicatif : positions des animaux les uns par rapport aux autres, dynamique de leur posture, confrontation à l'homme en certains cas ou indices graphiques d'une activité humaine les concernant. Ces ensembles rupestres ont été longuement fréquentés et nombre de générations humaines y ont déposé leurs traces osseuses ou leurs outils. Cette communication suppose des connivences interhumaines durables et transmissibles, plutôt que des codes, selon des rapports aux activités de capture de ces animaux, aussi bien que, pour nombre d'entr'elles, de leur relation avec la vie ou la mort de la proie et du chasseur. Que ce soit capture ou croyance, la relation interhumaine est exprimée avec tout ce qu'elle comporte de culture ambiante en exprimant par ces signatures la relation idéographique homme-femme, mort-vivant, mouvant-statique. Ces formes mentales fonctionnent manifestement à plein dans leur propre contexte, indépendamment de nos interprétations : l'antithétique formaliste binaire y préside reposant sur des notions plus que sur des concepts. On allait jusqu'à parler de cette re-lation comme d'une re-ligion explicitant son rituel : on traitait les parois et le plafond de Lascaux, reproductibles mais inimitables, de « chapelle sixtine de la préhistoire ».

On en vint à évoquer une syntaxe et une grammaire de ces ensembles signés relevant d'une forte indépendance esthétique, mais partagée par l'ensemble des sites qui en témoignent avec des variantes culturelles déterminantes. Nous n'y sommes plus dans le domaine symbolique, ni même dans la signification, mais dans le signifier interprété en dynamique de signatures. Les pictogrammes, psychogrammes ou idéogrammes qui les connotent ont tout d'une proto-écriture, d'un système graphique d'avant les lettres de nos plus anciens alphabets conventionnels. Cette pré-« convention » serait en tout cas une « constituante » d'où émergent des idées nouvelles, une nuit du 4 août des autres homininés, un départ sans retour vers cet *homo sapiens* qui conçoit *avant* d'opérer, et qui a oublié l'opérationnel pour le techno-pratique, alors que l'art rupestre exprime le concept par l'opératoire. Les parois rupestres recueillent, outre les dessins renvoyant à des animaux ou à des hommes sensoriellement saisissables, des proto-signes qui tiennent encore de la sensorialité par leur esquisse, mais qui renvoient déjà à une signification indépendante du sensible, permettant une communication régionale. Il s'avère que ces premiers signes abstraits se retrouvent d'une grotte à l'autre, sur des distances lointaines et dans des contextes animaliers différents de formes et de styles, désengagés de la localisation et de l'époque, faisant partager le possible langagier par le cœxister d'autant de groupes culturels. Dans les grands ouvrages de reproduction spécialisés en la matière, on repère aussi bien les assemblages polychromes de Lascaux que les clés de l'Ariège et des Asturies; les pointillés (La Pileta, Altamira); les grilles quadrangulaires d'Altamira; les deux lignes obliques qui se croisent au-dessus de deux lignes verticales de Charente ou de Pech-Merle.

G. Bataille en était là quand les détours de sa carrière de conservateur le conduisirent dans une riche bibliothèque ligérienne où j'avais alors à faire dans les 30.000 ouvrages d'un fonds ancien relégué dans un grenier épiscopal depuis leur saisie. J'ai publié alors le catalogue d'une centaine impressionnante d'ouvrages de droit du XVIe siècle ceinturés de couvertures en peau gravées du sceau de la faculté renommée qui existait à l'époque où de Bèze y fit ses études. J'en étais à l'époque moderne et

Bataille à l'an -30.000 : nous avions en commun la *Phénoménologie de l'esprit* dont il avait repéré tous les détours grâce à Hyppolite. Le problème était celui de la reconnaissance. Qu'en était-il au temps de cet art rupestre ? Nous évoquions certes les mânes esthètes de Max Jacob ou de René-Guy Cadou, nos concitoyens dont l'entretien aurait pu utilement être sollicité. Dans quel quadrillage de l'*homo* faire entrer cet *homo estheticus* ? L'*homo faber estheticus* marquerait-il la transition entre l'*homo sapiens* et l'*homo sapiens sapiens* ? Et s'il avait manifesté une prouesse telle qu'elle outre-passait celle de l'*homo faber sapiens*, mais aussi celle dont l'*homo sapiens sapiens* allait provoquer la récession en redoublant sa capacité sachante en un sens qui stérilisait les promesses de Lascaux ? Bataille soulignait la puissance émotive de la grotte qu'aucun sentiment spécial, sinon de curiosité ardente, ne permettait d'éprouver devant des vitrines aseptisées de fossiles humains ou d'objets sortis de mains de l'*homo faber*. Il s'agissait là d'un sentiment de présence, perdurable, transmissible pour l'au-delà et vers l'après, indiscutable, vraisemblablement pour Bataille ininterprétable en termes de connaissance proto-archéologique. Avec Lascaux, nous séjournions dans le semi-intelligible mais nous étions de pleine *aisthèsis* dans une activité de jeu où s'exprimaient librement des possibles difficiles à compossibiliser. C'était dire que la reconnaissance qui s'y exerçait passait au-delà de la relation maître-esclave pour entrer dans cette économie du luxe qui restait l'inspiratrice de Bataille, que nous avons réveillée dans *Le Sera*.

Mais nous parlions encore en termes de succession chronologique des phases évolutives des divers taxons humanoïdes. Je commençai à m'initier cependant, via Leibniz, à d'autres processus diachroniques que découlant de… ou conduisant à… l'esprit absolu, réfractés entre instinct et intelligence, entre représentants divers de l'humanité synchronique de l'époque de Lascaux. Pour sa part, Bataille en venait prématurément à évoquer des « embranchements collatéraux » qui signifiaient l'impossibilité d'aborder avec plus ou moins d'exactitude la chronicité successive de ces ensembles esthétiques à l'instar d'une concaténation continue et mono-directionnelle.

Cet « autre chose » deviendrait ainsi le « surplus » des formes attendues du *Sera*, dont nous subirions le moins si tant est que notre langage représentatif se soit figé dans des signes à cadre conceptuel dépendant d'un entendement assuré de ses conventions. Seule la langue des œuvres signées pourrait avoir accès à l'époque récente de cette espèce d'*Homo* qui ouvrait l'ère de la représentation par ce que nous appelons l'art et qui était, sans autre système de signes, le langage transmissif d'une culture. Certes il nous revient d'interpréter savamment ces œuvres et d'en décortiquer le savoir faire : mais nous ne possédons pas pour autant la clé de l'accès communicationnel qu'elles permettaient. Sans doute est-ce ce que, à défaut d'art rupestre actuel, nous recherchons dans la peinture abstraite et dans les enfers de la poésie. Il s'agit de ramener à soi un ensemble de prononcés et d'énoncés compossibles qui convergent vers ce que la personne affirme de manière autonome, éventuellement par un sceau ou un autographe destinés à provoquer le respect. Le signe de soi dans *Le Sera* s'inscrit dans l'authentiticé d'une signature qui vaut pour l'affirmation des droits ou des devoirs reconnus par la personne.

La prolation des signes

L'existiturience est pré-posée à toute pro-position (Voir notre livre sur *Le Sera*). Mais sa pré-position postule en l'incluant la post-position de son dire. Elle ne peut entrer en proposition que dans le cadre d'une prolation effectuante des signes puisque, d'effectivement signifiante, elle devient signifiée par la signifiance qu'elle fait exister.

En quoi réside son origination signifiante? En ce que cette actuation qu'elle existe est celle de possibles qui importent dans sa réalité signifiante autant d'indices du divers dont le devoir-être est d'exister. Cet *existiturire* comporte deux aspects: l'un par lequel il persévère dans sa puissance illimitée d'exister, puisqu'émanant de l'existiturience, l'autre qui fait se rétracter cette persévérance pour l'incliner vers une compossibilité qui la rend compatible avec les autres possibles. L'ensemble de l'existiturience reste soudée car les compossibles ne comportent pas une négativité venant d'autre part que de la posivité co-existante du compossible.

Comment l'exististurience pré-posée se déclare-t-elle en la prolation pro-positionnelle? Le remplacement du pré- par le pro- est l'instant de l'apparition de la prolation instituant un dire de l'existiturience, une parole dont elle est le renvoi.

Reste à déterminer quel est le porteur de la parole et à partir de quelle compossibilité la prolation parolière peut émettre un dire renvoyant de la substance considérée comme « *natura naturans* » à une « *natura naturata* » monnayée parolièrement par une infinité de modes infinis sans avoir dit qui pro-posait, ni comment le dire suppléait, selon l'*Ethica*, la *pré*-position de la substance en *Pro*-position XV.

L'indispensabilité d'un compossible doté de la parole et pro-posant le pré-posé doit donc faire partie de la combinatoire des possibles émanant de l'existiturience. Dire qu'elle se met à parler d'elle-même, c'est en venir à la profération dont on verra le conditionnement révélationnel (chap. IV). Si on nomme réalité humaine signifiante le compossible à partir duquel la transposition du pré- et du pro- devient effective, c'est déterminer le cadre générique de l'humanité, qui ne suffit peut-être pas parce que trop large, pour apporter une définition propre de l'humanisme, puisque, de l'humanité des individus ou des groupes humains compossibles, pourront être taxés de non-humanisme ou d'anti-humanisme. Ce qui permet d'entrevoir que c'est au sein des compossibilités de l'*homo* qu'une attitude dite humaniste pourra être déterminée, vraisemblablement dans la direction selon laquelle l'existiturience pourra trouver sa confirmation propositionnelle dans les arrangements paroliers qui en exprimeront les puissances d'actuation.

En conséquence d'une telle fulguration existituriente et exististurificante, les approches leibniziennes du signe n'ont pas connu d'équivalent, puisque toute modalité signifiante aura pour renvoi comme pour ressort l'insatiable futurition du *Sera*. La discrimination différentielle de la cinquantaine de termes dont Leibniz a écartelé la prétendue synonymie en les nominalisant par autant de renvois différenciés est largement insuffisante puisqu'en tout domaine il invente de nouveaux signes opérant autant de nouveaux renvois à autant de possibles s'essayant à dire la nouveauté existentiale qu'ils font être. La qualité expressive n'y satisfait en rien puisque chaque mode du signe renvoie à autant de réalités existentielles distinguables, ni l'enrichissement des manières propre de l'exister que ces renvois mettent en relief. Étant donné la parenté existentiale leibnizienne entre signe et étantité singulière, la multiplication diversifiée au même renvoi existituriant brosse un horizon que cette philosophie prend en charge de remplir en le contraignant à occuper encore plus d'espace, de temps, de situation, d'affection dans le phénoménal apparent et de relations dans les ordres intelligibles. À la limite, un langage adéquat devrait comporter autant de termes que de modalités intentionnelles de renvoi à l'individuel de l'affect, du percept ou du concept. L'*haecceitas*, qui trace la projection de l'œuvre à partir de la thèse soutenue devant Jakob Thomasius aurait alors pour mission de susciter autant de signes singuliers qu'il y a de singularités réelles et imaginaires pour la pensée prise comme somme des pensées humaines. *Au fond*, et ce n'est pas une expression de liaison mais une détermination radicale, le projet qui incombe à la caractéristique universelle, chargée d'obtenir un tel résultat, concerne un système des signes tel que nulle singularité existentielle ne puisse en être le renvoi valide tant que le signe n'est pas tracé. Le renvoi est l'exigence d'un possible indéterminé, au non encore étant et non pas à être, qui, dès qu'il reçoit son signe plein, concret et complet se trouve admis parce que pleinement déterminé, mais infiniment médiatisé, à l'*existere hic et nunc* sous les déterminants rationnels. Le champ de l'*existiturire* apparaît d'abord comme celui de l'indéfinition d'un univers de mondes informes ou uniformes. Non seulement il n'y a pas de pensée sans signe, mais il n'y a de pensée que par le signe et le signe devient la condition de l'apparition et de l'enrichissement des signes.

Si on figure ce chaos ou ce *tohu-bohu* sous la représentation d'une symbolique pyramidale, il ne faut pas oublier qu'en mathématiques leibniziennes d'une part, l'apothème de la base de la pyramide est extensible à l'infini et peut donc recevoir d'autant plus de renvois à des possibles aux signes grouillants de la dynamique sourde du magma, et que d'autre part la hauteur médiane de la pyramide, ne comporte de renvoi qu'à un seul point sommital, celui où le signe de l'individuation reçoit sa dé-signation complète et concrète, *celle qui fait basculer le possible en réel*, celle pour laquelle il faudrait, *au fond*, un langage qui ne cesse de multiplier son morphisme étant donné les virtualités de ce point sommital en qui s'entend un écho référentiel en provenance de toutes les couches de mondes qui séparent et lient la base au sommet. L'*existiturire* qui se fait existence ne cesse pas dans la réalité de recevoir l'écho assourdi de la pyramide universelle des mondes de mondes. Le signe de ce qui existe ici et maintenant avec… *est* en conséquence d'une infinie complexité, telle que la raison ne peut y reconnaître que ce qui en est exprimable en termes pyramidaux, mais pas en termes de possibles, que l'existence-être, pas l'existence possible ni le possible de l'existence. Il n'y a pas à s'étonner que la philosophie moderne ait recherché d'autres référents que cette mauvaise infinité de l'infinitivité d'*être*, devenu existence donnée, donc morte, infinitivité désolée, étale, fatale.

Aussi le signe s'articule-t-il, entraînant alors autant de modes signifiants, autour d'un envoi plus que d'un renvoi. Le renvoi concerne en ce cas ce qui n'est plus possible puisqu'il est pour l'instant de sa réalité, ce qui n'est pas autrement ni autre part, puisqu'il existe ici et maintenant, ce qui ne sera plus puisqu'il a été dans cet ici et ce maintenant de ce monde-là. Ce qui ne cesse d'étonner, c'est que les plus brillantes phénoménologies font comme si la mondanéité intentionnalisée était celle de l'arbre perçu, de l'affect ressenti, du concept opératoire, du jugement survenu, des raisons avancées, des idées données… Les *Méditations cartésiennes* prolongent créativement Descartes, mais retombent dans Locke plus qu'elles ne poursuivent l'exister avec autrui… leibnizien. Pour aussi neuf qu'ait été cet affrontement au préconscient, au préconceptuel, au prérationnel, au *cogito* préréflexif etc., cette phénoménologie du *pré-* n'a pas osé affronter ce qui fait que le *pré-* est la puissance de devenir le conscient, le conceptuel, le rationnel, le réflexif, l'altérité. Le *pré-* a ouvert la porte à une dynamique sans dynamo, par hantise de retomber sous les signes métaphysiques des philosophies systématisées en essences-substances immélangeables, non architectonisées. en vecteurs de sens qui en expriment l'existiturience explicitante. On a statufié l'histoire de la philosophie comme on l'a fait de l'être. Il n'y avait donc plus de métaphysique pensable puisque toute métaphysique devenait mort de la pensée. Mais la phénoménologie n'est pas plus qu'une réanimation artificielle et de surface eu égard au « *Grund* » par lequel il faudrait passer pour atteindre à l'ontologie existentiale.

Pourtant, désavouant la substantification de l'être, l'époque moderne revivait grâce à son héraclitéisme en trouvant dans l'exister le subvenir, le survenir et le devenir de la permanence (et il faut entendre *substance* en fonction de ces deux précisions). Pour évincer toute ambiguïté réductrice, Descartes redouble *Ego sum* en *ego existo*, Malebranche distingue un genre de connaissance par sentiment du genre de connaissance par idée, Spinoza tient le plus grand compte de la connaisance *ex auditu* et de la raison individualisante du troisième genre, Leibniz se lance dans la recherche de ce qui dans son *cogito-cogitata* rend ce lien instable par cette existiturience. Avant d'aller plus loin, il faut cerner la topologie signifiante du signe, du signifié et du signifiant, que fait exister l'élan même du renvoi leibnizien à l'existiturience.

a) Tout signifiant se manifeste par une matérialité qui tient lieu de renvoi au signifié : il n'y a pas de signe sans signifiant, fûsse un pli de lèvre, quelque sceau ou hiéroglyphe, une vibration acoustique ou quelque ébranlement moléculaire de la peau, quelque représentation d'un être qui n'a d'être que par la pensée qui s'en prend. L'existiturience dote ce qu'elle fait exister de signifiance, seuls restent virtuellement insignifiants les possibles encore non compossibles. La signifiance qui « fait » signe crée son monde, capte par le *fiat* le signe d'une existence possible ou réelle, un schéma du *Sera* que porte l'existentialité. Ce « *quid* » est, pris isolément, un indéterminé dénué de « sens » : il ne prend sens que dans la présentativité coréelle ou compossible existante comme organique actuée d'interprétation naturelle. Cette présentativité devient représentativité pour l'existant humain, mais avancer qu'il y aurait une pensée pure sans signe revient à dire qu'il n'y a pas de pensée pure, l'insignifiant n'étant rien. Pure, toute pensée est activation, innervation, accompagnement d'un bruitage cérébral, du murmure d'un prononcé qui cherche à s'énoncer. L'évanescence du signe de pensée pure ne se montre pas et reste insignifiante si on décide qu'avant toute pensée pensée il y a une pensée pensante qui ne soit pas signifiante. Si on prête attention au pré-langagier, une poétique comme celle des *Voyelles* manifeste sa couleur aussi bien que sa sonorité en délivrant son signe encore fragmentaire, à peine prononcé, mais déjà entre-signifiant dans une forêt de symboles.

b) La chose signifiée est le « *quod* » de ce « *quid* » qui s'interprète en tant que communication reçue dans les canaux complexes de cet appareil de déchiffrage que constitue le système nerveux ou la complexion cérébrale dont émanent autant de « jugements naturels » qui ne sont que des sensations composées et autant de « jugements artificiels » qui ne sont que des combinaisons de possibles : la clarté et la distinction véhiculées en sont primaires et confuses ou secondaires et éclairées mais procurent à l'existence les indices de son avec…

c) La conduction « *ex signo ad signatum* » engage le processus de désignation par laquelle le signe émis se trouve dépossédé de son être matériel brut et revêtu d'un début de sens hors sensorialité. En même temps cette signation est con-signation puisqu'elle entreprend le criblage du signifiant en fonction des émissions reçues par tous les canaux sensoriels et mnémoniques. Le sens naturel du signe s'ensuit, celui d'un « *signum signatum* » qui met en branle la mobilité neurologique interprétative du sujet désignant.

d) Descartes et Spinoza rappelaient que le premier genre de connaissance provenait « *sensu* » ou « *per sensum* » à un « *cogito* » qui était considéré comme ayant à tâche d'en « penser » la réception en changeant le référent intuitif de base : les notions premières ou les attributs de pensée et d'étendue supplantant celle du donné sensoriel sentimental, sans pour autant en évincer la concrétude existentielle, mais en opérant le tri entre ce qui, de l'existence apparaissante devant la pensée dubitante était susceptible d'entrer sous une autre « nature simple » herméneutique. Il n'y avait là aucun refus de l'organicité, parce que la mise sous catégorie et jugement ne suspendait la référence existentielle concrète que pour ce qui relevait de la connaissance adéquate. Pour Leibniz, le « *cogito-cogitata* », lié au jugement naturel, est inséré dans le pré-réfléchi d'une harmonie universelle qui permet l'entr'expression des diverses sources d'interprétation à partir de l'examen de la totalité du signifiable possible.

e) Le signe renvoie en un autre sens à une « *intentio mentis* » et, dans ses écrits étymologiques, Leibniz définit « *signum* » par une existiturience vectorialisée : « *intendere mentem ad aliquid* ». En insistant sur le côté du récepteur, on s'aperçoit qu'il lui appartient d'interpréter le signe, non une « *signatio sensibilis* », mais comme une assignation cognitive épistémologique, praxéique et axiologique. Cette tension vers… apparaît dans le blason, dans le sceau (*sigillum*), dans l'enseigne, dans le signe du bien ou du mal, la signature renvoyant à ce qu'on accorde ou qu'on refuse. Cette « *intentio mentis* » peut exiger qu'on supplée à des signes défaillants : ceux des sourds-muets, ceux des ordres religieux qui imposent une cryptique anti- plus que pré-conversationnelle. Les signes cabbalistiques et allégoriques abondent dans l'interprétation apocalyptique. Le symbole, que l'on différenciera, est d'abord l'indice d'une appartenance, d'une secte, la base d'un contrat, la palme de paix. Mais ce sont aussi ces signes de l'*Offenbarung* dont Spinoza et Leibniz sont connaisseurs et qui symbolisent les actes de croyance dans les communautés religieuses : le buisson ardent, l'eucharistie. Mais l'ambiguïté des symboles pris en ce sens est d'une toute autre portée, puisque leur admission ou leur refus équivalent à la perte du contrat signé selon la compossibilité existituriente avec le milieu communiant plus que communicant.

f) Pour Leibniz, puis Berkeley, être perçu devient le signe d'une existence vraie et actuelle qui concerne l'entrelacement du sujet et de l'objet dans l'ordre général des compossibles. Au-delà du visible, le signe désigne de l'invisible, comme l'orage au-delà du nuage ou le feu par-delà la fumée. Tels sont les vestiges, les présages, les symptômes, les « *signaturae rerum* » de la « *magia naturalis* », les signes de la tristese et de la joie.

g) Avec le sens mathématique ou logique de symbole, on accède à un genre de signes qui confèrent à la pensée une priorité de définition qui va jusqu'à la création du signe : témoin de ce qui se passe dans les manuscrits mathématiques de Leibniz. Les signes sont émis à partir des idées qu'ils reçoivent mission de présenter à la sensorialité. Cette fois la « *signatio insensibilis* » provoque et mobilise la « *signatio sensibilis* ». Les mots sont les signes de nos conceptions internes, lesquelles reposent sur leur propre système de symptômes cérébraux. Ce sont pour nous des « marques », pour autrui se sont des « signes ». La signification du signifiant est désignée à partir du signifié mental. Les voix ou les lettres en sont le matériau, les figures, au sens large, en expriment les modalités, les notes de la musique en relèvent.

h) Enfin les « caractères » désignent ce qui relève de l'ambition leibnizienne de créer une langue logique universelle fonctionnant par connexion et substitution, comme « *signum rationis* », en entendant par là la légifération constituante opérée par les enchaînements répondant aux deux principes de la raison qui révèlent à la pensée pensante les enchaînements de la pensée pensée. Tel serait l'« *ars signorum* » leibnizien, une « *cabbala vera* ».

La prononciation métaphysique

L'annoncé de l'existiturience provoque le renvoi à deux formes majeures de la prolation qui dote le langage de deux manifestes paroliers : le prononcé et l'énoncé.

Le sensoriel des signes langagiers qualifie la prolation en prononcé. Il ne passe pas pour autant dans l'insignifiance, puisque la caractéristique universelle, en son plein accomplissement de symbolique conventionnelle, se devra d'intégrer des tons aux sons. Comment conserver quelque vivacité expressive dans l'extrême symbolisation énonciative ? La puissance étymologique du langage reste tournée vers le mémoriel de ce prononcé originel dont les mots conserveraient la trace mais, hélas, les vraies étymologies semblent perdues ! *Le Langage à l'âge classique* a mis en relief la tradition réceptive extrêmement fournie qui fut réservée à cette originalité d'une puissance prononciatrice leibnizienne. L'*Encyclopédie* ne manquait pas de faire appel à la lignée de Du Marsais, de De Beauzée, de Court de Gebelin et de multiples auteurs allemands qui centraient leurs recherches sur ce que Condillac rendra classique par son langage d'action, d'émotion, de sentiment etc. Une « puissance nue du langage » se manifeste sous toutes les puissances énonciatrices référées à leur étymon. Que la grammatologie générale s'emploie à mettre à l'origine des langues l'onomatopée, l'interjection, l'exclamation, l'accentuation, la différenciation des sons, des phonèmes, des voyelles ou des consonnes, l'articulatoire syllabique tient un rôle dans le langage qui rend ce singulier d'autant plus essentiel qu'elle le branche directement sur la corporéité é-mouvante de la parole ou de l'écriture. Et ce n'est pas en de minces occasions que la remarque nous en parvient. Les *Nouveaux Essais* I, 2, § 20, se demandent si cette phonétique première ne subsiste pas, obscursie et diaphane, dans tous les mots. Certes on peut estimer que les noms sont arbitraires, mais seulement « en quelque façon » (*NE* I, 1, § 23). Les Chinois « par le moyen des tons et accents varient leurs mots dont ils n'ont qu'un petit nombre ».

On a tort d'arrêter la lecture et l'interprétation des *Meditationes* de l'automne 1684 avant la conclusion de la dichotomie qui aboutit au mode de connaissance « *quem voco intuitivam* ». La connaissance intuitive se partage avec la connaissance symbolique la division de la connaissance adéquate distinguée elle-même de la connaisance inadéquate. Une connaissance adéquate peut revêtir deux formes cognitives. Ou bien nous pouvons en donner une représentation symbolique. Que devient, selon cette perspective, l'analogie créationnelle du calcul binaire, sinon le déploiement par la tabulation de 0 et de 1 des éléments de perfections compossibles susceptibles d'entrer dans la représentation adéquate symbolique des vérités composées, comme sont celles qui engageront le cycle réel d'une existence hors du néant ? Pour ces deux cas, il ne s'agit pas d'envisager une « *illatio triplex* », car il n'y a nul cheminement qui n'ait une connaissance de soi-même adéquate. La connaissance qui est dite « *perfectissima* » est celle qui est à la fois adéquate et intuitive et pas seulement adéquate et symbolique : « *symbolicam appellare soleo, qua in Algebra et in Arithmetica utimur, imo fere ubique* »(A VI, 4, 587.22). La pièce *De synthesi et analysi universali*, de très peu antérieure, ne tente pas encore la comparaison de la connaissance intuitive à la connaissance symbolique, mais l'objectif en est nettement abordé, avec ce « *soleo* » que Leibniz emploie couramment pour ce qu'il vient seulement de découvrir comme s'il avait déclaré cela depuis longtemps : « De plus, parmi les définitions réelles, celles qui sont perfectissimes… *ex quibus possibilitas rei immediate patet… hoc est cum res resolvitur in meras notiones primitivas per se intellectas, qualem cognitionem soleo appellere adaequatam seu intuitivam*» (A VI, 4, p. 542-543). Dans les *Meditationes*, quand la notion est très composée symboliquement, c'est-à-dire peut aller jusqu'à être symboliquement adéquate au symbolisé, « nous ne pouvons pas pour autant penser ensemble toutes les notions qui la composent » (« *omnes ingredientes notiones simul cogitare* »). Donc là où une symbolique, comme celle du calcul binaire, réussit parfaitement à exprimer notre connaissance adéquate des ingrédients de la notion, la pensée adéquate de la totalité ingrédientielle n'est pas pour autant, effective. Quelle que soit la performance du calcul ou de la caractéristique, il subsistera *un déficit de pensée adéquate à ce que la caractéristique ou le calcul peuvent avoir d'adéquat au réel.* Leibniz en est si conscient que c'est alors, et alors seulement, comme hyper-symbolique, qu'intervient sa définition de la connaissance intuitive. Mais remarquons-en le conditionnement : « *ubi tamen hoc licet, vel saltem in quantum licet, cognitionem voco intuitivam* » (p. 588, 1-5).

a) Sur quoi porte ce « *hoc* » ? Qu'est-ce qui est permis, et qui ouvre à la connaissance intuitive ? Quand je dis « hyper-symbolique », est-ce que cela signifie « extra-symbolique » ? Certainement pas car il s'agit toujours de mieux cerner le « *simul cogitare* » du symbolisable et même d'en discerner deux cas : un cas où la pensée ne peut pas se rendre adéquate à la force de l'expression symbolique (connaissance symbolique proprement dite), et ce cas-ci ou la pensée peut saisir ensemble la totalité ingrédientielle de la notion, « ceci est possible » « *hoc licet* ».

b) Deux conditions qui reflètent l'*existiturire* sont posées à ce « *hoc* » : « *ubi* » et « *saltem in quantum* ». Une double relativité s'impose : il y a des cas où..., et dans ces cas où..., ce sera seulement dans la mesure où...

Ce « hoc » et ses deux conditions ouvrent aussitôt à « la connaissance de la notion distincte primitive » : « *Notionis distinctae primitivae non alia datur cognitio...* ». Seule, la connaissance de ces notions distinctes primitives peut être dite « *perfectissima* ». Elles ne sont certes pas « extra-symboliques » au sens où elles dépasseraient le symbole en le délaissant ou en le considérant comme inopérant à ce niveau de l'intuition. Mais elles sont « hyper-symbolique » en un double sens. Au sens où elles laissent la connaisance symbolique libre d'imposer ses schémas calculateurs et de constuire des connaissances arithmétiques ou caractéristiques partout, et pas seulement « *ubi* », selon une pleine nécessité rationnelle, et pas seulement « *in quantum est* ». Dans ce cas, l'insuffisance du principe de raison suffisante peut être déclarée. Au sens où, dans le symbolisable, on rencontre rarement (« *ubi* ») et de façon restreinte (« *in quantum* ») une saisie adéquate par la pensée de ce symbolisable qui lui deviendrait adéquat.

Un philosophe comme Leibniz avait d'autant plus à tenir compte du *Peri Hermeneias* que cette quatrième œuvre de l'*Organon*, selon le canon ramiste, était devenue la plaque tournante des critiques adressées sous forme d'*Animadversiones aristotelicae* aussi bien que des propositions constructives concernant la nouvelle dialectique platonisée des années 1550. Une double distinction intervient. Les «états de l'âme» ont pour symbole (σύμβολον) «les sons émis par la voix» et, à leur tour, les sons émis par la voix ont pour symbole «les mots écrits». Cette descente symbolique des «états de l'âme» à l'écriture via la parole ouvre à la définition d'une nature du nom qui résulte donc d'une symbolisation conventionnelle redoublée. Mais il n'est pas question dans cette herméneutique d'une symbolique des états d'âme correspondant à des sons pré-conventionnels qui restent sans postérité écrite et nominale, de ce domaine que Leibniz réserve à la prononciation distinguée de l'énonciation qui concerne la stabilisation nominale et verbale dans l'encadrement propositionnel sous le régime du vrai et du faux. La distinction entre *symbolon* et *sêmeion* (σημείον) est invocable, bien qu'elle ne figure qu'à l'arrière-plan informulé du texte aristotélicien : comme les mots écrits, les mots parlés ne sont pas de même nature car, de ces états de l'âme existent précisément des signes immédiats, pré-symboliques, qui sont les mêmes pour tous et dont on ne peut dire qu'ils entrent sous le régime du faux et du vrai grâce à un discours où l'énonciation prend son plein emploi. Alors que le nom vocal sera de signification conventionnelle, ce qui ne devient pas un nom et qui est seulement proféré serait, *a fortiori*, ce dont aucune partie ne présente de signification quand elle est prise séparément, sauf si le renvoi s'effectue du signe au signifié immédiat et non pas au contextuel signifiant. Tel est le cas du syllabique, de l'articulatoire phonétique primaire à toute prononciation : en relèvent «les sons inarticulés comme ceux des bêtes qui signifient quelque chose, sans qu'aucun d'entre eux constitue un nom». Ainsi s'expriment les émotions de l'âme (πατημάτα τῆς ψυχῆς). D'ailleurs le nom, s'il n'est à son tour lié à d'autres noms par le verbe, ne passera pas de la révélation symbolique à la prise de vérité que permet l'introduction de la catégorie du temps verbal.

Par ce biais aristotélicien, on a pris intérêt pour des formes de raisonnement «non syllogistiques», «demeurées pour ainsi dire clandestines et imparfaitement reconnues», selon G. G. Granger, *La théorie aristotélicienne de la science*, p. 159, qui outrepassent par quelque opérateur abstrait le cadre de la déduction propre à la constitution de la science, «substitut bien embryonnaire d'une théorie des relations» (2e éd., p. 148). Ces embryons relèvent, dans notre langage, de la prononciation puisqu'ils sont abordables par l'antistrophe, comme commutation ou substituabilité, ou par les opposés. Ces formes «affaiblies» de syllogisme sont reconnues comme indispensables pour l'émergence de la science, désignées et définies par rapport au syllogisme : l'induction interprétée comme relevant du statut logique d'un concept portant sur une pluralité de termes individuels et non comme exhaustion rationnelle (ἐπαγωγή). L'exemple (παράδειγμα) devenu une induction « rhétorique » introduit à une relation de similarité dans une juxtaposition portant sur un seul cas individuel ; la réduction (ἀπαγωγή) évince le moyen terme ou le fait dévier vers un intermédiaire chargé de relier les deux extrémités d'une chaîne prédicative. Dans cette direction, le signe (το σημεῖον) est considéré comme « une dernière espèce de raisonnement » : « S'il existe, la chose existe, ou s'il a eu lieu, la chose a eu lieu, avant ou après : tel est le signe » (*Anal. Post.* II, 27, 70 a 7) : ainsi s'établit « une liaison purement factuelle », indépendante de toute « clause de nécessité » propre au syllogisme. Cependant, ce signe relèverait de trois figures enchaînant trois notions dans une prédiction relevant non de « être dit de », mais d'« être dans », introduisant dans le discours des énoncés de faits singuliers qui entrent en concomitance, selon notre langage, qui se trouvent associés dans l'être-là avec…. Cette liaison, réduite à des termes plutôt que portant sur des propositions, est interprétée comme « indicative », comme « implicative », non comme « explicative ». Elle n'institue pas les bases d'un langage négligeable. Qu'est-ce en ce cas que *tekmèrion* ? : « Un enthymême qui conclut à partir de ce qui est nécessaire, c'est-à-dire de ce qui existe » (*Rhét.* II, XXV, 8, p. 167). « Le signe est distingué selon que le moyen joue ou non le rôle de tekmèrion, c'est-à-dire de ce qui fait voir et comprendre » : cet acte de vision compréhensive est fonction du moyen dans la première figure qui se trouve appliqué par métonymie à cette figure même, c'est un « signe sûr par excellence » qui ne fait pas qu'indexer mais qui apporte une preuve (*Anal. Post.* II, 27, 70 b 1-6, p. 169). La caractéristique universelle relèverait donc pour sa part du *tecmèrion* plus que du *sèmeion* puisque ce serait un signifiant probant.

Sa lecture-traduction du *Philèbe*, 426c-427c, permit à Leibniz de prendre connaissance de ce qui, du *Peri Hermeneias*, subsistait dans le contexte des signes d'idées. Il y retrouve l'incarnation du symbole comme relevant d'un son naturel faisant exister la chose par l'attention qu'éveille le mouvement corporel des vocalisations. Dans ce passage, Goropius avait dû trouver plus que de quoi goropiser ! P (*rho*) symbolise (avant les *NE*) la dureté, la « *stêsis* », par une vibration de la langue continue en milieu constant, alors que, avec le Λ, la langue glisse en faisant exister la douceur, le lisse. A et E sont des voyelles éveillant la longueur, comme dans mega, I éveille le son de la légèreté et O importe un son plein de rondeur. Δ et Θ, comprimant la langue et appuyant sur elle évoquent des choses resserrées, Γ arrêtant le glissement de la langue en reste au gluant, la nasale N prête sa sonorité à la dureté, Φ et Ψ sont des aspirantes qui expriment l'agitation, alors que Σ arrête le mouvement. Mais Platon se méfiait déjà : de telles imitations peuvent avoir un sens fort inexact (430a).

Contrairement à ce qui put donner occasion au livre *Des Mots et des Choses*, les *Nouveaux Essais* et la *Théodicée* réussissent, en plein âge classique, à faire vivre les mots comme signes de choses autant que comme signes d'idées. Tons et sons du prononcé syllabique sont déterminés « par des raisons tantôt naturelles où le hasard a quelque part, tantôt morales où il entre du choix ». Il ne s'agit d'imitation que pour en suggérer la sensorialité concrète : le son des grenouilles *coaxare*, dont usent aussi originellement *couaquen*, *quaken*, *quakeler*, *erquicken*, *quäken*, *quikly*, *quack* transmettent de plus une intentionnalité de vie. La gutturale *R*, par « instinct naturel » exprime un mouvement violent présent dans *réô*, Rhin, Rhône, Rour, *rauschen* (mot difficile à traduire en français : il signifie un bruit tel que celui des feuilles ou arbres que le vent ou un animal passant y excite, ou qu'on fait avec la traîne d'une robe). La linguale *L* évoque un mouvement plus doux, *leben*, *laben*, *laufen*, en bas-saxon, se dissoudre, se fondre comme la neige, d'où la *Leine*, rivière qui arrose Hanovre au sortir du Machsee.

Si de telles origines incitent à la prudence en raison d'une goropisation menaçante, la rhétorique des langues, de façon mieux admise que leur consonantique, admet volontiers au niveau des tropes ce qu'elle répugne à envisager en s'intéressant au prononciatif : « les métaphores, les synecdoques, les métonymies ont fait passer les mots d'une signification à l'autre, sans qu'on en puisse toujours suivre la piste ». L'emploi usuel des tropes dans les langues vernaculaires prouve « qu'il y a quelque chose de naturel dans l'origine des mots qui marque un rapport entre les choses et les sons et mouvements des organes de la voix ». Nos langues (*NE* III, 2, § 1) sont « dérivatives quant au fonds », mais elles gardent cependant « quelque chose de primitif en elles-mêmes qui leur est survenu par rapport à des mots radicaux nouveaux, formés depuis chez elles par hasard, mais sur des raisons physiques ». Il faudrait plus d'art, estime Leibniz, pour dégager « ce langage des sons et des tons », qui exprimait « la force originaire des mots », comme semblent l'avoir fait les Chinois. Pour nous, si « les vraies étymologies sont perdues », néanmoins « cette analogie des choses sensibles et insensibles a servi de fondement aux tropes ». L'usage des prépositions prises du lieu, de la distance, du mouvement etc.... a été transféré à toutes sortes d'ordres : nous reviendrons sur ce que la langue phénoménologique a tenté à partir du prépositionnel. Souvent se trouve évoquée « une langue radicale et primitive »(*NE* III, 1, § 5). Mais quelle est la plus adamique des langues : l'hébraïque, l'arabique, et pourquoi pas le teutonique ?

Dans la *Théodicée* l'ampleur du champ historico-mythique donne aux § 135-143 une allure de genèse du signifié dans l'antinomie des forces antagonistes d'un signifiant manichéen. Par les Celto-scythes, selon une vision extraordinaire des grandes invasions, on en vint à Hermann, via Tacite, et au rapport de langue naturelle entre *Hermanni* et *Germani* (§ 140), « car la différence de ces deux mots n'est que dans la force de l'aspiration ». Tacite était favorable à cette interprétation « lorsqu'il marque que c'était un nom qui donnait de la terreur, pris ou donné *ob metum* ». Par sa prononciation seulement, ce symbole « signifie un guerrier », d'où dérivent Hermann, Hermès etc. « Dans ces matières les conjectures se confirment les unes les autres sans aucun cercle de Logique, quand leurs fondements tendent à un même but » (§ 141). Plus radicale encore que la puissance émotionnelle de l'onomatopée qui reste déterminée par le rapport d'un objet au sensible, la puissance sensorielle pure du prononcé phonétique habite sans objet comme sans représentation le moindre de nos dires : elle ne signifie pas, *elle existe la chose*. La remontée vers l'étymon avait l'avantage de structurer l'unicité des langues en poursuivant une quête pré-babélienne. Mais à supposer qu'il n'y eût qu'une langue primitive et qu'elle fût en vue, il restait à expliquer la puissance productrice qu'elle avait de se transformer en une multiplicité de langues post-babéliennes. Sur ce plan, Leibniz développait sa théorie sacrale du teutonique selon la lignée celte et scythe sans pouvoir encore percevoir qu'elle aboutirait aux recherches sanscrites. Mais ce serait là affaire de comparatistes pour laquelle il fallait accumuler les pièces exprimant le même contenu de grammatologie rationnelle.

Le prolongement universitaire de ces réflexions traverse les deux ouvrages et se trouve exprimé dans l'examen du conflit des Facultés sur lequel Leibniz achève les *NE.* Locke définit la troisième des Facultés comme relevant de « la Logique ou la connaissance des signes, car *logos* signifie parole ». Il insiste en ajoutant que « nous avons des signes de nos idées pour pouvoir nous entre-communiquer nos pensées, aussi bien que pour les enregistrer pour notre propre usage ». Leibniz ne disconvient pas que, sous la Logique, les anciens comprenaient, comme Locke le rappelle « ce qui se rapporte aux paroles et à l'explication de nos pensées : *Artes dicendi* ». Mais il y trouve de la difficulté et nous découvrons alors la portée pédagogique de *NE* III, 1 : « Car la science de raisonner, de juger, d'inventer, paraît bien différente de la connaissance des étymologies des mots et de l'usage des langues, qui est quelque chose d'indéfini et d'arbitraire ». De plus, quand on explique les mots, la dictionnairie sait d'expérience qu'on doit parcourir toutes les sciences et que, d'un autre côté, on ne peut traiter des sciences sans fournir le définition des mots qu'on y emploie. Enfin il faut se garder que toute division conduise à les assimiler ou à séparer arbitrairement les unes des autres. Cette ultime proposition encyclopédique de Leibniz reste ambiguë et reflète parfaitement cette hésitation entre un destin facultaire séparé pour « les Arts de parler » et leur maintien dans une Faculté de philosophie considérée « comme une introduction aux autres ». La première rédaction, nettement séparatiste, exclut de la Philosophie « l'Histoire, les Arts de parler et les Mathématiques » (*A* VI, VI, IV, p. 526, var. 18), mais se résigne à les inclure sous une Faculté de philosophie considérée comme « une introduction aux autres » : « C'est pourquoi l'on veut que la jeunesse y apprenne l'histoire et les Arts de parler… » (IV, 21, § dernier).

La phonétique doit venir à l'aide de l'étymologie car « les pensées sont des actions » (*NE* I, 1, § 25). Mais pouvait-on attendre qu'elle fût comme dépassée vers la recherche d'une phonologie primitive qui eût témoigné de quelque adamicité, notamment dans le domaine des signes métaphysiques majeurs ?

On ne repère pas pour le langage métaphysique quelque débouché phonétique qui traite de *monas* comme *quak* traite du vivant ou *R* du mouvement violent du Rhin et *L* de la douceur de la Leine. La langue respirée, aspirée, expirée, met en jeu tous les organes phonétiques. *Eloim* n'y échappe pas ni le « *bereschit bara* » qui fait bruire la création. Si rien n'exclut qu'on trouve quelque référence de monade à un prononcé originaire, Leibniz lui-même serait prêt à en sourire. Plus fondamentalement si la monade signifie l'heccéité dans son individuation inimitable, il convient de rappeler que « quelque paradoxe que cela paraisse, il est impossible à nous d'avoir la connaissance des individus, et de trouver le moyen de déterminer exactement l'individualité d'aucune chose, à moins que de la garder elle-même ; car toutes les circonstances peuvent revenir, les plus petites différences nous sont insensibles et le lieu ou le temps bien loin de *déterminer* d'eux-mêmes, ont besoin eux-mêmes d'être déterminés par les choses qu'ils contiennent. Ce qu'il y a de plus considérable en cela, est que *l'individualité* enveloppe l'infini, et il n'y a que celui qui est capable de le comprendre qui puisse avoir la connaissance du principe d'individuation d'une telle ou telle chose. Ce qui vient de l'influence (à l'entendre sainement) de toutes les choses de l'univers les unes sur les autres. Il est vrai qu'il n'en serait point ainsi, s'il y avait des Atomes de Démocrite, mais aussi il n'y aurait point alors de *différence* entre deux individus différents de la même figure et de la même grandeur ». Avec l'individualité concrète nous sommes en pleine existiturience, hors de toute *aisthèsis* imitatrice et nous n'avons pas accès à la clé qui postule une *mathesis divina*. Or il n'y pas un mot par chose et il n'y pas autant de mots qu'il y aurait de choses à désigner. Ce qui veut déjà dire que nos langues comportent une part d'essentialisation réductrice et que, plutôt que génétiques d'autant de mots que de choses, elles sont génériques de mots qui valent pour un ensemble d'individus, qui désignent un concept plus que des choses, sinon une idée.

La puissance propre au terme monade relevait-elle seulement de ce qu'elle exprimait à elle seule le lien métaphysique de pleine énonciation entre les multiples savoirs régionaux ? Ou bien « *monas* », « monade », « monadique » étaient-ils des mots dont la phonétique éveillait une effectivité première et, qui sait, une affectivité ? En quoi l'unité prononciatrice syllabique « *mon* » éveille-t-elle ces correspondances de tons, de couleurs et de toute autre sensorialité sous couvert de ce qui se tient en-dessous du phénoménal, permettant de ressaisir l'accidentel existential ? Fallait-il éveiller un lexique métaphysique qui allât jusque-là ? Il est vrai que « *vis* » comporte une charge de puissance primitive présente que Leibniz retrouve dans le *V*. Mais en quoi le nom « monade » respire-t-il la primitivité de l'existence ? La racine « *mon* », est le signe à la fois du singulier et de ce qui peut être multiple, le singulier étant l'un substantiel, le multiple étant l'un d'agrégation. À partir de l'un se dispose toute la chaîne des êtres. Il n'y a pas d'autre être que l'un. En ce sens, l'agrégé n'est que de l'étant. Alors, c'est vers les significations phonétiques de « *mon* » ou de « *un* » que la linguistique phonétique aurait à se pencher. Certes les monades pythagoriciennes vont de pair avec des *Urzahlen* et pour Empédocle le pensé de monade n'est autre que le concept d'un dieu. Philolaos fait de la monade le signe de Mnémosine qui comporte la mémoire du commencement de toutes choses et, vraisemblablement, de son existiturience. Mais on est déjà entré dans l'interprétation énonciative. S'agit-il d'ailleurs de « *mon* » et non pas de « *mou* » : le ionique « *mounados* » évoquerait, mieux encore, le « *ou* sacral » des racines indo-européennes à signification expressive sacrée...

Dans l'existiturience, il n'y a pas de différence de nature entre nature physique et nature spirituelle : cela ne viendra que dans la passivité d'*être* ? Nous voici plutôt dans une *vis universalis*, à condition de redonner à vitalisme le plein sens de *vis*. Car *energeia* caractérise cette puissance primitive, qui est l'essence naturelle de l'*entelecheia*. Leibniz savait par le lexique philosophique de Fogel qu'en latin *actus* ne signifie pas seulement *entelecheia*, mais aussi *energeia*. Il rappelle les *perfectihabia* pleins de vitalité d'Hermolaus Barbarus. Retenons qu'*Energon* est à considérer comme le *travail* de l'un, le *travail* dans l'un, l'activité unifiante en acte, l'activation, l'intensité projective de la force active, pas une *dunamis* en puissance. Elle est en puissance parce que sa futurition se trouve impliquée dans son unité ; elle est en acte par son déploiement dans ces fulgurations qui la font exister réellement. La dynamique serait alors du larvé, le caché de l'individuation en travail, caractéristiquement réordonnée par nos symboliques. Le physique deviendrait le symbole du métaphysique et non la métaphysique une redite de la physique dans une langue contrefaite qui ne pourrait être qu'une superstructure de l'expansivité du travail. Mais à quelles conditions?

Les puissances du langage ne prennent sens que si elles ont à modifier la puissance indistinguée de l'*archè*. Cette modification les rend discernables du fait même qu'elle différencient la puissance initiatrice. On ne saurait les ressaisir qu'au niveau d'une nature où tout est d'abord le même, de naissance aussi bien qu'à chaque instant du vivant qui en émerge pour se déclore aussitôt dans l'être. On peut dire «*natura naturans*», car c'est là que se trouve le point d'impact entre la pure puissance du «*deus sive natura*» spinozien et de «ce que nous appelons Dieu» selon Leibniz. Ce qui découle de la substance «*infinita infinitis modis*» n'est pas ce qui s'en produit par les substances dérivatives. Mais du primitif au dérivatif, l'acte de puissance connaît la même éternité syncopée de fulgurations du *Sera* qui sont autant d'anticipations réalistiques. Dans les deux cas commence l'ère du prononçable qui ne se fait énonçable que dans le cas de l'espèce humaine rationnelle. Le reste n'est que nature naturée, c'est-à-dire subordinnation aux techniques de la raison structurante des pensées créatrices du second ordre. À ce qui fût l'événement du premier ordre des signes sensoriels se substitue le conditionnement légal rationnel. Mais il existe chez Spinoza un troisième ordre qui est aussi raison, mais accédant à la connaissance du singulier et de l'individualité dans «l'esprit du Christ». L'*Ethica* aboutit là d'où partait l'*haecceitas* du *De principio individui*. Il n'y a encore rien du langage énonciateur propre au deuxième ordre dans le premier qui apparaît et disparaît au niveau des opinions en des signes éphémères. Mais la rationalité ne sera complète que quand elle accèdera à la connaissance du singulier, outrepassant Porphyre aussi bien que Descartes et que la *Torah* rabbiniquement fulminée. Il y fallait quelque uglossie, et c'est en quoi le XVIIIe siècle excellera. Il fallait, il faut, que l'humanisme assume la raison au point de la nier: l'humanisme n'obtiendra qu'à cette condition une promesse d'humanité.

L'énonciation métaphysique

Si la *signi*-fication métaphysique vient butter sur l'incapacité à trouver un signifiant dans le champ prononciatif et phonétique, il n'est pas plus aisé de dégager une dé-signation métaphysique du référent à exprimer, car tout le champ du *Sera* s'ouvre à l'infini

Qu'est-ce qui empêcha Leibniz de mettre en fonction énonciative le terme monade dès sa thèse du *De principio individui*? Il ne l'ignorait pas plus que celui d'entéléchie ou que celui de forme. La question est très précisément : pourquoi les puissances du langage recueillies dans la tradition de «monade» ne l'ont-elle pas incité d'entrée à employer «monade», puisque la thèse se conclut sur l'*haecceitas* scotiste ? Les quatre occurrences de « *monadicum* » dans l'avant-propos dont l'honore Jakob Thomasius lui faisaient signe en ce sens. Le maître avait-il discuté du sens nouveau dont il aurait convenu de pourvoir *haecceitas* avec cet exceptionnel étudiant ? Leibniz n'ignorera jamais rien des développements de la tradition monadographique ni des courants de la monadomagie dans les diverses cabbales aussi bien que par ses lectures de Plotin, Cudworth, Henry More, Van Helmont, Anne de Conway etc. Pas une seule occurrence de monade avant l'été 1696 ne figure dans les écrits de composition ! Ce soulèvement orogénique du lexique métaphysique fit partie, selon les options architectoniques de l'œuvre et dans la direction des systémiques interlocutoires du *Sera* d'*un plan-calcul qui consistait à mettre en fonction langagière le terme dont la puissance propre ferait immédiatement effet dans l'actuation culturelle dont Leibniz allait pour une grande part assurer l'actualité*.

Selon la perspective leibnizienne, les écrits métaphysiques parisiens se disposent autour d'« *esse est percipi* », comme si la recherche de la racine de l'*haecceitas* se poursuivait depuis le *De principio individui* en évitant aussi bien la bipolarité forme-matière de l'hylémorphisme que l'opposition du corps-esprit dans le dualisme moderne. Les travaux juridiques dominants alimentent cette recherche de la présomption, de l'imputation, de l'attribution, des responsabilités, de l'individuation des peines, des dédommagements et des récompenses, du rapport probable entre conditionnant et conditionné qui fonde la rationalité de l'existiturience jurisprudentielle. Le sujet éventuel en est tout autrement complexe que noyé dans le flou occulte de la personne morale ou que réductible à quelque *vis* physique. Mais c'est bien ce support possible de l'*haecceitas* qu'il s'agit de dénommer en faisant appel aussi bien aux nouvelles données de la probabilité conditionnelle judiciaire qu'à celle de la physique de la *vis* sous l'inspiration des trois principes du droit naturel. Si le domaine du droit n'était pas trop réticent à l'égard d'un « *panarithmeticon Dei* », celui de la physique manquait encore de cette intention qui finalisait la décision juridique et qu'il fallait y remettre en évidence pour pouvoir dire que l'*imago mundi* pouvait prétendre être signfiante d'une *imago Dei*. Il fallait, pour que cela fut possible, que l'*imago* dédoublée renvoie à un foyer virtuel dynamique commun du sein duquel le langage imposerait la découpe de signes en miroir : trouver la source de leur effectivité dans ce qu'exprimera l'existiturience. La formule « *esse est percipi* » fut mise au travail bien avant que Berkeley n'y recourre : mais les brouillons métaphysiques parisiens sont encore incapables de préciser cette interrogation que quarante ans plus tard Leibniz notera sur la feuille de garde de son *Treatise* : de quoi la phénoménalité de l'espace et du temps désigne-t-elle l'ordre, « *Subjectum quid* » ?

On approchait de la racine de l'*existiturire* auquel l'« *esse est percipi* » devenait assujetissable sans être nécessité, puisqu'il s'agissait d'un *percipio-percipiata* dont l'intentionnalité concrétisée du sujet des phénomènes visait ce qui devenait de plus en plus des formes mentales phénoménalisées. Le langage dualistique hylémorphique ou cartésien ne pouvait prendre en charge adéquatement un tel retournement de l'énonciation métaphysique. Sur le fond parisien de l'« *esse est percipi* » (que j'ai appelé le vecteur idéalistique de l'architectonique disjonctive leibnizienne), Leibniz lance des automates communicationnels *systémiquement* organisés en fonction de l'antique puissance langagière réalistique (le vecteur réalistique de la disjonction) dont les termes métaphysiques étaient revisités à partir de concepts plus que modernes puisque relevant d'une campagne académique incessante en faveur de la dynamique complète et de la monade réinstruite. Les puissances du langage se décuplaient pour permettre à des pensées conceptuellement diversifiées d'exprimer l'unicité jaillissante de l'existiturience.

Aussi opérationnel que devienne ce vecteur réalistique en 1678, le langage leibnizien « réhabilité » de la *forma substantialis* se heurtait à deux limites. La première est en provenance de cette autre structure lexicale oppositionnelle dressée entre les causes : *forma* n'exprime pas par soi, mais seulement par adjectivation la cause finale. La seconde est que ce n'est pas par ce nom de *forma* que l'on peut exprimer l'unicité du sujet qu'exige toute définition par les singulières affirmatives puisque subsiste une *materia prima, signata* ou non, dont il fallait s'accommoder au détriment de la phénoménalité de cet « *esse est percipi* » qui réclamait que non seulement la matière seconde fut sensorialisée comme elle le devenait pour les cartésiens, mais que la matière première devînt entièrement phénoménale. Accompagnant la « *mecanica nova* » du *De corporis concursu*, la forme susbstantielle retrouvait un contenu rénové de manière inattendue parce que poussant fort au-delà des considérations qu'égrenaient des dizaines d'ouvrages composés par les comparatistes du parler ancien avec le lexique cartésien. Cette concordance interdisciplinaire était manifestement due au renversement des analyses grammatologiques, syntaxiques et logiques qui aboutissent à l'article IX du *Discours de métaphysique* lequel réussissait le rappel des propositions singulières affirmatives aux dépens d'analyses piétinant autour de décombinaisons sucessives des universelles concrètes tirées à partir du genre pour en déduire les inhérences, alors qu'il ne s'agissait plus d'*implicare*, mais d'*involvere*. Arnauld y perdra et son latin et sa logique. Son latin parce que *forma* n'a jamais exprimé une proposition singulière affirmative circonstanciée par une infinité de prédicats; sa logique parce que celle de Port-Royal n'aurait jamais pu admettre que les expressions de la contingence pûssent être impliquées dans l'inhérence propositionnelle sans que la ruine de la liberté s'ensuivît.

Les relents dualistiques de la forme-matière conduisirent au rappel lexical d'entéléchie en 1691, grâce à la critique rénovatrice en cinq points du concept aristotélicien. La structure métaphysique oppositionnelle de base oppose l'*entelecheia* conçue comme actualité consécutive au mouvement d'Aristote à ce qu'il appelle *dunamin, tê dunamei*; à cette *potentia*, ou possibilité nue. Ce qui rend ces entéléchies susceptibles de devenir des âmes, *ê prôtè*, est désigné comme provenant de ce que « rien n'y est plus propre que *la force* » et la conséquence est tirée dans la lettre suivante : « la forme substantielle n'est autre chose que le premier principe intérieur de l'action, *entelecheia ê prôtè* ». Allait-on retomber dans cet autre travers d'un terme occulte ? Non, à condition que force et action, deviennent autant de noms qui métaphorisent la physique dynamiste mathématisée en métaphysique.

La démarche vers une *enneologia*, comme disait Jungius en pensant aux logiques propositionnelles, n'était pas achevée, qui aurait dû donner son titre à ce que Leibniz n'a jamais intitulé « monadologie ». Les puissances concertées du langage appelaient l'entéléchie à considérer qu'elle conservait de son passé et de sa composition binaire une incompréhension de l'unité et de l'unicité de l'un, qu'elle exprimait certes, mais plus par signification énoncée que par signe prononcé. L'entéléchie première laissait supposer qu'il y avait toujours du premier et du second, et que derrière le *prôtè* se trouvait encore quelque *ulè* à laquelle elle conférait son unité et sa tendance aux dépends de la conception du temps et de l'espace comme ordres entre autant de sujets.

Les *PNG*, § 1, précisent laborieusement en première écriture : « *Monas* est un mot grec qui signifie à peu près l'unité ou plutôt ce qui n'est qu'un » ; une seconde version ne conserve que « qui signifie ce qui est un » ; une troisième revient au point de départ : « qui signifie l'unité ou ce qui est un » ; une quatrième, celle de la copie de Paris, met UN en majuscules.

La liaison avec entéléchie est assurée par le § 18 de la *Monadologie* : d'abord de façon prudente : « Je trouve qu'on pourrait aussi donner le nom d'Entéléchies à toutes les substances simples, ou monades créées, car elles ont en elles "*to entelès*". Il y a cette perfection, suffisance, *autarxeia* qui les rend/principes de leurs actions,/sources de leurs actions » ; à quoi la seconde version ajoutera, « sources de leurs actions et pour ainsi dire des Automates incorporels » ; une troisième version précisera : « actions internes ».

Au cœur du terme, le concept tel qu'il est réhabilité importe cette évidence énonciative d'une « substance simple » répondant à un « *quantum* d'action » sans risque de confusion avec l'atome démocritéen. Jusque-là, il était question de « substance individuelle », de « substance singulière ». Or une proposition affirmative singulière se caractérisait par sa complexité prédicative infinie, par les enchaînements surdéterminés des complexions scénographiques, embrouillées dans des dispositions ichnographiques ou stéréo-tempographiques, par les emboîtements de l'harmonie devenue universelle et par une combinatoire des perfections infinies aussi bien qu'infiniment infinies. C'était le contraire même de la simplicité de l'atome. Cette montée en puissance du langage de la monade est architectoniquement due à ce que « simple » sort de son registre lucrétien de partie nue pour prendre le sens que lui consacrent les premiers articles du *De Natura rerum* de Leibniz : simple signifie « qui n'a point de parties », qui ne peut être soumis à création ni à annihilation, qui ne peut commencer ni finir. La monade sort de la lexicographie figurative parcellaire et ne se discerne comme substance capable d'action que par ses qualités habillées et ses tendances internes. Comme la pyramide des mondes, ce terme fut transposé en métaphore de géométrie infinitiste : « c'est comme dans un Centre ou point, tout simple qu'il est, se trouvent une infinité d'angles formés par les lignes qui y concourrent ». Ce § 2 des *Principes de la nature et de la grâce* précède de peu le § 13 de la *Monadologie* : le détail de ce qui change « doit envelopper une multitude dans l'unité ou dans le simple... il faut que dans la substance simple il y ait une pluralité d'affections et de rapports, quoiqu'il n'y en ait point de parties ». Ce que les puissances de la langue géométrico-algébrique-infinitiste ne permettaient d'aborder que métaphoriquement, les puissances de la langue du vivant en donnaient une expression directe en terme de perceptions et d'appétitions, de désir et de degrés de conscience, de rationalité des principes de nécessité ou de suffisance, de lien de cet « atome véritable » avec l'ensemble du *cosmos*. L'accident individuel qui pouvait passer avant l'entrée en fonction de monade pour le moyen adéquat de la nomination de l'heccéité était transmuté au rang d'événement existentiel dans un contexte où l'on recueillait les fruits de cette inversion des perspectives logiques en exhaustion morale et de cette promotion des techno-sciences dans le champ d'une finalité, et si on y tient, d'une grâce, en éthico-savoir. Ainsi la charge conceptuelle de monade permettait par *monos* d'insister sur l'unicité substantielle tout en se diversifiant qualitativement d'autant de perfections énergétiques qu'en comportait l'échelle existituriente des êtres. Mais il fallait vaincre d'ultimes résistances à la nouveauté des sens sous les signes anciens, notamment celle qui vint aussitôt de Sophie-Charlotte : peut-on employer au pluriel le mot d'unités et avancer, comme le fait Leibniz dans ses conférences de Lützenburg, de ses « petites unités » ?

La prolation métaphysique universelle

Malgré ces remous autour du prononcé et de l'énoncé, qu'en est-il de cet autre singulier de la puissance du langage qui cherche à exprimer les deux par un système de signes susceptible d'entrer en prolation? L'historiographie leibnizienne est partagée en trois zones de recherche: celle qui porte sur les fondements des puissances régionales du langage, celle qui s'intéresse à ce que nous venons d'évoquer au sujet de la rétrospection vers une langue adamique naturelle; il nous reste à mettre en situation celle qui se rapporte à la prospection qui prend corps autour du projet d'une caractéristique universelle. Qu'en est-il de cette puissance représentative du langage qui serait l'autre singulier des puissances énonciatrices, qui couronnerait par un système futuriste de signes inventés et convenus ce dont nous discutons juridiquement et métaphysiquement pour le faire entrer sous l'égide d'un «*calculemus*» qui ouvrirait aux clés de l'existiturience?

Toutes les remarques sur prononciation et énonciation sont criblées dans les *NE* à travers les filtres potentiels des langues vernaculaires sollicitées, grecque, latine, française, allemande, anglaise, comme en d'autres écrits l'hébreu, le chinois ou bien cette collection des *pater* assemblée en toutes langues pratiquées afin de retrouver les traces de quelque langue matricielle. Les lexiques spécialisés interviennent conjointement pour leurs néologismes enrichis de potentialités mathématiques, physiques, psychologiques, biologiques, astronomiques ou métaphysiques. Restait à évoquer le projet de caractéristique universelle, langage hors prolation quoiqu'envisagé comme conversationnel, à haut degré signifiant conventionnel de la variété infinie des signifiés abstraits ou concrets, réels ou possibles.

Au-delà du prononcé et de l'énoncé, la prolation cherche à quitter le langage vernaculaire pour exprimer la grossesse de l'existiturience au travail sur l'ensemble de ce qu'elle génère (*-ficans*) en amorçant une différenciation dont la réalité humaine s'empare pour émettre des signaux aux traces combinatoires sans concepts comme sans affect, susceptibles d'émettre toutes les nuances de sa réalité existentiale. Il n'était pas aisé de dissocier ce travail de dégrossissement du monde de son complément énonciatif qui se mettait à phraser sur le prononcé. Force fut de reconnaître que ce travail énergétique ne se dédouble pas aisément et qu'il reste de plein effet dans le langage énonciatif puisque le prononciatif s'y sensorialise sourdement. En va-t-il encore de même si l'existiturience passe à un degré de force si solidement charpenté qu'elle devient existiturificante de tous les signes de ce qui, dans l'existant la laisse soudée aux possibles du *Sera*?

La philosophie leibnizienne du langage ne se réduit pas à la définition lockienne d'une transmission communicative: les puissances plurielles de la parole visent à l'innovation dans tous les domaines où il y a une opérativité dia-lectique, c'est-à-dire, au sens du XVIe siècle, une énonciation épurée, un jugement rigoureux, un raisonnement axiomatisé, bref, méthode et invention. La tendance propre à la virtualité rationnelle de la pensée langagière tient à la transmission des enchaînements mentaux nécessaires ou suffisants par lesquels se déclare et s'éclaire l'existence. L'homme se situe à l'intersection de la connotation par les essences parolières de tout ce qui dénote la vie et d'une tentative pour éclairer la destinée à laquelle peut prétendre le genre humain. Sans doute est-ce là le propre de l'homme dont l'existiturience provoque l'émergence de son être-là avec… de celle de l'animalité comme de celle de l'angélicité. Comme nous le verrons, il y faudra bien des nuances avant de pronostiquer que ce propre réside dans les enchaînements suivis dont est capable l'espèce de l'*homo sapiens sapiens*.

Ces remarques provoquent un problème béant dans le leibnizianisme de prolation symbolisée : la caractéristique universelle peut-elle recouvrer tout le champ du pensable, sinon de l'énonçable ? Qu'en est-il de ces fragments ou de ces passages où l'énumération des signes naturels échappe à la pensée signifiante selon les critères de la caractéristique ? Est-ce que cela veut dire qu'il n'y en pas de logique, ou que notre logique, humaine, n'est pas encore constituable ? Le sera-t-elle, et à quelles conditions ? Sous quelles conditions la différence creusée entre *mathesis universalis* et *mathesis divina* se comblera-t-elle ? Il s'agit dans les deux cas de *mathesis*, de connaissance refusée ou acceptée, mais quand l'accession en deviendra-t-elle complète ? Au cours de l'histoire, à la fin de l'histoire, après l'histoire, hors l'histoire ? Qu'en est-il de la lumière, des lumières et du cosmopolitisme ? Puisque la *mathesis universalis* physique repose dans l'ombre de la *mathesis divina*, il est maintes fois dit que les finalités de la seconde innervent les mécanismes de la première.

Les recherches logiques et les axiomatiques leibniziennes ont produit, au-delà des succès historiques évidents du jeu de ses spécieuses particulières, une abondance de résultats que chacun peut tenter d'expliquer et doit s'ingénier à faire progresser. Mais y eût-il, au sujet du langage métaphysique, aussi bien que des autres disciplines, une application de la tentative caractéristique qui permette de suivre le fil de l'énonciation suivie ? Ce qui est de nouveau en question sur ce point précis, c'est le statut de la monade, de sa dénomination caractéristique, certes de la constitution du ou des signes qui la représenterait, mais surtout des développements logiques qui enchaîneraient la relation de l'infinité de ses qualités entre elles. Car on est ici dans le cadre volontariste d'une logique certes aléthique, mais qui doit prendre en compte la logicité déontique pour assumer les énonciations reposant sur les deux principes de la raison humaine et qui, en conséquence, est de nature rhétorique et dialectique.

La métaphore figurative qui charpente les *PNG* et la *Monadologie* attendait son Lucrèce. Mais ces écrits en sont restés à ce stade d'une langue vernaculaire fonctionnant sur une grammatologie générale dont le *logos* n'outrepasse pas les discernements habituels de linguistique générale métaphysique en la matière. Pourtant tout y est comme prédisposé pour une mise en langage d'informatique automatisée, à partir de cette attribution en 0 et 1 de perfections successives, durant cette montée scalaire d'une dichotomie intarissable de plus en plus affinée, jusqu'à cette triple régulation d'ensemble commencée par une dominante de nécessité, poursuivie sous les signes déterminants, mais libres, de la contingence et couronnée par l'infinité d'une grâce harmonique. La métaphore figurative tient à ce que tout s'y passe comme si la *mathesis universalis* projetait sa lumière oblique sur l'ensemble des déterminations existentiales tout en s'illuminant à chaque échelon de la suggestion d'une *mathesis divina* qui n'a de cesse de se manifester dès la première invocation de la perpétuité de la monade jusqu'à l'accomplissement de sa cosmopoli-citoyenneté.

Car ce « *monas* », non seulement par définition, par étymologie et par signification, est au sein même de la puissance calculante. Je souligne cette fois que c'est durant l'année 1696 que nous rencontrons, d'abord pour les vœux de Nouvel An, l'accession du calcul binaire à sa promotion au rang métaphorique du calcul des existences et que nous avons ensuite, en plein été, l'investissement de « monade », lié aux échanges sur le calcul binaire poursuivis avec Jean Bernoulli. « *Monas* » permettait donc à la fois d'exprimer l'existiturience présente en chacun des Uns et sa différenciation dans le multiple qui restait emblématiquement ordonnée à l'un selon la rigueur rationnelle de la spécieuse binaire. Or c'est bien là que se rencontre la double caractéristique de l'Existence, volontaire et raisonnée. Car si la métaphore binaire prend ce statut métaphorique, qui réinsère les fastes les plus prestigieux de la Renaissance dans la pleine aube du XVIIIe siècle, elle laisse la liberté à son propre phore d'investir sa puissance émanatrice selon un principe de raison qui soit suffisant sans être nécessaire. Etant suffisant, il fonde l'éthico-savoir dans le *Sera* et concerne en tout premier lieu la qualification des actes de l'Un.

Avec les *fulgurations*, pouvait-il être question que la clarté démonstrative et calculante du zéro et de l'un émît une lumière persévérante sur l'existence dont il était question qu'elle émane continuellement de cette infinité existentielle du *Sera* pour devenir la réalité du vivant ? Les caractéristiques d'un existentiel qui ne pouvait être qu'indiscernablement individuel avaient certes trouvé une puissance métaphorique susceptible de convaincre un duc de Brunsvic, quelques jésuites amateurs de Fohi et, à la rigueur un Empereur de Chine. Mais il restait impossible à Leibniz même d'y rencontrer autre chose que le fruit de la métaphore qu'il avait bâtie car, si la réussite du calcul binaire est à l'origine de nos techno-sciences les plus performantes, notre éthico-savoir continue de butter sur le déchiffrement d'une *mathesis divina* devant laquelle Leibniz n'a jamais avancé la moindre formule caractéristique convaincante. Certes la promesse en est qu'il y a une rationalité des déterminations contingentes, qu'au terme de l'histoire ou après le dépôt de toute l'Histoire, la raison humaine accédera à la clé de son second principe, mais ces affirmations ne peuvent que résulter de la concordance de la foi avec la raison, non de la raison seule. Aussi, l'unité des puissances langagières de la métaphysique pouvait-elle se poursuivre grâce aux signes prononçables et énonçables, comme l'affirment les plans académiques de l'Horizon des sciences, mais elle ne pouvait espérer plus de lumière, ni sur l'origine naturelle du guidage qui avait conduit le char de Fontenelle à un stade tel qu'il fallait huit académies pour en tirer les enseignements de son propre vivant aussi bien dans le domaine des techno-sciences que dans celui de l'éthico-savoir. La métaphore de nécessité d'une *mathesis universalis* débordant sur l'éthico-savoir finissait par reconnaître qu'elle n'était qu'« approchante », et qu'il importait qu'elle n'outrepassât pas sa rigueur calculante dans le champ mathématico-physique puisque, au-delà, la liberté basculait de l'imbroglio existituriant des déterminations contingentes du *Sera* en déterminisme de l'Être.

La métaphore fabulatoire soutient la métaphore arithmétique. Pour rendre communicationnelle l'énonciation figurative insensible ou caractéristique, Leibniz recourt au mode d'expression fabulatoire qui transpose selon des symboles mythiques de haute participation culturelle les vecteurs principaux de la *signi*-fication : quand il invoque ce qui est gravé sur le front de Sextus, il se réfère à la fois à une *signatio sensibilis*, puisqu'il y a matérialité patente de l'*haecceitas* possible avec renvoi à une ligne codée du grand livre de Pallas sur *Le Sera*, à une *signatio praxeologica* puisque Théodore doit faire fonctionner un magnétoscope reposant sur l'informatique combinatoire pour obtenir la ligne expresse au renvoyé du code et enfin à une *significatio axiologica* ouverte vers les devenirs de l'existiturience qui se formulent dans le film imaginairement représentatif des trois vies possibles de Sextus, incompossibles entre elles, qui esquisseront la richesse virtuelle des possibilités du *Sera* offertes à cet Être-là dont l'existence réelle commettra le meurtre de Lucrère, son être se bloquant dans cet ici, avec mais sans…, restant de partout ouvert aux existentiaux possibles qu'il offre à l'Histoire.

Dans le courant du XXe siècle, la métaphysique devait connaître une nouvelle phase autour des référents grammaticaux prépositionnels qui prenaient le pas comme opérateurs de sens sur les termes nominaux ou verbaux avant lesquels ils se trouvent posé, ou plutôt après les termes en position prépositionnalisante. Sous prétexte d'éclairement portant sur l'être des étants qui désignait la réalité humaine dans le monde, on se mit, dans le cadre de la phénoménologie intentionnelle, à faire des prépositions autant de titres de chapitres, sinon de livres, qui déclinaient la philosophie vers une section de la littérature, au mieux un projet de logique des relations. Après avoir subi l'attirance de la rhétorique des tropes, la philosophie prenait le chemin de la grammaire des prépositions. Pré- devait permettre de gagner en éclairement sur la lumière que, d'ordinaire, le substantif ou le verbe prépositionnants et le substantif ou le verbe prépositionnés indiquent selon la direction de sens qui les relie. Ces signaux courts, sans nombre, syncatégorématiques, vectorialisés mais multirectionnels et, en conséquence, plurivoques sollicitent autant de rapports qui nouent le liant de la réalité humaine dans le monde : l'étant au monde, l'être avec, le en soi, le par soi, le pour soi, l'entre nous... On peut y adjoindre les locutions prépositives usuelles de la métaphysique : à cause de, afin de, à force de, à raison de, au-delà de, vers etc. Certes la décadence des déclinaisons dans les langues modernes a fait jouer aux prépositions un rôle syntaxique éminent, mais de là à ce qu'il fût ontologique ou ontique, la grammaire ni la syntaxe n'avaient à s'y prêter. On en vient à formuler des unités sémantiques qui expriment autant de rapports différenciés en nombre indéfini : la multipolarité de chacune est telle qu'une interrogation se pose en chaque cas sur le type, le sens et la portée de la relation, compte tenu des termes mis en liaison. Rien là qui soit dommageable à la philosophie : la phénoménologie situationnelle réanime l'attention sur ce que les métaphysiques de l'énonciation existentiale ont occulté dans être de la prononciation langagière de la réalité humaine.

Le *cogito* pré-réflexif a été amplement sollicité par ce que nous évoquions de la prolation du prononcé : mais il le fut à partir d'une origination existituriente dont ne peuvent le doter les phénoménologies, devenues autant de descriptives empiristes du relationnel prépositionnel.

Ces recherches sur le soi mettent en question le processus vital de l'individuation identitaire. À quel moment de l'apparition des êtres en général, peut-on distinguer un« vivant » qui soit distinct de cet être en général, super-genre dont ferait partie le genre *homo* ? Cette préoccupation est constante dans les « *etymologica* » leibniziennes : s'il devient possible de remonter par l'étude de l'évolution des langues et de leurs apparentements à des racines communes, peut-on déterminer le langage primordial qui fut le propre du parler humain ? Jéphétiques ou teutones, les hypothèses avancées donnent naissance à une lourde bibliographie aboutissant à l'indo-européen et au sansscrit.

Comme nous le remarquions, le terme soi est aujourd'hui investi dans une vingtaine de syntagmes qui en usent comme d'un nominal désigné par une adjectivation : du soi anatomique au soi vivant, on rencontre aussi bien le soi peptitique que le soi neuronal, le soi génétique que le soi phénotypique, etc.... Il se trouve que soi et espèce dériveraient d'une même racine originelle, désignant un vecteur d'acte mental différenciateur et identitaire. La racine *swe* leur serait commune que l'on retrouve via le grec εαυτος, ετος et εθος le latin *suus*, *soror*, le français *soi*, *sien*, l'anglais *self*, l'allemand *selbst*.

Je suis revenu à plusieurs reprises sur cette importante tentative de néologisme lancée par Leibniz à propos de la traduction de « consciousness » par « conscience » : plusieurs occurrences de « conscienciosité », « consciocité », sont alors risquées sur la traduction de Coste, qui n'auront pas la chance d'être acclimatées à la langue française pour bien marquer la distinction de cet usage psychologique d'avec l'usage moral courant de conscience. Selon Locke, dont Leibniz accepte le texte, « Le mot de *personne* emporte un Être pensant et intelligent capable de raison et de réflexion, qui se peut considérer soi-même comme *le même,* comme une même chose, qui pense en différents temps, et en différents lieux : ce qu'il fait uniquement par le sentiment qu'il a de ses propres actions » (*NE* II, 27, § 9). Une telle connaissance accompagne toujours nos sensations et nos perceptions présentes « quand elles sont assez distinguées », ajoute Leibniz, et c'est par là que chacun est à lui-même ce qu'il appelle « *soi-même* ». Or ce « même *soi* » est une conscience qui accompagne la pensée : « c'est là ce qui fait que chacun est ce qu'il nomme soi-même et par où il se distingue de toute autre chose pensante ; c'est aussi en cela seul que consiste l'identité personnelle, ou ce qui fait qu'un être raisonnable est toujours le même ; et aussi loin que cette *conscience* peut s'étendre sur les actions ou sur les pensées déjà passées, aussi loin s'étend l'identité de cette personne ; et le *soi* est présentement le même qu'il était alors ». Théophile réitère son accord : « La consciosité ou le sentiment du moi prouve une identité morale ou personnelle ». Or Leibniz ajoute une remarque qui va au cœur de la problématique de l'*homo* : « Et c'est en cela que je distingue l'*incessabilité* de l'âme d'une bête de l'*immortalité* de l'âme de l'homme ». Les deux espèces conservent la même « identité physique et réelle » ; mais elles diffèrent en ce que l'homme garde une « identité morale », et il suffit, pour assurer cette identité morale qu'il y ait « une *moyenne liaison de consciosité* » d'un état voisin à l'autre dont ma réminiscence peut être éventuellement avisée. Mais « pour ce qui est du *soi* il sera bon de le distinguer de *l'apparence du soi* et de la consciosité. Le *soi* fait l'identité réelle et physique, et *l'apparence de soi*, accompagnée de la vérité, y joint l'identité personnelle ».

Le signe *soi* n'est cependant pas un signe quelconque, signifiant d'un signifié représenté. Au contraire, il est un signe unique, signifiant d'un représenté certes, mais à représentation douteuse puisqu'il s'agit plutôt d'une présentation, d'une présence, du concret de ce qui s'énonce *soi*. Maints textes leibnziens insistent sur cette parenté ontologique du soi et de la substance concrète vivante actuelle à soi-même, au fait même de son actuation. C'est donc un signe privilégié qui apporte avec sa représentation (discutable) la présence de son être soi. Et qui, de plus, devient le modèle de ce que nous pouvons comprendre quand nous envisageons un signe comme signe d'une substance. Telle serait alors la raison langagière profonde de l'adhésion, que donne malgré tout Leibniz, à la primauté de l'*ego* cartésien dont il sait parfaitement qu'elle se fonde sur la présence à soi dans l'acte cogitant, sans que pour autant l'analyse cartésienne s'inspire du langage intrinsèque que nous venons d'évoquer. Leibniz n'a pas besoin de la conscience pour évoquer le soi, alors que Descartes recourt à la conscience pour formuler l'*ego*. Il leur fallait, à l'un comme à l'autre, une émergence initiale du soi pour évoquer la ronde des signes qui s'ensuivait, un centre représentatif concrètement représentant de soi-même autour duquel le siècle de la représentation trouvait son initiative et sa fin, à partir duquel tout *avec* trouvait son centre de référence opérationnel dans *Le Sera* de cette mondanéité-ci.

FINAL

Les réflexions sur l'apparition astéroïdo-planétaire de l'homme dans le *cosmos*, l'approche éthologique du propre de l'homme, l'herméneutique intarissable de sa position sous un régime religieux, en épuisent-t-elles l'interrogation ? Les uns en ont la prétention, d'autres restent plus circonspects. Il en résulte au total une puissante poussée des connaissances éthologiques appuyées sur les techno-sciences. Le résultat consiste en une dissémination et une sorte d'infinitisation de la problématique du propre, qui s'évanouit en autant de variables qu'il y d'espèces hominoïdes. Si on a voulu démontrer qu'il est difficile de trouver un propre isolé de la nature, de la culture et de l'évolution des espèces, la réussite est entière. Il n'empêche que l'interrogation subsiste.

Pour une première raison. Contrairement à l'imagerie d'inspiration dualistique dont on affuble « la philosophie » mise en déroute, la philosophie présente autant de doctrines qui n'admettent pas une coupure dualistique entre nature et culture, entre corps et esprit.

Pour une seconde raison. On confond dans une même réprobation fixisme créationnel et philosophie. Or la philosophie comporte autant de doctrines émanationnistes que d'hypothèses évolutionnistes. Si le destin de l'homme est liée à l'évolution que décrit la *Protogée*, le destin de l'espèce subit à son tour dérives et fragmentations.

Bien avant que la roue du Vieux-Moulin ne se mette à tourner, les hommes était apparus dans la vallée. Bien avant que les hommes n'y apparaissent, la Terre tournait dans l'environnement solaire. Bien avant que la Terre ne tourne, les galaxies menaient une ronde qui récuse par son infinité croissante les infinis face auxquels la pensée de Pascal perdait pied. Il en ira de même quand l'espèce humaine s'éteindra après avoir poursuivi ses transformations avérées ou prévisibles, quand le soleil s'éteindra et quand la voie lactée sera devenue poussière sidérale. Le silence de ces espaces infinis en extension ne nous parvient pas encore ou ne nous parviendra jamais.

Nul n'ose s'aventurer dans la datation, ne serait-ce qu'à quelques milliards d'années près, de l'ensemble de ce qui tourne dans l'univers. À supposer que la Terre se soit formée, après bien d'autres systèmes planétaires et galactiques, il y a 4,5 milliards d'années, l'ensemble galactique dont elle est un point infime entamera sa dissolution.

Les silences infinis ne nous effraient plus : nous avons sous l'entendement et aujourd'hui sous les yeux cette fusion et fission des composantes de l'univers dont le roseau pensant ne peut que retenir la brièveté de son séjour et l'insignifiance de ses apports face à l'ensemble généreux du *Sera*. Par contre, il trouve suffisance et longévité par la conquête même qu'il effectue des normes de cet univers avant de tenter d'en habiter les emplacements. La *saga* de cette découverte de la superficie ou des épaisseurs terrestres a pour équivalent vital aujourd'hui l'expansion de la pensée corrélative à la découverte et à l'occupation des sphères emboîtées de l'univers.

Un coup sérieux fut apporté à la statique du globe terrestre quand Leibniz (on n'y échappe pas) eut à défendre l'intérêt bien compris d'un conseiller juridique dont les fantaisies autorisaient qu'on l'évacuât vers le secteur minier du Harz qui lui était confié. C'était sans compter avec ses propres facultés adaptatives qui firent merveilles dans ces monts. Rapidement ce massif anciennement solidifié lui apparut comme ayant été submergé, en raison des espèces marines animales et végétales retrouvées en fossiles. Cette fossilisation apparaissaient dans des couches de fouilles élevées et superposées qui étaient déterminables par la présence et l'absence de certains minéraux d'une très précise organisation cristallographique que le mathématicien n'eût aucune peine à référer aux avancées qu'il provoquait en analyse géométrique infinitiste. Il lui semblait au total, que sous les couches sédimentaires superficielles à végétation et faunes actuelle, s'étageaient des âges du globe terrestre dont il se mit à supposer l'origine volcanique en raison des amas de laves non cristallographiables qu'on rencontrait au bas des étages miniers. Paléontologie, cristallographie, vulcanologie théorique manquait d'une observation et d'une expérimentation que Leibniz reçut *de visu*, *de tactu*, *de auditu*, *de odore*, *de sapore*, quand il parvint, lors de son *Iter Italicum*, sur les flancs du Vésuve et au solfatare de Pouzzole. Quiconque eût le loisir de camper dans le champ du solfatare ou sur les flancs du volcan sait combien il est difficile à la peau, aux cheveux, à la cœnesthésie générale, au matériel en toile, de se défaire de cette imprégnation sulfureuse.

Sur le chemin du retour, il occupa, entre autres, ses journées de voiture ou de voile à consigner l'ensemble de cette théorie ainsi confirmée dans cette *Protogée* à l'égard de laquelle notre « Pangée » fait preuve d'un bien maigre imaginaire heuristique. Effectivement l'hypothèse actuelle de la

Pangée prend l'histoire du globe terrestre au moment où sa première formation serait déja en place. Le terme de Pangée, la terre toute entière, exprime bien les limites de la prétention reconstitutive en l'occurrence : tel est le tout de la Terre ou tel est l'état total de la Terre, à partir duquel la Laurasie et le Gondwana se sont mis à flotter sur le magma originel avant de commencer à se scinder à leur tour il y a quelque 70 millions d'années sous l'effet de cette dérive des continents qui nous vaut le tsunami que l'on sait. Or le « *Proto* » leibnizien indique la prétention d'aborder l'étude la Terre non pas toute faite, mais dans une genèse qui se fait. Je ne sais si l'hypothèque savante de la Pangée évince volontairement la question des origines pour se contenter de l'appréciation de son développements. Leibniz n'a pas à avoir de retenue à l'égard des profils génétiques et évolutionniste de la planète : les hypothèses minières que je viens de rappeler en témoignent. Elles lui permettent surtout d'ouvrir le langage révélé d'une *Genèse* toute faite vers l'écho rationnel suivant lequel la raison humaine peut le concevoir et le construire. Sans pour autant le contre-dire, mais en le para-phrasant, en émettant un discours répondant le plus possible aux attentes des deux principes de la raison, la foi étant comblée par la *Torah*. Le discours rationnel sur les origines et le dévelopement des structures continentales se mettait à flotter sur ses propres dérives.

Nous disions que le destin de l'homme dans *Le Sera* est indissociable de l'évolution cosmique et planétaire dans lequel s'encastrent les origines de la vie sur Terre qui s'activent encore dans notre patrimoine génétique. Ces eubactéries qui entretiennent notre propre métabolisme cellulaire et qui rythment notre respiration remontent à l'apparition des mitochondries. Nous attenons encore aux origines même de la vie sur Terre : du coup, l'éloignement temporel n'est déjà plus que de 3,8 à 1,8 milliards d'années au cours duquel ces bactéries initiales commencèrent à se différencier en autant d'organismes monocellulaires. Les méduses de nos plages et les éponges de nos plongées témoignent encore de ces premières organisations pluricellulaires par développement des chaînes génétiques et des structures chromosomiques dont nous sommes les descendants.

Leur fossilisation permet la reconstitution de cet échelonnement d'une vie en voie de complication, non parce que tel est l'effet de l'application de cette pensée dont est doué le roseau que nous sommes. L'emploi métaphorique de « roseau » n'est pas tellement impropre si on le commente selon la séquence des espèces : le roseau dont les premiers fossiles seraient d'il y a seulement 400 millions d'années, date presque d'hier ! Il ne restait qu'à y adjoindre l'attribut de la pensée.

Les coteaux qui bordent de part et d'autre le *Chemin du Vieux-Moulin*, rappellent de leur pente abrupte et saccadée cette évolution géophysique que creusa la Mer Ligérienne… J'y recueille maintes espèces plus évoluées de la biomasse marine qui devinrent, par la solidité de leurs cartilages ou de leurs carapaces, capables de supporter la sédimentation calcaire aussi bien que l'ensevelisssement argileux. De splendides ammonites sinusoïdalement lovées, apparues et disparues à l'époque des dynosaures, y annoncent phylogénétiquement flore et faune de ce jour. Le *Chemin du Vieux-Moulin* était encore pour longtemps sous les eaux. Y étions-nous déjà annoncés? Vraisemblablement, selon ces théories fantastiques mais non fantasmatiques de l'enveloppement des germes, quelque mitochondrie héritée des premiers soupçons de vie prolonge encore ses codes vitaux dans notre propre chaîne génétique.

Peut-on commencer à détecter dans ce présent de l'homme si encombré de son passé dans la séquence *Omo*, quelque signe de ce qui serait le futur de l'*homo sapiens sapiens*? Il est impossible, si on prend en compte les âges de la paléontologie humaine, de prétendre que son *Sera* s'arrête à l'*homo bimillenarius*. Ou bien on n'accorde aucun crédit à cette reconstruction du devenir de notre espèce, auquel cas restons-en à un créneau interprétatif bloqué dans la considération d'un souci qui nous immobilise dans le temps de l'instant des plongées vers l'être-néant, plutôt que de nous ouvrir à nous-même et aux autres: le destin futur de l'humanité ne tient alors qu'à cet enfoncement dans un abîme sans fond. Ou bien on prend en considération ce devenir passé de l'humain, lié à l'ensemble de l'être-là qui l'environne, et il devient légitime de se demander si des signes de son avenir sont perceptibles dans sa constitution morpho-écologique présente.

Avons-nous prise sur la mellochronie et toute futurologie n'est-elle que mellomancie? Sur un fond, qui semble inépuisable mais imprévisible, d'« élan vital », ponctué de ruptures, de sélection et d'évolution dissymétrique dans la synchronie, est-il possible de dresser les lignes directrices de constantes et les révolutions possibles qui peuvent affecter *Le Sera*? Les catastrophes cosmo-terrestres et les éclatements stellaires, la localisation de la vie aboutissent à l'*homo* qui les pense, restent pour l'heure réservées à la planète Terre. Dans chacun des mouvements de ce quatuor, le philosophe regrette de ne pouvoir poursuivre, à armes égales, ces discussions passionnées, mais puissamment documentée aux plus récentes techno-sciences adjuvantes, concernant l'interprétation des signes de l'être, l'anthropologie des signes relatifs, l'herméneutique biblique d'un signe absolu, la cosmologie des signes sidéraux et sidérants.

Nos pâles horloges du temps social axées sur des fondations religieuses nous rappellent que nous ne subsistons dans cet encadrement chronologique que depuis 6500, 2002 ou 1423 ans, sans compter les autres dont je ne parcours pas la presse quotidienne. C'est bien peu dans l'histoire de la vie. Comptera-t-on encore ainsi dans le même période à venir? Ou bien quelque mondialisation proposera-t-elle un calendrier géopolitique, éventuellement extensible au cosmopolitique ? Au fond, on vit dans la terreur de voir son propre système de repère chronique aboli et l'échec des calendriers révolutionnaires est toujours suivi de quelque retour des popes, des papes, des imams ou des bouddhas.

Pouvait-on, si quelque pensée l'avait pu, prévoir le déclenchement des cinq catastrophes qui commencent notre calendrier géophysique, cette biodiversité contingente qui comporte l'extinction subite des lignées, des espèces, des individus, l'irruption de nouvelles formes de vie qui allaient à leur tour connaître des secousses évolutives comme celles que nous avons rappelées à propos des hominoïdes. Ne serait-ce pas là, prioritairement, un vecteur directionnel dont il faudrait tenir le plus grand compte, car il n'y a aucune chance d'en voir abolir le destin, sauf à hasarder, de plus, la disparition d'une espèce qu'il avait créée lui-même pour le penser. Mais alors l'univers supprimerait la conscience qu'il prend de soi par *homo* interposé.

Il apparaîtra, mais il y faudra une autre étape sur mon *Chemin*, qu'une prévalence commence à s'imposer qui, plutôt que sur Être et Temps porte sur Espace et Temps. Il devient vraisemblable que, de même que la Durée sauve l'humanisme du Temps, l'Étendue protège l'être-avec... de l'Espace. La réalité humaine réalise l'*homo* sans qu'il soit question d'y reconnaître une essence : il sera déjà bien difficile d'en faire un genre et plus encore une espèce. La réalité humaine ne connaît pas de bornes logiques ni n'enclôt d'impératifs de valeur. Elle est se faisante, car c'est vraisemblablement trop de dire qu'elle a toute à se faire, mais ce n'est pas assez de l'accoter au néant alors qu'elle oscille face à l'ouverture béante du *Sera*. Entre ce trop plein et ce vide de la liberté, le *Chemin* a tracé ses ornières, mais nul n'est tenu d'y encastrer ses roues et nul ne peut prétendre, sauf l'eau qui se retient de couler dans le bief, être actionné par la roue du *Vieux-Moulin*.

TABLE DES MATIÈRES

– I –

Être-là avec...

– III –

Avoir été mis là avec...

– IV –

Le statut des signes

DU MÊME AUTEUR SUR G. W. LEIBNIZ

À LA LIBRAIRIE VRIN

Malebranche et Leibniz. Relations personnelles présentées avec les textes complets des auteurs et de leurs correspondants, 1955.

G.W. Leibniz, Discours de métaphysique, réédition Lestienne, 1975.

Architectonique disjonctive, automates systémiques et idéalité transcendantale dans l'oeuvre de Leibniz, Nombreux textes inédits, 1986.

AUX PRESSES UNIVERSITAIRES DE FRANCE

G.W. Leibniz, Principes de la nature et de la grâce fondés en raison. Principes de la philosophie ou Monadologie, 1954; 4e éd., 2001.

Correspondance G.W. Leibniz-Clarke, 1957; 2e éd., 1991.

G.W. Leibniz, Le meilleur des mondes par la balance de l'Europe, 1994, 256 p.

AUX ÉDITIONS P. SEGHERS

G.W. Leibniz et la racine de l'existence, 1962.

CENTRE DE PHILOSOPHIE DU DROIT

Correspondance G.W. Leibniz-Ch. I. Castel de Saint Pierre, d'après les manuscrits, 1995.

AKADEMIE VERLAG (BERLIN)

G.W.Leibniz, Sämtliche Schriften, Les Nouveaux Essais, t. VI, 6, 1962.

AUX ÉDITIONS OLSCHKI (FLORENCE)

G.W. Leibniz, Iter Italicum (mars 1689-mars 1690). La dynamique de la République des lettres. Nombreux textes inédits, 1988.

G.W. Leibniz, Phoranomus seu de potentia et legibus naturae, Rome, juillet 1689, 1991.

AUX ÉDITIONS LINT (TRIESTE)

L'empire leibnizien: la conquête de la chaire de mathématiques de l'Université de Padoue (J. Hermann et N. Bernoulli, 1707-1719), 1991.

ET AUSSI À LA LIBRAIRIE VRIN

Aux sources de l'esprit cartésien, L'axe La Ramée-Descartes, 1996, 320 p.

Descartes. La lumière naturelle: intuition, disposition, complexion, 1999, 448 p.

Système et existence dans l'œuvre de Malebranche, 1965, 508 p.

DU MÊME AUTEUR À LA LIBRAIRIE VRIN

Justice et terreur. Leibniz et le principe de raison, 2001, 192 p.
Le sera. Existiturientia (Leibniz), 2004, 192 p.
Destin et liberté, 2005, 192 p.
Malebranche, *Œuvres complètes*, 23 tomes (Prix Langlois de l'Académie Française, 1962 ; Médaille d'argent du C.N.R.S.,1970 ; Prix Delbos, de l'Académie des Sciences morales et politiques, 1970).
Système et existence dans l'œuvre de Malebranche, 1965, 508 p.
Malebranche, de l'Académie des Sciences, l'œuvre scientifique, 1674-1715, 1970. 448 p.
Malebranche et Leibniz, Relations personnelles, présentées avec les textes complets des auteurs et de leurs correspondants, 1955, 526 p.
Aux sources de l'esprit cartésien, L'axe La Ramée-Descartes, 1996, 320 p.
Descartes, La lumière naturelle : intuition, disposition, complexion, 1999, 448 p.
Dom Deschamps, Le maître des maîtres du soupçon, 1974, rééd., 1994.
Cournot, *Œuvres complètes*, t. IV, *Considérations...*, 1973, 616 p.
Maine de Biran, *Œuvres, Correspondance*, 5 vol.
Philosophie et informatique : *Monado 74, Du simple selon Leibniz, Cogito 75, Rousseau Vicaire 76, Diderot Nature 82.*
Collection *Pour Demain.*

AUX PRESSES UNIVERSITAIRES DE FRANCE

La philosophie française, 1966, 6e éd. 1995, coll. « Que sais-je ? », n° 170.
La pensée à l'âge classique, 1982, coll. « Que sais-je ? », n° 1944.
Henri Bergson, *Œuvres, Édition du Centenaire*, 1959, 1364 p. ; 6e éd. 2001.
Henri Bergson, *Mélanges*, 1972, 1726 p. ; 3e éd. 2001.
Henri Bergson, *Correspondances,* 2002, 1726 p.
Coll. *Les Études bergsoniennes.*
M. Merleau-Ponty, *Sa vie, son oeuvre, avec un exposé de sa philosophie*, 1963. 2e éd. 1970, 128 p.
Coll. *Le Mouvement des idées au XVIIe siècle.*

AUX ÉDITIONS P. SEGHERS

Coll. « Philosophes de tous les temps »

J. Jaurès et l'unité de l'être. Présentation, Choix de textes, Inédits, 1964, 1969.
H. Bergson et les métamorphoses de la durée, 1965, 1968, 1970.
Péguy entre Jaurès, Bergson et l'Église, 1969, 352 p.

N.R.F. GALLIMARD

Le défi cybernétique : l'automate et la pensée, « Les Essais », 1973, 234 p.